少年家事案件审判实务

裁判规则与规范指引

黄 河 / 编著

中国法制出版社
CHINA LEGAL PUBLISHING HOUSE

序言

未成年人的健康成长，关系着亿万家庭的幸福安宁、社会的和谐稳定、民族的兴旺发达。党的十八大以来，以习近平同志为核心的党中央高度重视少年儿童工作，关心关爱少年儿童成长成才。习近平总书记强调，全社会都要了解少年儿童、尊重少年儿童、关心少年儿童、服务少年儿童，为少年儿童提供良好社会环境。党的二十大报告明确要求，健全社会保障体系，保障妇女儿童合法权益。上述指示及要求，为人民法院加强少年司法工作提供了根本遵循、指明了前进方向。

2024年，我国少年法庭成立四十周年。四十年来，我国少年法庭从无到有、从少到多，逐步发展壮大，现已成为人民法院的重要审判机构和"金字招牌"，被誉为"特殊的希望工程"，赢得了广泛赞誉。与相对成熟的少年刑事审判工作相比，少年民事审判工作特别是少年家事审判工作仍有待进一步深化改革。少年家事审判，已成为新时代少年审判的工作重心。

少年家事纠纷具有与普通民事纠纷不同的特点，少年家事纠纷案件具有高度的人身属性、伦理性及情感纠葛，并且关乎未成年人的生活、学习及健康成长。少年家事纠纷案件的裁判，不能单纯以追求当事人孰是孰非为目的，而应重点调整人际关系，使当事人恢复到生活常态，化解当事人家庭矛盾，维护未成年人的合法权益，促进未成年人健康成长。在庭审主导、证据规则、纠纷解决上，少年家事审判也具有其独特性，因此，需要我们不断加强调查研究，才能进一步完善少年家事审判工作。目前，有关未成年人家事审判方面的著作较少，少年家事审判工作的理论研究有待深入，裁判尺度、裁判理念有待统一。笔者希望能通过本书的出版，引起理论界及实务界对于少年家事审判的重视与讨论。

本书的写作思路为"从一般到特殊，从观点到案例"，第一编（第一章至第三章）主要概述少年家事审判的基本情况，第二编（第四章至第十三章）主要讨论不同类型案件的裁判思路及规范指引，第三编（第十四章至第十八章）主要论述少年家事审判中特殊延伸工作的开展。在不同类型案件的裁判思路及规范指引上，本书首先根据《中华人民共和国民法典》及相关司法解释的规定，总结一般裁判思路；其次根据司法实践中的代表观点、成熟经验，概括出特殊的裁判思路；最后根据相关裁判案例，进一步深化对相关裁判思路的认识。总之，本书试图通过简明扼要的解读方式，帮助读者对于每一类少年家事案件的裁判都构建起立体化的认知结构，不仅能准确把握法律规定的原意，也能了解其背后的法理基础及制度框架，还能通过案例辨析将法律规定具象化，提升对法律条文的应用能力。

本书的撰写得到了法学理论界和法官同人们的大力支持，在此致以诚挚的谢意！由于作者水平所限，有些内容的论证可能不够深入，有些观点也许还有待商榷，不足之处还请读者批评指正。

黄　河

2024 年 4 月

凡 例

1. 本书中法律、法规名称中的"中华人民共和国"省略，其余一般不省略。例如，《中华人民共和国民法典》简称为《民法典》。

2. 本书中下列司法解释及司法文件使用简称：

全称	发文日期/文号	简称
《最高人民法院关于适用〈中华人民共和国民事诉讼法〉的解释》	2022年4月1日公布/法释〔2022〕11号	《民事诉讼法司法解释》
《最高人民法院关于适用〈中华人民共和国民法典〉总则编若干问题的解释》	2022年2月24日公布/法释〔2022〕6号	《民法典总则编司法解释》
《最高人民法院关于适用〈中华人民共和国民法典〉婚姻家庭编的解释（一）》	2020年12月29日公布/法释〔2020〕22号	《民法典婚姻家庭编司法解释（一）》
《最高人民法院关于印发修改后的〈民事案件案由规定〉的通知》	2020年12月29日公布/法〔2020〕347号	《民事案由规定》
《最高人民法院关于民事诉讼证据的若干规定》	2019年12月25日公布/法释〔2019〕19号	《民事诉讼证据规定》
《最高人民法院关于适用〈中华人民共和国婚姻法〉若干问题的解释（二）》（已失效）	2003年12月25日公布/法释〔2003〕19号	《婚姻法司法解释（二）》
《最高人民法院关于适用〈中华人民共和国婚姻法〉若干问题的解释（一）》（已失效）	2001年12月24日公布/法释〔2001〕30号	《婚姻法司法解释（一）》
《最高人民法院关于贯彻执行〈中华人民共和国民法通则〉若干问题的意见（试行）》（已失效）	1988年4月2日公布/法（办）发〔1988〕6号	《民通意见》

目录

第一编　少年家事案件概述

第一章　少年家事案件的特点、类型 ………………………… 003
第一节　少年家事案件的特点 ………………………… 003
一、主体之间的伦理性 ………………………………… 003
二、未成年人地位的客体性 …………………………… 004
三、标的的社会性 ……………………………………… 004
四、内容的隐私性 ……………………………………… 005
五、财产关系的特殊性 ………………………………… 005
第二节　少年家事案件的类型 ………………………… 006
一、离婚纠纷 …………………………………………… 006
二、抚养纠纷 …………………………………………… 008
三、收养关系纠纷 ……………………………………… 009
四、监护权纠纷 ………………………………………… 010
五、探望权纠纷 ………………………………………… 012
六、亲子关系纠纷 ……………………………………… 013
七、分家析产纠纷 ……………………………………… 014
八、法定继承纠纷 ……………………………………… 015

  九、遗嘱继承纠纷 …………………………………………………… 016

  十、申请确定监护人 ………………………………………………… 017

  十一、申请变更监护人 ……………………………………………… 018

  十二、申请撤销监护人资格 ………………………………………… 019

  十三、申请人身安全保护令 ………………………………………… 021

第二章 我国少年家事案件审判的现状、问题及发展 …………………… 022

 第一节 我国少年审判的历史及发展 ……………………………… 022

 第二节 我国少年家事案件审判的现状及问题 …………………… 025

  一、我国少年家事案件审判的现状 ………………………………… 025

  二、我国少年家事案件审判面临的问题 …………………………… 027

 第三节 我国少年家事案件审判的发展 …………………………… 029

  一、探索建立符合少年家事审判规律的诉讼程序 ………………… 030

  二、进一步规范现有离婚纠纷审理规则 …………………………… 030

  三、谨慎处理抚养权归属纠纷 ……………………………………… 030

  四、探索建立诉讼期间先予执行探望权制度 ……………………… 031

  五、进一步完善监护权方面的法律规定 …………………………… 031

  六、积极应对《反家庭暴力法》实施后遇到的新问题 …………… 032

第三章 审理少年家事案件的基本原则 …………………………………… 033

 第一节 未成年人利益最大化原则 ………………………………… 033

  一、未成年人利益最大化原则的产生与发展 ……………………… 033

  二、未成年人利益最大化原则的内涵 ……………………………… 034

  三、未成年人利益最大化原则的适用 ……………………………… 035

 第二节 未成年人特殊、优先保护原则 …………………………… 036

  一、未成年人特殊、优先保护原则的内涵 ………………………… 036

  二、未成年人特殊、优先保护原则的适用 ………………………… 036

 第三节 未成年人参与原则 ………………………………………… 037

  一、未成年人参与原则的内涵 ……………………………………… 037

  二、未成年人参与原则的适用 ……………………………………… 038

第二编 少年家事案件的裁判规则与规范指引

第四章 离婚纠纷 …… 043

第一节 未成年子女因素对是否解除婚姻关系的裁判规则 …… 043

一、一般裁判规则 …… 043

案例 01 孙某某与王某某离婚纠纷案 …… 045

二、特殊裁判规则 …… 046

案例 02 杨某某诉李某某离婚纠纷案 …… 047

三、规范指引 …… 048

第二节 未成年子女因素对分割夫妻共同财产的裁判规则 …… 050

一、一般裁判规则 …… 050

案例 03 梁某某与李某某离婚纠纷案 …… 050

二、特殊裁判规则 …… 051

案例 04 黄某与陈某、林某债权人撤销权纠纷案 …… 052

三、规范指引 …… 053

第三节 典型、疑难问题解析 …… 054

一、夫妻共同出资购买的房屋，登记在未成年子女名下，离婚时能否分割 …… 054

案例 05 苏某、倪某1等离婚后财产纠纷案 …… 055

二、婚姻无效后财产分割和子女抚养问题应如何处理 …… 057

三、离婚协议约定将夫妻共有房产赠与未成年子女，离婚后赠与房产更正登记之前一方是否有权撤销 …… 057

四、欺诈性抚养中过错方应承担责任 …… 058

案例 06 元某与徐甲离婚纠纷案 …… 060

第五章 抚养关系纠纷 …… 064

第一节 确定直接抚养人的裁判规则 …… 064

一、一般裁判规则 …… 064

　　　　案例 07　房某诉荆某离婚纠纷案 ································ 065
　　二、特殊裁判规则 ··· 067
　　　　案例 08　陈某与胡某离婚纠纷案 ································ 068
　　三、规范指引 ··· 070
　第二节　变更抚养关系的裁判规则 ·· 072
　　一、一般裁判规则 ··· 072
　　　　案例 09　郭某诉焦某变更抚养关系纠纷案 ················ 072
　　二、特殊裁判规则 ··· 074
　　　　案例 10　王某与张某变更抚养关系纠纷案 ················ 074
　　　　案例 11　曾某诉蒋某变更抚养关系纠纷案 ················ 075
　　三、规范指引 ··· 077
　第三节　继父母、子女抚养问题的裁判规则 ························ 078
　　一、一般裁判规则 ··· 078
　　二、特殊裁判规则 ··· 079
　　　　案例 12　姚某诉杨某离婚纠纷案 ································ 080
　　三、规范指引 ··· 081
　第四节　非婚生子女抚养问题的裁判规则 ···························· 082
　　一、裁判规则 ··· 082
　　二、典型案例 ··· 083
　　　　案例 13　马某 1 诉魏某某子女抚养纠纷案 ················ 083
　　三、规范指引 ··· 085
　第五节　处理多名子女抚养问题的裁判规则 ························ 085
　　一、裁判规则 ··· 085
　　二、典型案例 ··· 086
　　　　案例 14　张某诉周某离婚纠纷案 ································ 086
　第六节　典型、疑难问题解析 ·· 088
　　一、如何审查子女的真实意愿 ··· 088
　　二、认定子女利益最大化有何酌定因素 ····························· 089

第六章　抚养费纠纷 …… 090

第一节　确定抚养费标准的裁判规则 …… 090

一、一般裁判规则 …… 091
案例 15　何某 2 与周某某抚养费纠纷案 …… 092
案例 16　李某某、李甲诉李乙抚养费纠纷案 …… 093

二、特殊裁判规则 …… 095
案例 17　刘某某诉周某甲离婚纠纷案 …… 098
案例 18　李某甲诉李某抚养费纠纷案 …… 099
案例 19　孟某 2 诉孟某 1 抚养费纠纷案 …… 104

三、规范指引 …… 105

第二节　变更抚养费标准的裁判规则 …… 106

一、一般裁判规则 …… 106
案例 20　丁某某诉丁某抚养费纠纷案 …… 107

二、特殊裁判规则 …… 109
案例 21　顾某诉小顾抚养费纠纷案 …… 109

三、规范指引 …… 111

第三节　典型、疑难问题解析 …… 112

一、成年子女追索抚养费是否应受到诉讼时效限制 …… 112
案例 22　彭某 1 诉刘某某抚养费纠纷案 …… 113

二、祖父母、外祖父母抚养孙子女、外孙子女是否构成无因管理 …… 115
案例 23　罗某某诉张某某、周某某抚养费纠纷案 …… 118

三、当事人主张婚姻关系存续期间抚养费是否应支持 …… 120
案例 24　吴某某诉何某 1 离婚纠纷案 …… 121

第七章　收养关系纠纷 …… 123

第一节　确认收养关系纠纷的裁判规则 …… 124

一、一般裁判规则 …… 125
案例 25　李某与张某、王某收养关系纠纷案 …… 125
案例 26　王某某与黄某某确认收养关系纠纷案 …… 127

二、特殊裁判规则 …… 128

案例 27　邵某某、陈某某诉崔某 1、徐某收养关系纠纷案 …… 131
案例 28　花某某诉柯某某确认收养关系无效纠纷案 ………… 134
三、规范指引 ……………………………………………………… 137

第二节　解除收养关系纠纷的裁判规则 ………………………… 141
一、一般裁判规则 ………………………………………………… 141
案例 29　李某 1 与李某 2 解除收养关系纠纷案 …………… 142
二、特殊裁判规则 ………………………………………………… 144
案例 30　何某诉郭某 2 解除收养关系纠纷案 ……………… 145
案例 31　车某与王某某解除收养关系纠纷案 ……………… 149
三、规范指引 ……………………………………………………… 151

第三节　典型、疑难问题解析 …………………………………… 152
一、收养与代为抚养的区别 ……………………………………… 152
案例 32　赵某等诉刘某戊、刘某甲等法定继承纠纷案 …… 153
二、收养关系被认定无效后，收养人能否主张为抚养孩子所支出的费用 ………………………………………………………… 156

第八章　监护权纠纷 …………………………………………… 157

第一节　监护权纠纷案件的裁判规则 …………………………… 158
一、一般裁判规则 ………………………………………………… 158
案例 33　赵某诉尚某 1 监护权纠纷案 ……………………… 159
案例 34　许某与吴某等监护权纠纷案 ……………………… 161
案例 35　吴某某与秦某 1 监护权纠纷案 …………………… 163
二、特殊裁判规则 ………………………………………………… 164
案例 36　某镇人民政府诉未成年人父母监护权纠纷案 …… 166
案例 37　张某诉刘某、李某监护权纠纷案 ………………… 166
三、规范指引 ……………………………………………………… 167

第二节　典型、疑难问题解析 …………………………………… 171
一、监护权受侵害的救济方式有哪些，是否可主张精神损害赔偿 … 171
二、监护与抚养的联系及区别 …………………………………… 171

第九章 探望权纠纷 …… 173

第一节 探望权纠纷案件的裁判规则 …… 173

一、一般裁判规则 …… 173

案例38 赵某诉刘某探望权纠纷案 …… 174

案例39 刘某、邓某1探望权纠纷案 …… 176

二、特殊裁判规则 …… 179

案例40 马某1、段某某诉于某某探望权纠纷案 …… 180

案例41 文某甲诉文某探望权纠纷案 …… 181

三、规范指引 …… 183

第二节 典型、疑难问题解析 …… 185

一、主张在婚姻关系存续期间探望子女的应如何处理 …… 185

二、当探望权与子女意愿发生冲突时应如何处理 …… 186

第十章 亲子关系纠纷 …… 187

第一节 亲子关系纠纷案件的裁判规则 …… 188

一、一般裁判规则 …… 188

案例42 王某某与殷某某确认亲子关系纠纷案 …… 190

案例43 刘某与李某离婚纠纷案 …… 192

二、特殊裁判规则 …… 194

案例44 刘某诉张某否认亲子关系纠纷案 …… 195

三、规范指引 …… 197

第二节 典型、疑难问题解析 …… 198

一、单方亲子鉴定报告的效力应如何认定 …… 198

二、对非法代孕所生子女适用何种亲子关系认定规则 …… 199

案例45 陈某与罗某甲、谢某某监护权纠纷案 …… 201

第十一章 分家析产纠纷、继承纠纷 …… 203

第一节 涉未成年人财产权益的分家析产、继承纠纷的裁判规则 …… 203

一、一般裁判规则 …… 204

　　　　案例 46　某银行与伏某、张某、沈某被继承人债务清偿纠纷案 ………………………………………… 205

　　　　案例 47　陈某甲诉刘某甲、王某、武某、刘某乙、刘某丙被继承人债务清偿纠纷案——诉讼主体竞合下未成年人的诉讼参与与继承地位认定 …………… 206

　　二、特殊裁判规则 ………………………………………… 209

　　　　案例 48　张小某与张某某等继承纠纷案 ……………… 210

　　　　案例 49　金小某、黄某诉金某等人分家析产纠纷案 …… 211

　　三、规范指引 ……………………………………………… 212

　第二节　典型、疑难问题解析 ……………………………… 215

　　一、监护人滥用监护权处分未成年人财产应如何救济 …… 215

　　二、未成年的继子女对继父母财产是否有继承权 ………… 216

第十二章　监护权特别程序案件 …………………………… 217

　第一节　申请确定、指定监护人案件的裁判规则 ………… 218

　　一、一般裁判规则 ………………………………………… 218

　　　　案例 50　吴某乙申请指定监护人案 …………………… 219

　　　　案例 51　王某申请指定监护人案 ……………………… 220

　　二、特殊裁判规则 ………………………………………… 222

　　　　案例 52　徐某申请指定监护人案 ……………………… 222

　　三、规范指引 ……………………………………………… 223

　第二节　申请变更监护人及申请撤销、恢复监护人资格案件的裁判规则 ……………………………………………… 227

　　一、一般裁判规则 ………………………………………… 227

　　　　案例 53　王某某申请变更监护人案 …………………… 229

　　　　案例 54　某区民政局与陈某某申请变更监护人案 …… 230

　　　　案例 55　某市民政局申请撤销罗某监护人资格案 …… 231

　　二、特殊裁判规则 ………………………………………… 232

　　　　案例 56　姜某某、孟某某与乔某甲申请变更监护人案 … 233

　　三、规范指引 ……………………………………………… 236

第三节 典型、疑难问题解析 …… 243

一、遗嘱指定监护是否与法定监护存在冲突，遗嘱指定监护与意定监护有何区别 …… 243

二、监护终止的情形与法律后果 …… 244

第十三章 申请人身安全保护令案件 …… 246

第一节 申请人身安全保护令案件的裁判规则 …… 246

一、一般裁判规则 …… 247

案例57 周某及其子女申请人身安全保护令案 …… 249

案例58 李某、唐小某申请人身安全保护令、变更抚养权案 …… 249

案例59 蔡某某申请人身安全保护令案 …… 250

二、特殊裁判规则 …… 252

案例60 赵某申请人身安全保护令案 …… 253

案例61 李某申请人身安全保护令案 …… 254

三、规范指引 …… 255

第二节 典型、疑难问题解析 …… 261

一、人身安全保护令的作出对后续案件中认定家庭暴力的事实是否具有既判力 …… 261

二、被申请人辩称受害人有过错应如何处理 …… 262

第三编 少年家事审判的特色制度

第十四章 社会调查、社会观护 …… 265

第一节 基本概述 …… 265

一、基本概念与内容 …… 265

二、理论基础及制度功能 …… 266

三、制度发展情况 …… 268

第二节 典型案例 …… 269

案例62　宋某诉高某变更抚养关系纠纷案 …………………… 269

　　　案例63　刘某诉张某抚养纠纷案 ………………………………… 271

　　　案例64　谭某与艾某离婚纠纷案 ………………………………… 273

　第三节　规范指引 ……………………………………………………… 274

第十五章　心理干预 ……………………………………………………… 283

　第一节　基本概述 ……………………………………………………… 283

　　一、基本概念与内容 …………………………………………………… 283

　　二、性质界定 …………………………………………………………… 284

　　三、制度发展情况 ……………………………………………………… 284

　第二节　典型案例 ……………………………………………………… 286

　　　案例65　欧阳某某诉赵某离婚后财产纠纷案 …………………… 286

　　　案例66　高某申请人身安全保护令案 …………………………… 287

　　　案例67　罗某某诉何某离婚纠纷案 ……………………………… 288

　第三节　规范指引 ……………………………………………………… 289

第十六章　司法救助 ……………………………………………………… 290

　第一节　基本概述 ……………………………………………………… 290

　　一、基本概念与内容 …………………………………………………… 290

　　二、制度发展情况 ……………………………………………………… 291

　　三、未成年人申请司法救助的条件及材料 …………………………… 292

　　四、人民法院进行未成年人司法救助的对策建议 …………………… 293

　第二节　典型案例 ……………………………………………………… 294

　　　案例68　小安申请民事侵权纠纷司法救助案 …………………… 294

　　　案例69　小思、小乐申请民事侵权纠纷司法救助案 …………… 296

　　　案例70　某区人民法院多维救助被遗弃未成年人案 …………… 297

　第三节　规范指引 ……………………………………………………… 298

第十七章　家庭教育指导 ………………………………………………… 303

　第一节　基本概述 ……………………………………………………… 303

　　一、基本概念与内容 …………………………………………………… 303

二、制度发展情况 ………………………………………… 304

　第二节　典型案例 …………………………………………… 305

　　案例 71　赖某诉李某婚姻家庭纠纷案 ………………… 305

　　案例 72　谭某诉潘某同居关系子女抚养纠纷案 ……… 306

　　案例 73　李某诉张某变更抚养关系纠纷案 …………… 307

　第三节　规范指引 …………………………………………… 308

第十八章　回访帮教 ……………………………………………… 323

　第一节　基本概述 …………………………………………… 323

　　一、基本概念与内容 …………………………………… 323

　　二、当前回访帮教工作存在困难及问题 ……………… 324

　　三、完善回访帮教工作的对策 ………………………… 324

　第二节　典型案例 …………………………………………… 325

　　案例 74　杨某诉王某变更抚养权纠纷案 ……………… 325

　　案例 75　何某某诉李某某抚养费纠纷案 ……………… 327

　　案例 76　小依等 5 人申请民事侵权纠纷司法救助案 … 328

　第三节　规范指引 …………………………………………… 329

第一编

少年家事案件概述

第一章　少年家事案件的特点、类型

第一节　少年家事案件的特点

少年家事案件是指人民法院审理的涉及未成年人利益的婚姻家庭纠纷案件及其他非讼程序案件的总称，主要包括：（1）涉及未成年人的亲子关系、离婚、抚养、探望等婚姻家庭纠纷案件；（2）涉及未成年人利益的监护权特别程序案件、申请人身保护令等非讼程序案件。

家庭是社会的基本细胞，是未成年人成长的港湾，少年家事案件审判工作关系亿万家庭的幸福安宁、关系未成年人的健康成长、关系社会和谐稳定，具有十分重要的意义。要妥善处理好少年家事案件，首先要认识少年家事案件的特点。

一、主体之间的伦理性

在纠纷状态形成之前的特定社会生活关系会影响当事人对纠纷解决机制的选择。家庭是在婚姻关系、血缘关系的基础上建立的、具有伦理性的社会生活单位，因此少年家事纠纷发生的主体之间有婚姻关系、血缘关系，具有伦理性。因爱情、血缘、亲情等关系而相互联系的这种天然的两性、血缘等身份关系中包含伦理道德，主体间具有很强的"人身属性"和"不可分割性"。很多时候，家庭中的权利义务关系表现不是用简单的谁是谁非能解释清楚的，而是相对复杂的，所谓"清官难断家务事"。

当家庭处在一个稳定状态时，它对法律的需求其实是微乎其微的。但一旦发生纠纷，由于当事人之间不仅有权利义务性，还有亲属性、血缘性，夹杂着复杂的情感、亲情和道德因素，因而过多地用权利义务分明的法律条款进行规范，往往达不到理想的效果。因此主体之间的伦理性要求少年家事纠纷既不宜用普通民事诉讼案件的调整方式来解决，也不能简单地以权威性的裁判"分辨是非"进行处理，而必须以缓和和修复当事人之间紧张的婚姻家庭关系为解决纠纷的最终目的。

二、未成年人地位的客体性

少年家事案件中最重要的是如何平衡父母、家庭乃至整个社会与儿童个体利益间的冲突问题，采取不同的利益维护原则会导致不同的审判结果。近代以来我国的立法宗旨经历了从家族利益优先的"家本位"，到父母利益优先的"父母本位"，再发展至儿童利益优先的"儿童本位"。然而，由于未成年人缺乏诉讼能力，在诉讼中也没有其他主体能单独代表其利益，导致未成年人在少年家事案件中常被作为客体对待：一方面，在儿童利益与父母利益发生冲突时，未成年人不能成为合法的诉讼主体；另一方面，在父母之间利益冲突与儿童利益紧密关联时，未成年人的意见不能充分表达及被听取，如父母离婚与未成年子女的利益紧密相关，但是法院审判时主要考虑父母感情、财产状况，未成年子女的意愿通常被忽略。

三、标的的社会性

少年家事案件的标的即法律关系既具有私益性，也具有公益性。从社会学角度看，虽然少年家事纠纷表面上属私人范畴，但家庭是社会的基本单元，未成年人是家庭的希望、祖国的未来，婚姻家庭影响着整个人类社会的存续和发展，二者相互影响，相互作用，实质上与国家和社会的根本利益有着密切的联系。家庭的和谐会促进社会的和谐，家庭的矛盾纠纷和不稳定也会影响社会。婚姻家庭关系破裂或矛盾的激化，会对当事人的心理或生活造成一定程度的伤害，也有可能会导致个人对家庭的嫉恨甚至报复，这不但会给个人的婚姻家庭带来不利影响，也终将扰乱社会的稳定与和谐。

少年家事案件不仅涉及当事人的私益，家庭关系的变化也会影响社会秩序的稳定，这也是其具有一定公益性质的体现。家庭分裂和父母离异，显然会对孩子造成重大伤害并会破坏他们的归属感，因此，可能导致未成年人心理不健康，甚至会引发其走向犯罪等社会问题，危害社会公众利益。因此合理、合情、合法地解决家事纠纷至关重要，需由专门的审判人员在专门的家事审判机构和程序中发挥特定的作用，以便能更好地解决纠纷，维护家庭和社会的稳定。少年家事案件的审理关系到个人、家庭和社会，不只是对个人权益的保护，更是构建和谐稳定社会秩序的应有之义。

四、内容的隐私性

少年家事案件具有隐匿性和私密性的特点。婚姻是夫妻双方生理与情感的结合，家庭是私人相处的共同生活单位。相较于一般的民事纠纷，婚姻家庭纠纷是私权利主体之间的争议，与当事人的个人生活相关性高于其他民事纠纷，关乎个人的隐私权。受传统价值观和生活观的影响，"家丑不外扬"已成为每个家庭的行为约束、生活准则，自己认为不能公开的事情也不希望被别人所知晓。如离婚纠纷案件可能会直接披露双方当事人的情感生活；亲子鉴定会造成夫妻双方人格伤害；继承纠纷可能影响子女兄妹感情等。少年家事案件涉及当事人最隐私、最不为人知的生活，也是当事人最不愿为他人所知晓的。在现代社会中，个人信息、秘密依法受到法律保护，也是对人格尊严的一种保护。按照我国《民事诉讼法》规定，离婚案件是否公开审理的决定权主要在当事人，赋予了当事人申请不公开审理的权利，目的是保护离婚案件中当事人的隐私权。为了避免当事人因顾虑家庭隐私泄露而不信任法院处理其纷争的能力，应特别针对少年家事纠纷的隐秘性这一特征而设计相应、适当的审理程序制度。

五、财产关系的特殊性

少年家事案件既包括涉及身份关系的纠纷案件，也包括涉及财产关系的纠纷案件，并且这种与身份关系紧密相连的财产关系与民法上一般的财产关系有所不同。与身份关联的财产关系是由身份关系引起的法律后果，它常常随着身份关系的产生而产生，随着其变更而变更，消灭而消灭。相应地，对这种财产关系的处理不能不顾及其前提关系——身份关系，所以它必然与一般财产关系的处理有所不同。这种不同，可以概括为以下四个方面：

1. 基本原则不同。一般财产关系以等价有偿、公平、自愿为原则；身份上的财产关系以男女平等、保护弱者为原则。

2. 目的不同。一般财产关系以服务商品经济关系或市场经济关系为目的；身份上的财产关系以服务家庭共同生活、实现家庭职能为目的。

3. 产生的根据不同。身份上的财产关系以引起特定身份关系的法律事实为根据，而引发一般财产关系的法律事实不具有此特性。

4. 性质不同。一般财产关系带有任意性，具有意思自治特点；而身份上的财产关系大多带有强制性，且对权利义务的对等、互动性要求较低。因此，当事人在身份关系领域所达成的财产处理协议与其在商事关系中签订的合同绝不可等同对待。

第二节　少年家事案件的类型

根据《民事案件案由规定》的相关规定，少年家事案件的类型主要有：

一、离婚纠纷

（一）释义

离婚是指夫妻双方在共同生活期间依照法律规定终止婚姻关系的法律行为。离婚具有强烈的人身属性，与身份关系密切相关。夫妻双方自离婚之日起，夫妻关系即告解除，双方权利义务关系终止。

（二）管辖

根据《民事诉讼法》第22条第1款的规定，对公民提起的民事诉讼，由被告住所地人民法院管辖；被告住所地与经常居住地不一致的，由经常居住地人民法院管辖。

对于一般离婚纠纷案件,《民事诉讼法司法解释》第12条规定:"夫妻一方离开住所地超过一年,另一方起诉离婚的案件,可以由原告住所地人民法院管辖。夫妻双方离开住所地超过一年,一方起诉离婚的案件,由被告经常居住地人民法院管辖;没有经常居住地的,由原告起诉时被告居住地人民法院管辖。"

对于军婚,《民事诉讼法司法解释》第11条规定:"双方当事人均为军人或者军队单位的民事案件由军事法院管辖。"《最高人民法院关于军事法院管辖民事案件若干问题的规定》第2条规定:"下列民事案件,地方当事人向军事法院提起诉讼或者提出申请的,军事法院应当受理……(三)当事人一方为军人的婚姻家庭纠纷案件……"婚姻家庭纠纷案件中当事人一方为军人的其他案由的管辖均适用上述规定。

对于涉外婚姻,《民事诉讼法司法解释》第13条规定:"在国内结婚并定居国外的华侨,如定居国法院以离婚诉讼须由婚姻缔结地法院管辖为由不予受理,当事人向人民法院提起离婚诉讼的,由婚姻缔结地或者一方在国内的最后居住地人民法院管辖。"第14条规定:"在国外结婚并定居国外的华侨,如定居国法院以离婚诉讼须由国籍所属国法院管辖为由不予受理,当事人向人民法院提起离婚诉讼的,由一方原住所地或者在国内的最后居住地人民法院管辖。"第15条规定:"中国公民一方居住在国外,一方居住在国内,不论哪一方向人民法院提起离婚诉讼,国内一方住所地人民法院都有权管辖。国外一方在居住国法院起诉,国内一方向人民法院起诉的,受诉人民法院有权管辖。"第16条规定:"中国公民双方在国外但未定居,一方向人民法院起诉离婚的,应由原告或者被告原住所地人民法院管辖。"婚姻家庭纠纷案件中涉外的其他案由的管辖均适用上述规定。

(三)应注意的问题

离婚是一种法律行为,必须要遵守法律规定的条件和程序,否则将不发生离婚的法律效力。即必须经过婚姻登记机关的批准,或者向人民法院提起诉讼后由人民法院判决准予离婚。夫妻双方离婚,只有合法有效的婚姻关系存在,才谈得上离婚。而离婚的主体必须是具有夫妻身份的男女,其任何一方要求解除婚姻关系向人民法院提起诉讼的，均适用该案由。离婚纠纷往往涉及夫妻财产分割和子女抚养问题，审判实践中均将其归入"离婚纠纷"案由项下。

二、抚养纠纷

（一）释义

抚养是指长辈亲属对晚辈亲属的抚育教养。根据《民法典》等法律规定，父母对未成年人或不能独立生活的子女有抚养的义务，有负担能力的祖父母、外祖父母，对于父母已经死亡或父母无力抚养的未成年的孙子女、外孙子女，有抚养的义务。抚养是父母子女间一种基本的权利义务关系，这种关系的基础是血亲。抚养对于父母来说是一种义务，这种义务存在的条件是父母子女关系的存在，不以父母的夫妻关系存在为前提。父母与子女间的关系，其不因父母离婚而消失。离婚后，子女无论由父或母直接抚养，仍是父母双方的子女。离婚后，父母对于子女仍有抚养和教育的权利和义务：不满两周岁的子女，以母亲直接抚养为原则；已满两周岁的子女，如双方因抚养问题发生争执不能达成协议时，由人民法院根据子女的权益和双方的具体情况判决；子女已满八周岁的，应当尊重其真实意愿。根据《民法典》等法律规定，抚养义务既存在于生父母对婚生子女以及非婚生子女之间，也存在于继父母对继子女之间，还有养父母对养子女之间，有负担能力的祖父母、外祖父母，对于父母已经死亡或父母无力抚养的未成年的孙子女、外孙子女，也具有抚养的义务。

1. 抚养费纠纷

指父母或其他对未成年人负有抚养义务的人，不能充分履行或不履行抚养义务时，因支付给未成年人的费用而引发的纠纷。被抚养是未成年子女和不能独立生活子女的权利，当父母不履行抚养义务时，子女有要求父母给付抚养费的权利。此类问题引发的纠纷，可以直接向人民法院起诉。

2. 变更抚养关系纠纷

是指有抚养权的一方，抚养能力丧失或者出现了不利于子女健康成长的情形,要求变更子女的抚养关系而产生的纠纷。父母离婚后,一方抚养子女,另一方负担必要的抚养费。有下列情形之一的,另一方可以向人民法院提起诉讼要求变更子女抚养关系:(1)与子女共同生活的一方因患严重疾病或因伤残无力继续抚养子女的;(2)与子女共同生活的一方不尽抚养义务或有虐待子女行为,或其与子女共同生活对子女身心健康确有不利影响的;(3)8周岁以上未成年子女,愿随另一方生活的;(4)有其他正当理由需要变更的。

3. 同居关系子女抚养纠纷①

指具有同居关系的男女在解除同居关系时因同居关系存续期间的子女抚养问题而引发的纠纷。

(二)管辖

因抚养纠纷提起的诉讼,根据《民事诉讼法》第22条的原则性规定,应当由被告住所地人民法院管辖,被告住所地与经常居住地不一致的,由经常居住地人民法院管辖。

(三)应注意的问题

"抚育费"和"抚养费"在法律、行政法规、司法解释中的含义并无不同。《民事案件案由规定》将抚养费列为第三级案由"抚养纠纷"项下的第四级案由之一。

三、收养关系纠纷

(一)释义

收养是指根据法定的条件和程序领养他人子女为自己子女的民事法律行为,是一种法定的变更民事权利、义务的重要法律行为。收养作为一种重要

---

① "同居关系子女抚养纠纷"是《民事案件案由规定》"20. 同居关系纠纷"项下案由,为行文方便,特在此处列明。

的民事法律行为，必须以相应的法律予以规范，采取某种法定形式确定收养关系的成立或解除。

1. 确认收养关系纠纷

确认收养关系纠纷是指当事人对收养关系是否成立并有效，存有不同的认识，由此产生的纠纷。

2. 解除收养关系纠纷

解除收养关系纠纷是指当事人对收养关系是否解除存有不同的认识，因而产生的纠纷。

(二) 管辖

因收养关系纠纷提起的诉讼，根据《民事诉讼法》第 22 条的原则性规定，应当由被告住所地人民法院管辖，被告住所地与经常居住地不一致的，由经常居住地人民法院管辖。

(三) 应注意的问题

为了有利于被收养的未成年人的健康成长，《民法典》对收养人和被收养人的条件及收养程序作出了明确的规定。这些规定是确定收养关系成立的法定条件，也是当事人主张收养关系是否成立的争议焦点。当事人以此作为诉讼请求的案件适用本案由之第四级案由，即确认收养关系纠纷。由于收养关系是一种可变更的民事法律行为，因此，经双方协议，或法定解除条件成就，当事人之间的收养关系可以解除。此类纠纷，亦适用本案由之第四级案由即解除收养关系纠纷。

四、监护权纠纷

(一) 释义

监护权纠纷是指因行使监护权而发生的民事争议，主要是监护权人认为其依法行使的监护权被他人侵害时所引发的纠纷。监护是指民法上规定的对无民事行为能力人和限制民事行为能力人的人身权益和财产权益进行监督保护的法律制度。其中，设定的监督保护人叫监护人，被保护的人叫被监护人。根据《民法典》的规定，监护人应履行代理被监护人实施民事法律行为，保护被监护人的人身权利、财产权利以及其他合法权益等职责，其中一些也是监护人的权利，如管理和保护被监护人的财产，代理被监护人进行民事活动等。实践中，没有监护权的人如果越过监护权人从事这些行为，有可能形成对监护权的侵害，从而引发纠纷。此外监护人不履行监护职责，或者侵害了被监护人的合法权益，《民法典》第 27 条、第 28 条、第 31 条、第 32 条规定的其他有监护资格的人或者单位向人民法院起诉，要求监护人承担民事责任的，也会引发纠纷。以上这些纠纷均可确定为"监护权纠纷"。

（二）管辖

因监护权纠纷提起的诉讼，根据《民事诉讼法》第 22 条的规定，应当由被告住所地人民法院管辖，被告住所地与经常居住地不一致的，由经常居住地人民法院管辖。

（三）应注意的问题

适用该案由时应当注意与《民事案件案由规定》"三十九、监护权特别程序案件"之"413. 申请确定监护人""414. 申请指定监护人""415. 申请变更监护人""416. 申请撤销监护人资格""417. 申请恢复监护人资格"这五个案由进行区分。首先，监护权纠纷包括监护权被侵害以及监护人怠于行使监护权引发的纠纷，而后五个特殊程序案件案由则是对于担任监护人有争议的、监护人变更以及撤销监护人资格三种特定情形引发的纠纷；其次，监护权纠纷适用普通程序审理，而后者适用特别程序审理。例如，《民法典》第 34 条第 3 款规定，监护人不履行监护职责或者侵害了被监护人合法权益的，应当承担法律责任。《民法典》第 27 条、第 28 条、第 31 条、第 32 条规定的其他有监护资格的人或者单位向人民法院起诉，要求监护人承担民事责任的，按照普通程序审理；要求变更监护关系的，按照特别程序审理；既要求承担民事责任，又要求变更监护关系的，分别审理。

五、探望权纠纷

（一）释义

探望权是指离婚后，不直接抚养子女的父亲或母亲有探视子女的权利。因行使探望权而发生的民事争议称为探望权纠纷。

（二）管辖

因探望权纠纷提起的诉讼，根据《民事诉讼法》第22条的原则性规定，应当由被告住所地人民法院管辖，被告住所地与经常居住地不一致的，由经常居住地人民法院管辖。

（三）应注意的问题

父母与子女的关系不因离婚而解除。但由于离婚事实的存在，父母不能一起共同抚养子女，未成年子女或不能独立生活的子女只能由父母其中一方直接抚养。离婚后对子女的抚养，父母的权利是平等的。父母离婚后，子女随父方或母方共同生活，只是父母对子女抚养形式的变化，并不影响父母对子女的权利和义务。不与子女共同生活的父或母一方，仍享有对子女的亲权。不直接抚养子女一方享有探望子女的权利，直接抚养子女的一方有让非直接抚养子女的一方探望子女的义务，对不履行义务的，相对人有权向人民法院提起诉讼。人民法院依法作出有关探望子女的判决或裁定后，当事人拒不执行的，由人民法院依法强制执行。有关个人和单位负有协助执行的责任。对拒不履行协助另一方行使探望权的有关个人和单位，人民法院可以依法采取拘留、罚款等强制措施，但不能对子女的人身、探望行为进行强制执行。

人民法院作出的生效的离婚判决中未涉及探望权，当事人就探望权问题单独提起诉讼的，人民法院应予受理。关于探望权的中止，当事人（未成年子女、直接抚养子女的父或母及其他对未成年子女负担抚养、教育义务的法定监护人）在履行生效判决、裁定或者调解书的过程中，请求中止行使探望权的，人民法院在征询双方当事人意见后，认为需要中止行使探望权的，依法作出裁定。中止探望的情形消失后，人民法院应当根据当事人的申请通知其恢复探望权的行使。

审判实践中，涉及侵害探望权以及请求中止探望权的纠纷均可将其确定为"探望权纠纷"。"探望权纠纷"不能表述为"探视权纠纷"。

六、亲子关系纠纷

（一）释义

亲子关系即父母子女关系，确认/否认亲子关系诉讼属于身份关系诉讼，主要包括请求确认或者否认亲子关系的诉讼，即否认法律上的亲子关系或承认事实上的亲子关系。这是根据《民法典》第1073条的规定新增加的案由。

（二）管辖

因确认亲子关系纠纷提起的诉讼，根据《民事诉讼法》第22条的原则性规定，应当由被告住所地人民法院管辖，被告住所地与经常居住地不一致的，由经常居住地人民法院管辖。

（三）应注意的问题

随着现代生物技术的发展，DNA鉴定技术被广泛用于证明子女与父母的血缘关系，鉴定结果往往作为可靠证据，在诉讼中起到重要作用。在处理此类纠纷时，如果一方提供的证据能够形成合理的证据链，证明当事人之间可能存在或不存在亲子关系，另一方没有相反的证据又坚决不同意做亲子鉴定的，人民法院可以按照《民事诉讼证据规定》第95条的规定作出处理，即可以推定请求否认亲子关系一方或者请求确认亲子关系一方的主张成立，而不配合法院进行亲子鉴定的一方要承担败诉的法律后果。

七、分家析产纠纷

（一）释义

分家析产是指将一个较大的家庭根据分家协议而分成几个较小的家庭，同时对共有的家庭财产进行分割，并确定各个成员的财产份额的行为。家庭共有关系的存在是家庭共有财产的存在前提，家庭关系解体以后，即产生了家庭共有财产的分割问题，由此引发的纠纷称为分家析产纠纷。

（二）管辖

因分家析产纠纷提起的诉讼，根据《民事诉讼法》第 22 条的原则性规定，应当由被告住所地人民法院管辖，被告住所地与经常居住地不一致的，由经常居住地人民法院管辖。

（三）应注意的问题

家庭共有财产是指在家庭中全部或部分家庭成员共同共有的财产。换言之，家庭共有财产是指家庭成员在家庭共同生活关系存续期间共同创造、共同所得的财产。家庭成员共同共有财产的形成，以家庭成员间的家庭共同生活关系的存续为前提，一旦家庭共同生活条件消灭，家庭共同财产也会因失去其存在的基础而随之消灭。分家析产涉及对家庭财产的处理，在处理家庭财产纠纷时，应把家庭共有财产与家庭成员共同生活期间的个人财产严格区分，把家庭成员对家庭共有财产的分割与家庭成员之间的财产赠与严格区分。分家析产时，还要根据公平合理的原则，对某些生产、劳动工具，设备等财产的分割，要尽可能有利于生产，有利于发挥家庭成员各自的专长。对于某些特定的不便分割的财产，也可以特别协议的方式做变通处理，以充分发挥该项的效用。分家析产直接关系到家庭成员今后生活安排的问题，因此，应当引导家庭成员通过订立分家析产协议书的形式来进行，以避免分家后因某项财产产权的归属不清而发生纠纷。

八、法定继承纠纷

（一）释义

法定继承是指依据法律直接规定的继承人范围、顺序和遗产分配原则，将遗产分配给合法的继承人的继承方式。法定继承也称无遗嘱继承。《民法典》继承编第二章规定了法定继承的基本制度，包括法定继承人的范围、顺序、代位继承以及遗产的分配等。值得注意的是，《民法总则》增加了对胎儿利益的保护规定。《民法典》沿用了这一规定，因此，在实践中确定继承人范围、顺序时，应注意保护胎儿的继承权。根据《民法典》的有关规定，法定继承须在下列情况下适用：（1）被继承人生前未立有遗嘱；（2）遗嘱继承人放弃继承或受遗赠人放弃受遗赠；（3）遗嘱继承人丧失继承权或者受遗赠人丧失受遗赠权；（4）遗嘱继承人、受遗赠人先于遗嘱人死亡或者终止；（5）遗嘱无效或遗嘱部分无效所涉及的遗产；（6）遗嘱未处分的遗产。

1. 转继承纠纷

转继承纠纷指被继承人死亡后遗产分割前，继承人又死亡的，由该死亡继承人的继承人继承其应继承的份额引起的纠纷。

转继承又称再继承、连续继承，是指被继承人死亡后，继承人还没有来得及接受遗产就死亡，其所应继承的遗产份额转归其继承人继承。因此，转继承必须是继承人在继承开始以后，遗产分割前死亡，并且继承人没有丧失或放弃继承权的才发生转继承。在转继承中，继承人不仅可以是被继承人的子女，也可以是配偶、父母、兄弟姐妹、祖父母、外祖父母等有继承权的人。转继承不仅存在于法定继承中，也存在于遗嘱继承中。

2. 代位继承纠纷

代位继承是指被继承人的子女先于被继承人死亡的，由被继承人的子女的晚辈直系血亲代替继承其应继承的遗产。被继承人的兄弟姐妹先于被继承人死亡的，由被继承人的兄弟姐妹的子女代位继承。代位继承人一般只能继承被代位继承人有权继承的遗产份额。代位继承的适用条件如下：

（1）只适用于被继承人的子女、兄弟姐妹先于被继承人死亡的情况。代位继承人只能是被继承人子女和兄弟姐妹的晚辈直系血亲，被继承人的旁系血亲或长辈直系血亲都没有代位继承权。(2) 只适用于法定继承，而不适用于遗嘱继承。遗嘱继承人、受遗赠人先于遗嘱人死亡的，遗产中的有关部分按法定继承办理。代位继承人无论多少，只能继承被代位人所应当继承的遗产份额。婚生子女、非婚生子女、养子女和有扶养关系的继子女具有同等的代位继承权。

（二）管辖

根据《民事诉讼法》第34条的规定，因继承遗产纠纷提起的诉讼，由被继承人死亡时住所地或者主要遗产所在地人民法院管辖。根据《最高人民法院关于军事法院管辖民事案件若干问题的规定》第2条的规定，被继承人死亡时住所地或者主要遗产所在地在营区内，且当事人一方为军人或者军队单位的案件，地方当事人向军事法院提起诉讼或者提出申请的，军事法院应当受理，该管辖原则适用于本二级案由"继承纠纷"下的所有案件，下文不赘。

（三）应注意的问题

在人民法院近年来受理的婚姻家庭、继承纠纷案件中，法定继承纠纷、遗嘱继承纠纷案件数量占有较大的比重，《民事案件案由规定》将"法定继承纠纷"和"遗嘱继承纠纷"并列为第三级案由，并在"法定继承纠纷"第三级案由项下列出了"转继承纠纷""代位继承纠纷"，作为第四级案由。

九、遗嘱继承纠纷

（一）释义

遗嘱继承是指按照立遗嘱人生前所留下的符合法律规定的遗嘱的内容要求，确定其继承人及其他各继承人应继承遗产的份额。由此引发的纠纷，即遗嘱继承纠纷。《民法典》对遗嘱继承的形式、效力，遗嘱继承人的范围等作出了规定。

（二）管辖

根据《民事诉讼法》第34条的规定，因继承遗产纠纷提起的诉讼，由被继承人死亡时住所地或者主要遗产所在地人民法院管辖。

（三）应注意的问题

财产继承分为法定继承和遗嘱继承两种形式。两者之间主要区别为：（1）法定继承是按法律直接规定的范围、顺序来进行的；而遗嘱继承则是按财产所有人生前的意思来继承的。（2）法定继承人的继承份额是根据所有法定继承人的情况和赡养、扶养情况来确定的；遗嘱继承人的继承份额是财产所有人在遗嘱中确定的。（3）遗嘱继承人必须是属于法定继承人范围内的人，而法定继承人不一定都是遗嘱继承人。根据《民法典》第1133条规定，遗嘱继承人既可以是法定继承人中的一人，也可以是法定继承人中的数人。（4）根据《民法典》有关规定，遗嘱继承优先于法定继承。是否存在遗嘱继承情形，是人民法院在审理继承纠纷时首先需要查明的问题。

十、申请确定监护人

（一）释义

申请确定监护人是指如果对担任法律规定的未成年人、无民事行为能力人、限制民事行为能力人的监护人有争议的，由被监护人所在地居民委员会、村民委员会或民政部门指定，对指定不服的，可以向人民法院申请指定监护人；有关当事人也可以直接向人民法院申请指定监护人。

（二）管辖

根据《民事诉讼法司法解释》第10条的规定，不服指定监护或者变更监护关系的案件，可以由被监护人住所地人民法院管辖。

(三) 应注意的问题

本案由为第三级案由。申请确定监护人的，必须要满足以下两个条件：（1）法院确定监护人要根据《民法典》第 27 条第 2 款第 1 项至第 3 项或第 28 条第 1 款中的第 1 项至第 4 项规定确定指定监护人的顺序；（2）如果是被指定人不服的，还应当在接到有关组织关于指定监护的通知（书面或口头通知）的次日起 30 日内向人民法院起诉。逾期起诉的，按变更监护关系处理。

依据《民事诉讼法》第 15 章的规定，特别程序中并没有规定申请确定监护人。但根据《民事诉讼法司法解释》第 349 条的规定："被指定的监护人不服居民委员会、村民委员会或者民政部门指定，应当自接到通知之日起三十日内向人民法院提出异议。经审理，认为指定并无不当的，裁定驳回异议；指定不当的，判决撤销指定，同时另行指定监护人。判决书应当送达异议人、原指定单位及判决指定的监护人。有关当事人依照民法典第三十一条第一款规定直接向人民法院申请指定监护人的，适用特别程序审理，判决指定监护人。判决书应当送达申请人、判决指定的监护人。"同时，《民通意见》第 19 条第 1 款也规定了此类案件，比照特别程序进行审理。由上述规定可知，申请确定监护人案件适用《民事诉讼法》关于特别程序一章的规定。

人民法院指定监护人时，可以将《民法典》第 27 条第 2 款第 1 项至第 3 项或第 28 条第 1 款第 1 项至第 4 项规定视为指定监护人的顺序。前一顺序有监护资格的人无监护能力或者对被监护人明显不利的，人民法院可以根据对被监护人有利的原则，从后一顺序里有监护资格的人中择优确定。被监护人有识别能力的，应视情况征求被监护人的意见。

十一、申请变更监护人

(一) 释义

申请变更监护人是指被申请人的监护人不能履行监护职责，或者不服有关组织指定的监护人且又未在法律规定期限内起诉的，其他有监护资格的人员或者有关组织向人民法院提出申请变更被申请人的监护人。未成年人、无民事行为能力或者限制民事行为能力的精神病人的监护人可能会由于以下三种原因不能承担监护职责：一是监护人不具备监护资格。例如，监护人成为无民事行为能力人或限制民事行为能力人；再如，监护人的经济条件不适宜担任监护人的。二是监护人不履行监护职责，将可能给被监护人造成损害的或者已经造成损害的。三是依据《民法典》第31条第1款规定的情形申请变更监护人的，即被监护人住所地的居民委员会、村民委员会或者民政部门指定监护人，以书面或者口头通知了被指定人的，应当认定指定成立。有关当事人对指定不服的，可以向人民法院申请指定监护人，此外，有关当事人也可以不经指定直接向人民法院申请指定监护人。

（二）管辖

根据《民事诉讼法司法解释》第10条的规定，不服指定监护或者变更监护关系的案件，可以由被监护人住所地人民法院管辖。

（三）应注意的问题

确定该案由应当注意申请变更监护人与申请撤销监护人资格两者的区别。申请撤销监护人资格是指监护人不履行监护职责，或者侵害被监护人的合法权益的，人民法院可以根据有关人员或有关组织的申请，撤销监护人的监护资格。申请变更监护人是指被申请人的监护人不能履行监护职责，或者不服有关组织指定的监护人且又未在法律规定期限内起诉的，其他有监护资格的人员或者有关组织向人民法院提出申请变更监护人。两者的主要区别是发生的事由不同。申请变更监护人的事由也可以是监护人不履行监护职责，申请人同时要求撤销监护人资格并变更监护人。

十二、申请撤销监护人资格

（一）释义

申请撤销监护人资格是指监护人不履行监护职责或侵害被监护人的合法

权益的，其他有监护资格的人员或者有关组织可以申请撤销监护人的监护资格。监护人应当履行保护被监护人的人身、财产及其他合法权益的职责。监护人疏于履行监护职责或侵害被监护人的合法权益的，应当承担责任。给被监护人造成损失的，应当赔偿损失。法律规定的其他有监护资格的人或者被监护人所在地居民委员会、村民委员会、学校、医疗机构、妇女联合会等向人民法院申请撤销监护人资格的，人民法院经审查属实的，应当作出撤销监护人资格的判决。

(二) 管辖

根据《民事诉讼法司法解释》第10条的规定，不服指定监护或者变更监护关系的案件，可以由被监护人住所地人民法院管辖。

(三) 应注意的问题

申请撤销监护人资格是第三级案由。监护是民法上规定的对于无民事行为能力人和限制民事行为能力人的人身、财产及其他合法权益进行监督、保护的一项重要法律制度。对于监护的性质，我国学术界历来有不同的观点。但是，无论持监护权利说或是义务说、职责说，都认为监护人是为被监护人利益而设，其都要履行以下职责：(1) 保护被监护人的人身、财产及其他合法权益不受损害。(2) 保管被监护人的财产。此处的保管，不仅包含保护、管理财产的行为，还应包括必要的经营和处分行为。法律要求监护人履行其职责时，应尽善良管理人之注意。(3) 担任被监护人的法定代理人。

实践中，申请撤销监护人资格包含两种情形：(1) 未成年人的法定监护人父母一方请求法院撤销另一方的监护人资格的。(2) 未成年人除父母以外的或无民事行为能力人、限制民事行为能力人的法定监护人、指定监护人资格的撤销。未成年人监护人资格的撤销，是指父母不在世或均丧失监护能力的法定监护人资格的撤销，以及有关组织指定的监护人资格的撤销或人民法院指定的监护人资格的撤销。无民事行为能力人、限制民事行为能力人的监护人资格撤销，是指《民法典》第28条、第31条规定的法定监护人、有关组织的指定监护人及人民法院指定监护人资格的撤销。

十三、申请人身安全保护令

（一）释义

根据《反家庭暴力法》第 23 条、第 24 条、第 25 条、第 27 条的规定，当事人因遭受家庭暴力或者面临家庭暴力的现实危险，可以向人民法院申请人身安全保护令。当事人是无民事行为能力人、限制民事行为能力人，或者因受到强制、威吓等原因无法申请人身安全保护令的，其近亲属、公安机关、妇女联合会、居民委员会、村民委员会、救助管理机构可以代为申请。

（二）管辖

根据《反家庭暴力法》第 25 条的规定，人身安全保护令案件由申请人经常居住地、被申请人经常居住地或家庭暴力行为发生地的基层人民法院管辖。

（三）应注意的问题

根据《反家庭暴力法》第 24 条的规定，申请人身安全保护令应当以书面方式提出；书面申请确有困难的，可以口头申请，由人民法院记入笔录。

常见可采取的人身安全保护令措施：（1）禁止被申请人实施家庭暴力；（2）禁止被申请人骚扰、跟踪、接触申请人和其相关近亲属；（3）责令被申请人迁出申请人住所；（4）保护申请人人身安全的其他措施。

第二章　我国少年家事案件审判的现状、问题及发展

第一节　我国少年审判的历史及发展

未成年人是国家的未来、民族的希望。党和国家历来都高度重视未成年人的保护工作，始终把这项工作作为党和国家事业的重要组成部分。进入新时代，以习近平同志为核心的党中央更加重视未成年人的健康成长，社会各界对未成年人保护和犯罪预防问题倍加关切。[1] 维护未成年人权益，预防和矫治未成年人犯罪，是人民法院的重要职责。加强新时代未成年人审判工作，是人民法院积极参与国家治理、有效回应社会关切的必然要求。

以1984年上海市长宁区人民法院（以下简称长宁法院）创立的我国第一个专门审理未成年人刑事案件的合议庭为起点，我国少年审判历经40年、五个阶段的发展，取得了举世瞩目的成就，积累了不少宝贵经验，形成了相对独立的少年审判工作体系。作为少年审判的重要组成部分，少年家事案件的审判既关乎未成年人利益的维护，也关乎未成年人的健康成长、家庭的和睦安宁、社会的和谐稳定，具有十分重要的意义。

1984年到1988年是第一阶段，为少年法庭的创设时期。1984年10月，长宁法院将未成年人刑事案件从成年人刑事案件中分离出来进行专门审判，标志着新中国历史上第一个少年法庭的诞生，开启了探索、构建中国特色现代少年司法制度的征程。长宁法院的改

---

[1] 参见李长文：《奏响未成年人保护"三部曲"》，载《人民法院报》2023年6月1日；王俏：《未成年人保护：让"少年的你"沐浴在法治阳光下》，载《人民法院报》2021年3月8日。

革探索，得到了最高人民法院的充分肯定和支持，时任最高人民法院院长的郑天翔批示"根据未成年犯的特点，把惩罚犯罪与矫治、预防犯罪相结合，长宁法院的经验值得各地法院借鉴"。1988年5月，最高人民法院在上海市第一次专门召开人民法院审理少年刑事案件经验交流会议，明确提出"成立少年法庭是刑事审判制度的一项改革，有条件的法院可以推广"。此后，少年法庭在全国各地纷纷建立。

1989年至1994年是第二阶段，为少年法庭迅速发展时期。1990年10月底到11月初，最高人民法院在南京市召开第二次全国法院少年刑事审判工作会议，明确提出"进一步建立、巩固和发展我国的少年法庭"。在最高人民法院的积极支持下，少年法庭建设蓬勃发展，截至1994年年底，全国法院建立少年法庭3300多个。其中，独立建制的少年审判庭有800多个，在受理案件的范围上，部分少年法庭不仅审理未成年人刑事案件，还审理涉及未成年人的民事、行政案件。

1995年至2004年是第三阶段，为少年法庭调整阶段。1995年5月，最高人民法院在福州市召开全国法院第三次少年审判工作会议，会议提出要对少年法庭的设立进行规范，"按照需要和可能设置机构"。由于1997年施行的修订后的刑事诉讼法对刑事诉讼制度的变革，少年法庭审判机构和人员队伍在较短时间内发生了变化。到2004年年底，全国法院少年法庭机构数量为2400个左右。

2005年至2009年是第四阶段，为少年法庭综合试点阶段。2005年10月，最高人民法院发布《人民法院第二个五年改革纲要（2004-2008）》，明确要求"完善未成年人刑事案件和涉及未成年人权益保护的民事、行政案件的组织机构；在具备条件的大城市开展设立少年法院的试点工作，以适应未成年人司法工作的特殊需要，推动建立和完善中国特色少年司法制度"。为加快少年司法制度改革，2006年2月，全国法院第五次少年审判工作会议在广州市召开，此次会议拉开了全国范围内少年审判改革的序幕。会后，最高人民法院启动了在部分中级人民法院设立未成年人案件综合审判庭试点工作。

2009年3月，最高人民法院又发布了《人民法院第三个五年改革纲要》，提出"完善未成年人案件审判制度和机构设置，推行适合未成年人生理特点和心理特征的案件审理方式及刑罚执行方式的改革"。少年法庭改革从强调机构设置开始转向关注案件审理和刑罚执行方式。

2010年至今是第五阶段，为少年法庭全面深化改革的时期。这一时期，最高人民法院对少年审判工作高度关注，多次召开全国性会议部署：2010年，最高人民法院出台了《关于进一步加强少年法庭工作的意见》，明确提出要切实执行对违法犯罪未成年人"教育、感化、挽救"的方针和"教育为主、惩罚为辅"的原则。此后，少年法庭的各项工作不断得以深化，科学化、规范化的工作制度与机制逐渐形成。2011年4月，在福建省三明市召开全国法院未成年人案件综合审判庭试点工作座谈会，推进未成年人案件综合审判；2012年8月，在河南省郑州市召开人民法院第六次少年法庭工作会议，会后进一步扩大了未成年人案件综合审判庭试点范围，试点中级法院由原来的17个扩大到49个；2014年11月，在上海市召开少年法庭30周年座谈会并举办少年审判论坛，进一步规划、推动少年法庭工作。

2016年6月，最高人民法院在全国范围内选择118家中、基层法院开展为期两年的少年家事审判改革试点工作，以江苏省为代表的多个省份广泛建立起少年家事审判庭。至此，少年审判工作迎来新的改革历程。

2018年5月，全国法院少年法庭改革方向和路径研讨会在北京市召开，认真研讨司法改革背景下少年法庭遇到的新挑战、新问题，总结分析少年法庭建设经验和存在的不足，提出具有新时代中国特色少年法庭发展的思路和路径。

2019年5月至2020年12月，最高人民法院党组多次召开会议，专题研究少年审判工作。时任最高人民法院院长周强多次强调少年审判工作只能加强，不能削弱，要认真做好新修订"两法"的学习宣传和贯彻实施工作，强化未成年人的司法保护和犯罪预防。

多年来，少年法庭依法惩治了大量侵害未成年人合法权益的犯罪行为，教育挽救了一大批失足未成年人。作为人民法院的重要审判机构，少年法庭为建立和完善中国特色少年司法制度、保护未成年人合法权益作出了积极贡献，探索并形成了具有中国特色的少年审判制度和工作机制，培养锻造了一支高素质的少年审判队伍。涌现出尚秀云、詹红荔、李其宏、陈海仪等一批热心奉献未成年人事业、具有丰富专业审判经验的少年法官先进典型。

与此同时，少年法庭的成立和发展，在中国司法领域作出了重大贡献，且在国际上成就了中国少年法庭的经验和范本。[①]

第二节　我国少年家事案件审判的现状及问题

一、我国少年家事案件审判的现状

（一）少年家事案件的特点

就审判对象而言，少年家事案件的当事人具有"伦理性"特点。少年家事案件是发生在家庭成员之间的纠纷，因此其具有典型的伦理性，审判机关代表国家扮演涉案未成年人"终极监护人"的角色，承担并积极履行保护未成年人的职责。国家亲权理论认为国家作为"终极监护人"高于父母亲权，即便未成年人的父母健在，但若其不具备保护子女的能力或不履行、不适当履行监护职责时，国家可以越过父母之亲权而对未成年人进行强制性干预和保护。国家在充当未成年人的"父母"时，应当为了孩子的利益而行事。

从审判目标而言，少年家事案件审判具有面向未来性。基于长期、非单

[①] 参见刘瑜：《走过而立之年的少年审判事业——访最高人民法院研究室主任颜茂昆》，载《民主与法制》2017年第46期；孙航：《四十不惑，少年审判再启新程》，载《人民法院报》2023年6月1日；王俏：《少年审判工作：以法之名守护"少年的你"》，载微信公众号"最高人民法院"2022年3月12日，2024年4月10日访问；王俏：《未成年人保护：让"少年的你"沐浴在法治阳光下》，载《人民法院报》2021年3月8日。

一以及与情感的密切相关性，少年家事案件具有延续性、永久性的特点，简单的解纷止争已不能满足审理这类案件的需求，对矛盾的调和、情感的弥合是对少年家事案件审判的更高期许。同时，未成年人的强大可持续发展性，使得该类案件的审判须以实现未成年人的健康成长与发展为目标。少年家事案件审判需要以具体个案中夫妻双方，乃至更大范围内涉及的利害相关人的利益为出发点，从相互合作的角度来界定影响双方当事人的争议，基于个案特殊性，做出具体的、个别的处理。

(二) 我国少年家事案件审判的特点

实践中，我国少年家事案件审判有如下特点：

1. 审判理念国际化，构建与世界接轨的少年审判理念体系。坚持优先保护、特殊保护理念，根据儿童利益最大化、最有利于未成年人原则，为涉未成年人案件建立审执绿色通道，根据"优先立案、优先审理、优先执行"的原则，依法从快审理涉未成年人抚养、教育、监护等各类民事案件，优先保护未成年人合法权益；在法庭布置、审判人员配置、法庭教育等方面，贯彻柔性司法理念，在审判过程中实施爱与善良教育，了解未成年人成长背景，结合未成年人的成长规律、家庭教育、校园生活等情况，作出最有利于未成年人健康成长的裁决；为未成年人提供心理疏导和帮扶救助，切实保护未成年人的合法权益。

2. 法庭建设独立化，为专业化发展之路提供组织保障。2016年，最高人民法院发布的《关于开展家事审判方式和工作机制改革试点工作的意见》，探索建立少年家事审判庭，启动了全国范围内的家事审判方式和工作机制改革。截至2018年6月，90%以上试点法院成立了专门家事审判机构，其中独立建制的家事审判庭或少年家事审判庭超过70%。2019年2月，最高人民法院发布《关于深化人民法院司法体制综合配套改革的意见——人民法院第五个五年改革纲要（2019—2023）》，进一步明确要探索家事审判与未成年人审判统筹推进、协同发展。少年家事审判融合能够保障家事审判中未成年人的合法权益，使家事审判借鉴发扬少年审判的特色，提升少年审判质效。2020年12月24日《最高人民法院关于加强新时代未成年人审判工作的意见》要求，探索通过对部分城区人民法庭改造或加挂牌子的方式设立少年法庭，审理涉及未成年人的刑事、民事、行政案件。此后，少年法庭呈现多元化发展趋势，产生独立建制的少年法庭、少年家事审判庭，专门的少年审判庭、审判团队等多种形式。

3. 机制流程规范化，形成独具特色的审理制度。从审前社会调查的规范量表制作到诉讼引导、社会调查、社会观护、心理咨询、亲职教育等各个环节，不断完善涉未成年人案件审判流程，使其规范化、具体化、可操作。同时，依法建立涉未成年人案件快立、快审、快执的"三快"绿色诉讼通道，适用简化审、速裁程序，并最大限度保障审判质效，更加高效地保障未成年人合法权益。

4. 审判管理专门化，科学考量审判质量效果。建立专门的未成年人案件司法统计指标体系，实现案件科学管理，及时掌握未成年人案件的基本情况，归纳案件规律，总结审判经验，有针对性地制定和完善少年司法政策。

5. 队伍建设专业化，切实提高审判水平。选用业务能力强、熟悉少年事务的法官以提高少年审判的专业性；配备专门的员额法官和司法辅助人员并强化其履职保障，以实现少年审判队伍的稳定性；定期对法官及相关司法工作人员开展业务培训，以保证其工作能力的持续提升。充分挖掘社会力量参与少年审判，人民法院从共青团、妇联、工会、学校等熟悉少年事务的组织中依法选任人民陪审员，参与审理涉未成年人案件；以购买社会服务等形式，引入家事调查员、社工陪护及儿童心理专家等相关人员，探索利用相关公益性服务机构及人员配合调查审理家事案件，及时为当事人提供心理疏导等专业服务。[①]

二、我国少年家事案件审判面临的问题

传统民事诉讼要求赋予当事人平等的诉讼地位及攻防手段，主要表现在：

[①] 参见刘宗珍：《少年审判的中国模式》，载《人民法院报》2022年6月2日。

第一，当事人的诉讼地位完全平等，享有平等的诉讼权利，承担同等的诉讼义务；第二，法官平等地保障当事人诉讼权利的行使，使当事人享有均等的诉讼机会。而在少年家事案件中，当事人一方是未成年人，其在认知能力、语言表达能力、经济能力、诉讼技巧等方面与成年人相比处于天然弱势地位。在平等语境下，如果不通过其他方式弥补未成年人在诉讼上的弱势，就有可能导致其在诉讼主张、证据提出等方面无法有效行使自己的诉讼权利，从而导致整个诉讼程序朝着不利于他们的方向运行，最终出现形式正义掩盖实质不正义的局面。实践中，少年家事案件审判面临的问题可能有以下三个方面：

（一）未成年人行使诉权方面

诉权是指当事人为维护自己的合法权益，要求法院对民事争议进行裁判的权利。[1]诉权是当事人的一项基本权利，相对于当事人的实体权利，诉权是一项程序性权利，没有这项权利，自然人、法人或其他组织便不能启动民事诉讼程序获得司法裁判，实现实体权利。无论是成年人还是未成年人，只要其正当权利受到侵害，所遇纠纷具有可诉性，法律都应该赋予其提起诉讼、实现公力救济的权利。《民事诉讼法》第60条规定："无诉讼行为能力人由他的监护人作为法定代理人代为诉讼。法定代理人之间互相推诿代理责任的，由人民法院指定其中一人代为诉讼。"该制度设计的出发点是假设未成年人和其法定代理人的利益是一致的，法定代理人代理未成年人参与诉讼时，必然会为被代理人的利益最大化而努力。但现实生活中还存在未成年人法定代理人擅自放弃、变更诉讼请求或者不正当侵害未成年人利益的行为。在这种未成年人无法确定保护人的状态下，根据现有代理制度却需要以监护人的确定作为行使诉权的前提，就目前未成年人涉及民事案件诉讼主体的确定而言，一旦相关人员没有主动申请或者无法通过法院司法程序变更监护人，未成年人甚至无法启动司法救济程序。另外，普通民事诉讼程序有"谁主张，谁举证"的诉讼规则，但在少年家事案件审判中，为避免未成年人在诉讼中遭遇二次伤害，未成年人往往较少出庭，虽然这

---

[1] 张卫平、李浩：《新民事诉讼法原理与适用》，人民法院出版社2012年版，第231页。

类案件的实体处理涉及其切身利益，但法官在查明案件事实进行裁判过程中却又很难听到来自未成年人的意见表达，这也在一定程度上限制了未成年人诉权的行使。

（二）司法能动性的发挥方面

单纯依靠法官的能动性确保未成年人利益最大化，具有主观随意性和个体上的差异性。不同的法官，基于不同的生活经验及对于法律规定的不同认识，对于原则的理解自然会出现不同的结论，导致他们在评判标准上无法做到整体划一。

（三）符合未成年人特点、体现未成年人需求、方便未成年人诉讼的特殊程序运行机制方面

现行民事诉讼制度设计多从成年人的视角出发，即根据成年人的思维模式及行为特点进行构建，而涉少年民事审判则是需要立足心智尚未成熟的未成年人，解决与其切身利益相关的争议和纠纷。是否有必要建立符合未成年人特点、体现未成年人需求、方便未成年人诉讼的特殊程序运行机制？坚信传统司法理念的人们，从原有的司法原则出发，或是否认少年司法制度独立的必要性，认为在现有司法体系内做出适当调整，即在体系内完成涉少年案件的受理和处置，而不必单独设立一个体系；或是非议少年司法改革的各种超前性的实验和尝试，力图将少年司法改革限制在"现有法律规定的幅度之内"。

第三节　我国少年家事案件审判的发展

少年家事审判工作涉及实体法和程序法的适用，可以在现行法律体系下，顺应少年家事审判发展形势的需要，进行拓展性研究和探索性实践，形成规则，统一适用。

一、探索建立符合少年家事审判规律的诉讼程序

未来可考虑在《民事诉讼法》中设专章规定少年家事诉讼程序。例如，针对父母离异后，就抚养费增减、抚养关系变更、探望权行使等反复诉讼或者交替诉讼而不顾子女利益等情况，有必要对父母行使诉讼权利进行制约。可针对这类纠纷，规定在法院调解或判决结案后六个月内，没有新情况、新问题的，原告不得提起诉讼。原告坚持诉讼应认定为构成重复起诉，法院应裁定不予受理或者驳回起诉。

二、进一步规范现有离婚纠纷审理规则

针对不同的年龄段和婚姻感情基础，开展预防性司法，旨在提高解决自身纠纷能力，降低离婚风险。开展修复性司法，旨在发生离婚风险时修复夫妻情感，稳定家庭关系。在处理离婚案件中设置冷静期，引入社会观护制度，采取"冷处理"方式，给予双方一定的缓冲时间。必要时，可引导其向婚姻或者心理咨询机构进行咨询。经一次或者两次调解无效后，再判决不准予离婚。判决后，目前规定是没有新情况、新问题的，六个月内不得起诉。为了维护未成年子女利益，法律应当规定可以视情再延长三至六个月。如果子女即将成年，可待子女成年后再行起诉。开展速裁性司法，旨在对没有婚姻基础或感情确已破裂者在协商处理好子女抚养和探望等问题后，及时调解或者判决解除婚姻关系，减轻子女痛苦。调解或者判决离婚前，要对离婚后可能产生的涉及抚养关系变更、探望权行使、抚养费给付等问题进行释明，指出当事人解决问题的路径，减少后续纠纷和反复诉讼，避免子女再次受到伤害。

三、谨慎处理抚养权归属纠纷

一是要研究子女间感情因素对抚养权归属请求的影响。在处理两个子女抚养权归属问题时，不但要兼顾父母与子女间的情感因素，更要关注两个子女之间的情感依赖需求。如果将两个一起长大的子女（尤其是双胞胎）强行

分开由父母各养一个，可能会给子女造成无法弥补的心理创伤。故对"各得一个"的抚养权归属的传统处理方式和"轮流抚养"模式对子女就学是否会产生影响以及是否符合实际情况等都需要研究对策，争取给孩子多一份关爱。二是要限制变更抚养关系的随意性。经常改变子女的生活方式，对子女的健康成长不利。如果最初抚养关系的确定情形没有发生较大变化，一般不能随意改变，尤其是子女即将成年，或改变后涉及子女就学发生变化的更应慎重。三是要将一方设置严重障碍如抢夺、藏匿子女，为子女任意转学、迁移等，阻碍另一方正当行使监护权、探望权，造成法院无法强制执行等行为，作为另一方申请变更抚养关系的法定事由。

四、探索建立诉讼期间先予执行探望权制度

离婚案件属于复合之诉，其中涉及的纠纷纷繁复杂。如果一方提出离婚的同时，要求一并解决探望问题，并因离婚案件处理时间较长，要求即刻行使探望权，或者在探望权纠纷案件审理过程中，一方要求即刻行使探望权的，人民法院应当做好另一方的工作，给予探望便利。协商不成的，可以按照《民事诉讼法》第109条第3项"因情况紧急需要先予执行的"规定和《民事诉讼法司法解释》第169条"先予执行应当限于当事人诉讼请求的范围，并以当事人的生活、生产经营的急需为限"的规定，裁定探望权先予执行。此处对"当事人的生活"应当作广义解释，包括探望子女等精神类生活。

五、进一步完善监护权方面的法律规定

进一步澄清撤销监护人资格与变更监护人关系。在变更监护人案件中，可否直接将撤销事由列入变更事由考虑？在不符合变更事由，撤销事由又难以查证属实的情况下，如何处理监护权转移等问题？针对诉讼中的困境儿童存在的无人监护，监护人监护不力、不能监护或被剥夺监护权等情况，可考虑研究建立健全国家监护制度和儿童福利制度，让未成年人拥有一个安全、健康和快乐的学习和生活环境。

六、积极应对《反家庭暴力法》实施后遇到的新问题

2016年3月1日《反家庭暴力法》正式施行,该法第23条第1款规定:"当事人因遭受家庭暴力或者面临家庭暴力的现实危险,向人民法院申请人身安全保护令的,人民法院应当受理。"第27条规定:"作出人身安全保护令,应当具备下列条件:(一)有明确的被申请人;(二)有具体的请求;(三)有遭受家庭暴力或者面临家庭暴力现实危险的情形。"为了准确适用反家庭暴力法,把保护未成年人合法权益放在首位,我们要着重对家庭暴力如何认定、现实危险如何把握、保护范围如何界定、裁定方式如何规范等问题进行研究,使人身安全保护令充分发挥作用。

第三章　审理少年家事案件的基本原则

第一节　未成年人利益最大化原则

未成年人利益最大化原则，又称儿童利益最大化原则（the best interest of the child）①，是联合国《儿童权利公约》确立的关于保护关爱未成年人最重要、最核心的制度原则，这一原则也在 2020 年 10 月 17 日我国新修订的《未成年人保护法》中首次确立。2020 年 12 月 24 日《最高人民法院关于加强新时代未成年人审判工作的意见》第 3 条提出，要"坚持未成年人利益最大化原则"，这对我国未成年人审判工作特别是少年家事案件的审判具有重要的意义。

一、未成年人利益最大化原则的产生与发展

未成年人利益最大化原则的产生、确定、发展经历了一个漫长而复杂的历史进程。古罗马时期是以"家父制"为代表的身份社会，家父对子女的生死、婚丧、买卖有绝对的权力。② 尽管如此，中国古代社会也有慈幼恤幼的优良传统。③ 18 世纪，儿童利益最大化原则在英美普通法系的家庭法中确立。19 世纪到 20 世纪中期，美国通过判例法确立了儿童最大利益原则在亲子法和收养法领域的地位，逐步形成了当代儿童最大利益原则具体的评判标准，儿童最大利益原则也从最初的家庭法领域，拓展到少年司法领域乃至整个儿童

---

① "儿童利益最大化原则"为相关国际文书中的中文译本名称。
② 参见［英］梅因：《古代法》，沈景一译，商务印书馆 1959 年版，第 79 页。
③ 《礼记·月令》记载，夏王朝在仲春之月"安萌芽，养幼少，存诸孤"。《史记·周本纪》载，文王遵从先祖之法，"笃仁、敬老、慈少"。

法领域，并且更多地被看作是一项儿童权利。

1924年国际联盟大会通过的《儿童权利宣言》(《日内瓦宣言》) 首次以正式法律文本的形式宣告了儿童权利的内容，这标志着保护儿童权利的内容从国内法走向了国际法领域。1959年联合国大会通过的《儿童权利宣言》首次将儿童利益最大化原则作为全世界范围内保护儿童的国际准则。[1] 1989年联合国《儿童权利公约》的制定和通过是"儿童利益最大化"作为一项国际普遍承认的原则得以确立的里程碑。[2] 自此之后，各缔约国家或地区纷纷将"儿童利益最大化原则"进行直接援引或转化为域内法，将其作为解决未成年人有关问题的法律依据。

作为《儿童权利公约》的缔约国之一，我国于1990年8月29日正式签署、批准该公约的实施。2021年6月1日起施行的《未成年人保护法》在总则部分第4条首次提出"最有利于未成年人原则"，是"儿童利益最大化原则"在我国本土化立法上开创性的一步。

二、未成年人利益最大化原则的内涵

作为一项包含着权利主张、不断面对各种利益纠纷的法律原则，未成年人利益最大化原则遇到的最大难题是标准问题，即究竟什么是最大利益、怎样判断最大利益、由谁来判断最大利益。[3] 关于儿童利益最大化原则的内涵，2013年第62届儿童权利委员会通过了《将儿童他或她的最大利益作为首要考虑》的第14号一般性意见，强调儿童最大利益概念包括三个层面：第一，是一项实质性权利，儿童有权评估自己的最大利益并将其作为首要考虑；第二，是一项基本的解释性法律原则，对法律条文的理解和适用要从最有利于实现儿童利益最大化的角度进行；第三，是一项行事规则，对涉及儿童有关事项

---

[1] 《儿童权利宣言》第2条规定，"儿童应受到特别保护，并应通过法律和其他方法而获得各种机会与便利，使其能在健康而正常的状态和自由与尊严的条件下，得到身体、心智、道德、精神和社会等方面的发展。在以此目的制定法律时，应以儿童的最大利益为主要考虑"。

[2] 王雪梅：《儿童权利保护的"最大利益原则"研究（上）》，载《环球法律评论》2002年冬季号。

[3] 何海澜：《善待儿童：儿童最大利益原则及其在教育、家庭、刑事制度中的运用》，中国法制出版社2016年版，第56页。

的决策综合考虑了各种正面和负面因素，最终以最有利于儿童利益的因素来进行。同时，该意见还列举了评判儿童利益最大化应考虑的因素，如"儿童身份""儿童意愿""维护家庭关系""儿童安全""儿童困境""儿童健康"等。

实践中，对未成年人利益最大化原则的理解与解释虽然有不同的视角，但有一点是相通的，即在处理有关未成年人的事务中，未成年人利益最大化原则具有纲领性、基础性、协调性的地位，同时具有权利救济、制度规范与价值引导三方面的功能。这也应是法院处理涉少年家事案件的出发点和落脚点。

三、未成年人利益最大化原则的适用

未成年人利益最大化原则要求在处理涉及未成年人事项时，全面综合考虑各种因素，所采取的措施应保障其能够健康成长。未成年人的利益与社会利益高度统一，保护未成年人的利益，就是维护社会利益。未成年人利益最大化原则的适用应警惕成人司法惯性思维的消极影响，尊重未成年人权利主体地位，实现特殊保护和优先保护的规则进阶、司法适用特殊规则冲突的协调、司法适用积极作为与理性克制的平衡。

未成年人利益最大化原则适用的具体表现为：第一，尊重未成年人主体地位。从未成年人根本利益、长远利益出发分析和解决问题；将未成年人作为一个独立的法律个体理解，而不是作为家庭或者学校的附属部分，在强调其独立性的基础上，实现利益位阶的提升，对于涉及未成年人的权益、利益予以特别关注；未成年人利益与其他个体利益甚至局部社会利益发生冲突时，应当优先考虑未成年人生存、学习需要；关注未成年人本身的愿望或要求，保障其参与家庭、文化和社会生活的权利，顺畅其表达权利诉求的渠道。第二，法律冲突与矛盾时采取最有利于未成年人解释。在不同部门法之间或同一法律不同条款之间，涉及未成年人事项的法律规定存在冲突或矛盾时，应优先采取最有利于未成年人的解释。第三，未成年人利益最大化原则与其他原则冲突时的优先适用。

第二节 未成年人特殊、优先保护原则

一、未成年人特殊、优先保护原则的内涵

未成年人特殊、优先保护原则，又称"儿童利益优先原则"，是指相比于成年人或国家机关、社会团体、企业，未成年人的利益应当置于特殊、优先考量和保护的地位。

联合国《儿童权利公约》第3条第1款不仅明确确立了"儿童利益最大化原则"，同时也明确了"儿童利益优先原则"，即"关于儿童的一切行为"，均应以儿童的最大利益为"首要考虑"。"儿童利益优先"不仅是一种理念，更是儿童保护的基本原则。德国《家事程序与非讼事件法》第155条明确规定，"涉及未成年子女居住地、子女交往权或交付子女以及因危及子女福祉而启动的程序等有关亲权事件"，采取优先处理和程序促进原则。

未成年人特殊、优先保护原则主要包含两层含义：一是为未成年人提供不同于成年人的特殊保护；二是更加关注与满足困境、留守、残疾等特殊群体未成年人的需求。给予未成年人优先保护，主要是指在制定法律法规、政策规划和配置公共资源方面优先考虑未成年人，在不同群体利益难以兼顾时，优先保障未成年人权利，满足未成年人的需求；还要求未成年人利益较成年人利益的优先保护，例如办理涉及未成年人的民事继承、财产分配等案件，当成年人利益与未成年人利益相冲突时，应优先保护未成年人的利益。

二、未成年人特殊、优先保护原则的适用

未成年人特殊、优先保护原则要求法院或法官在家事诉讼中，为涉及未成年人利益的诉讼提供绿色通道。具体而言，（1）在单纯以未成年人为诉讼主体的案件审理中，为保障未成年人利益，采取快速、高效、便捷的职权审理模式。如在以未成年人为原告增加抚养费或者变更抚养权的诉讼中，法院

不仅可以依职权进行调查，还可以在审酌一切情势的基础上，直接作出对未成年人福祉有益的裁判。（2）在以未成年人为利害关系人的家事诉讼中，如未成年人父母离婚案件，法院或法官可以要求父母先行协商安排好未成年子女的生活、学习以及抚养事宜，然后再考虑离婚事项，在双方未能妥善处理好未成年人问题时，不予判决离婚；在离婚判决涉及未成年子女探望权的判项时，应当优先考虑未成年人的需求，而不是父母的需求，在父或母探望不利于未成年人健康成长时，果敢地予以拒绝；在离婚判决涉及未成年子女跟随父母哪一方共同生活的判项时，同样优先考虑子女需求，如果离婚当事人有两个或两个以上未成年子女，离婚后该两个或两个以上子女强烈希望不分离，且共同生活更有利于其健康成长的，法院可以直接判其归一方进行直接抚养，由另一方支付抚养费。

第三节　未成年人参与原则

一、未成年人参与原则的内涵

未成年人参与原则是指未成年人自由自愿表达观点、进行决策或实施行动以实现自身或其他未成年人利益并确保其权利的实现和保护，其既是未成年人的一项基本权利，又是未成年人利益保护所应遵循的一项基本原则。联合国《儿童权利公约》第12条明确规定："第一，缔约国应确保有主见能力的儿童有权对影响到其本人的一切事项自由发表自己的意见，对儿童的意见应按照其年龄和成熟程度给以适当的看待。第二，为此目的，儿童特别应有机会在影响到儿童的任何司法和行政诉讼中，以符合国家法律的诉讼规则的方式，直接或通过代表或适当机构陈述意见。"

未成年人参与原则要求裁判者在保证未成年人充分理解和知晓基本案情的前提下，以直接或间接的方式听取未成年人的意见，并在充分考虑这些意见的基础上作出影响未成年人利益的决策或裁判。为贯彻这一原则，很多国家通过立法规定，在离婚、监护、收养等纠纷中，法官要直接听取适龄未成年人的意见,如德国《家事程序与非讼事件法》第159条规定,在涉及亲子事项的程序中,当子女年满14周岁时,法院应当听取子女本人意见;子女未满14周岁的,若子女的偏好或意愿对裁判具有重要意义或者因其他原因而显然有必要听取子女意见的,法院也应当听取子女本人意见。

未成年人参与原则赋予未成年人在家事诉讼中表达意见的权利和机会,体现了立法的人文精神和对未成年人程序主体地位的尊重,既有利于未成年人参与意识和主体意识的培养,又有利于裁判者尊重未成年人意识的养成,使家事裁判结果更符合未成年人最大利益。

未成年人参与原则并不要求未成年人在涉及自身利益的一切诉讼中均亲自参加或者亲自表达意见,因为未成年人的年龄和智力发育水平各不相同,故而,对于不同年龄的未成年人,其参与权与表达意见的权利有着不同的方式。其一,通常情况下,只要未成年人有意思能力,对与其自身有关的事务就有表意的权利和自由,法院或法官有义务进行听取,并可根据其年龄大小或成熟程度予以权衡;其二,未成年人在涉及自身利益的家事诉讼中既可以亲自为意见表达,也可以通过代表或适当团体、组织进行意见之表达;其三,未成年人在家事诉讼中的参与权还可以通过专门针对未成年人的职权调查或者社会调查机构或人员来实现。如日本在实践中就采取了灵活的调查方法实现家事诉讼中未成年子女的参与权。对于0—14岁的未成年人,主要通过法院调查官采取灵活的家庭访问、观察、心理测试、面谈等方式进行调查,并将调查资料提交给法院进行参考;对于15岁以上的未成年人,法院在案件审理中必须听取其陈述或意见,听取的程序与对证人询问程序类似,询问的结果是事实调查的一部分。

二、未成年人参与原则的适用

未成年人参与原则的适用可体现在以下九个方面:(1)采取适宜未成年人身心特点的方式充分说明案件信息;(2)采取必要的措施保障和督促涉案未成年人的法定监护人、合适成年人或辩护律师在场;(3)司法主体应积极履行司法程序的说明义务;(4)特殊阶段未成年人表达权的特殊保护;(5)办案主体应对未成年人观点给予认真且适当的考虑;(6)办案主体应依据未成年人意见为其提供选择性方案；（7）针对未成年人高度易变性的意见，办案人员应综合研判获取其真实意愿；（8）办案主体应全面收集司法程序中的未成年人意见；（9）办案主体应当向未成年人阐明其意见采纳与否的情况及原因。

第二编

少年家事案件的裁判规则与规范指引

第四章　离婚纠纷

离婚案件无胜诉方，但未成年子女是必然的"败诉方"。如何在离婚纠纷案件中保护未成年子女的权益，已成为一个重要的话题。

第一节　未成年子女因素对是否解除婚姻关系的裁判规则

我国目前不管是诉讼离婚，还是协议离婚，都没有将是否妥善安排未成年子女作为离婚的条件。在诉讼离婚中，只需查明双方是否具有法定离婚情形、感情是否确已破裂，如感情确已破裂就可以判决离婚。而在如何判断感情破裂的法定情形中就有"分居两年"的条件，这样往往会使当事人为了离婚而忽略未成年子女的合法权益。例如，在蒋某与王某离婚一案中，蒋某、王某婚后育有一个八岁的儿子。双方闹离婚，蒋某为达到分居两年的目的而去外地，对儿子不闻不问，也不支付抚养费。其间，儿子由王某独自抚养，王某系出租车夜班司机，晚上儿子只能独自一人在家。开庭时，儿子特地从学校请假来到法院，就是为了看看一年多没见面的母亲。父母的矛盾，导致子女生活不稳定。还有些离婚案件，男女双方均不愿意抚养子女，由法院强制判决一方抚养。由于这种对子女的抚养是外界强制的，导致离婚后父或母不履行职责，甚至有的当事人将子女留在法院，一走了之。

一、一般裁判规则

人民法院在判令是否解除婚姻关系时最关键的问题就是如何认定夫妻感情确已破裂。以下两种情形为一般规则：

1. 夫妻感情尚未破裂，判决驳回诉讼请求

（1）第一次起诉离婚，被告表示不同意离婚，没有原则性矛盾，夫妻感情尚未完全破裂的；

（2）下岗待业的职工，对方因另一方下岗经济困难，第一次起诉离婚的。

2. 有下列情形之一，调解无效的，应准予离婚

（1）重婚或有配偶者与他人同居的；

（2）实施家庭暴力或虐待、遗弃家庭成员的；

（3）有赌博、吸毒等恶习屡教不改的；

（4）因感情不和分居满二年的；

（5）一方被宣告失踪的；

（6）一方患有法定禁止结婚的疾病的，或一方有生理缺陷或其他原因不能发生性行为，且难以治愈的；

（7）婚前缺乏了解，草率结婚，婚后未建立起夫妻感情，难以共同生活的；

（8）婚前隐瞒精神病，婚后久治不愈，或者婚前知道对方患有精神病而与其结婚，或一方在夫妻共同生活期间患精神病，久治不愈的；

（9）一方欺骗对方，或者在结婚登记时弄虚作假，骗取《结婚证》的；

（10）双方办理结婚登记后，未同居生活，无和好可能的；

（11）包办、买卖婚姻，婚后一方随即提出离婚，或者虽共同生活多年，但确未建立起夫妻感情的；

（12）经人民法院判决不准离婚后分居满一年，互不履行夫妻义务的；

（13）一方与他人通奸、同居，经教育仍无悔改表现，无过错一方起诉离婚，或者过错方起诉离婚，对方不同意离婚，经批评教育、处分，或在人民法院判决不准离婚后，过错方又起诉离婚，确无和好可能的；

（14）一方被依法判处长期徒刑，或其违法、犯罪行为严重伤害夫妻感情的；

（15）被告经法院依法传唤无故不到庭，且没有提出书面答辩意见，经依法缺席开庭审理，原告离婚态度坚决，可以判决离婚。

案例 01　孙某某与王某某离婚纠纷案[①]

基本案情

孙某某于 2014 年 5 月 6 日向辽宁省辽河人民法院起诉称：孙某某与王某某于 1992 年经人介绍相识，1993 年 8 月 15 日登记结婚，1994 年 6 月生育女儿孙某一。婚后由于双方性格不和，在共同生活中经常吵架，甚至相互动手。从 2007 年 3 月起双方分居至今。2011 年女儿孙某一高考前夕，双方签订了离婚协议书和离婚协议书补充条款，但因种种原因没有办理离婚登记。之后王某某拖延办理离婚手续，无奈孙某某于 2012 年 10 月、2013 年 7 月两次到法院诉讼要求离婚，后因需要收集证据而撤诉。现孙某某第三次起诉要求与王某某离婚。王某某答辩称双方感情没有完全破裂，不同意离婚。经法院查明的事实为：孙某某与王某某经人介绍相识，于 1993 年 8 月 15 日登记结婚，婚后感情很好，1994 年 6 月生育女儿孙某一。后因双方性格差异较大，在共同生活中产生矛盾，现因感情不和分居四年。孙某某与王某某于 2011 年 5 月 29 日就离婚问题达成"离婚协议书补充条款"。孙某某于 2012 年 10 月、2013 年 7 月两次到法院诉讼要求离婚，后以夫妻感情破裂证据不足为由撤诉。2014 年 5 月 6 日孙某某第三次起诉要求与王某某离婚。

裁判结果

辽宁省辽河人民法院经审理认为，孙某某与王某某虽然结婚多年，但因性格差异较大，在共同生活期间产生矛盾，致使双方因感情不和分居四年之久，能够认定双方夫妻感情确已破裂。故，孙某某要求与王某某离婚的诉讼请求，符合法律规定，予以支持。宣判后，王某某不服一审判决，提出上诉。辽宁省辽河中级人民法院经依法审理认为：孙某某与王某某依法登记并生育子女，但因性格差异较大，在共同生活期间逐渐产生矛盾。自 2012 年起孙某某多次起诉要求离婚，虽撤诉，但夫妻感情状况并未因此好转。通过孙某某给王某某留便条、发短信的行为，可以看出孙某某与王

[①] 摘自《最高人民法院 12 月 4 日公布婚姻家庭纠纷典型案例》之案例二十八，载最高人民法院网站，https://www.court.gov.cn/zixun/xiangqing/16211.html，2024 年 4 月 20 日访问。收录时，为了说明法律问题可能有删改，且本书案例适用的法律法规等条文均为案件裁判当时有效，以下不再说明。

某某日常已经很少当面接触，结合双方曾协议离婚、孙某一的证言，可以确定双方因感情不和分居已达四年之久。二审期间本院试图调解双方和好，但孙某某坚持要求离婚，可以看出双方夫妻感情确已破裂，故判决驳回上诉，维持原判。

典型意义

离婚诉讼中如何判断"感情确已破裂"成为案件审理的关键。《婚姻法》第32条第2款将"感情确已破裂"作为离婚的法定理由，该条第3款列举了应准予离婚的五种情形。可见《婚姻法》采用这种概括与列举相结合的立法模式，使离婚的法定理由具有可操作性。《民法典》依然沿用了《婚姻法》的相关规定。本案中，从婚后感情来看，双方性格差异较大，在共同生活期间矛盾较多，因此二人的感情生活受到很大影响，并逐年恶化。从夫妻关系的现状来看，双方因感情不和已分居四年，且该期间很少接触。这符合《婚姻法》第32条第3款列举的应准予离婚的五种情形中的双方"因感情不和分居满二年"规定。从孙某某的离婚决心来看，其已经是第三次向法院提出离婚诉讼，且一审、二审法院试图调解和好，均失败，可见其离婚的决心。综合以上因素，可以认定孙某某与王某某感情确已破裂，已无和好可能，应当准予离婚。

二、特殊裁判规则

虽然《民法典婚姻家庭编司法解释（一）》第60条规定，"在离婚诉讼期间，双方均拒绝抚养子女的，可以先行裁定暂由一方抚养"，但在司法实践中，不少当事人为了迅速离婚，拒不履行抚养义务，严重侵害了未成年子女的合法权益，也违背了公序良俗的民法原则。因此，在离婚案件中，为确保未成年人利益最大化，若双方当事人有抚养能力但均拒绝抚养未成年子女的，即便双方均同意离婚，法院也可以判决不准离婚。

案例 02　杨某某诉李某某离婚纠纷案[①]

基本案情

杨某某与李某某自由恋爱后结婚，婚后育有一女。杨某某常年外出打工，疏于对家庭的照顾和子女的教育。李某某没有工作和收入来源，靠借款和刷信用卡维持生活。双方因子女抚养、入学教育、生活琐事等问题产生纠纷，杨某某诉至法院要求离婚。庭审中二人均同意离婚，但均拒绝抚养婚生女。

裁判结果

法院判决驳回杨某某离婚的诉讼请求。针对杨某某、李某某拒绝抚养未成年子女，怠于履行监护职责的行为，法院发出《家庭教育指导令》，责令二人履行监护职责，加强对被监护人的监管和教育，保护未成年人身心健康发展。

典型意义

（1）家事纠纷的处理应保障未成年人利益最大化。《未成年人保护法》第15条第1款规定："未成年人的父母或者其他监护人应当学习家庭教育知识，接受家庭教育指导，创造良好、和睦、文明的家庭环境。"父母子女关系是基于出生事实而形成的自然血亲，父母对子女有抚养和教育的权利和义务。杨某某、李某某同意离婚，但均拒绝抚养未成年子女，故更好地维护未成年子女的权利是案件处理的重中之重。考虑到夫妻间并不存在实质性矛盾，也不存在法律规定必须准予离婚的情形，法院判决双方不准离婚，同时以口头和判决书说理方式对双方进行了法律与情理的双重教育。

（2）家事纠纷的处理应弘扬社会主义核心价值观。尊老爱幼是中华民族的传统美德，拒绝抚养未成年子女的行为违背了中华民族的优良传统。未成年人是国家的未来和民族的希望，抚养未成年子女不仅是一种家庭责任，更

[①] 摘自《民法典实施专栏｜想离婚但拒绝抚养未成年子女，人民法院不答应——杨某某诉李某某离婚案》，载微信公众号"吉林省高级人民法院"2022年10月26日，https://mp.weixin.qq.com/s/AnISeYMl6PQK4s0kuRbv3Q，2024年4月20日访问。

是一种社会责任。拒绝抚养未成年子女的行为侵害了未成年人的合法权益，也有违公序良俗的基本原则，有悖社会主义核心价值观。如双方未妥善安置未成年子女，则法院不支持离婚的诉请。

（3）及时发出《家庭教育指导令》，对怠于履行监护职责等监护失职行为予以纠正。2022年1月1日起正式施行的《家庭教育促进法》，从国家法律层面明确了未成年人的父母或者其他监护人负责实施家庭教育。家庭教育从"家事"上升为"国事"，为人父母已经进入"依法带娃"时代。法院以未成年子女利益最大化为原则，驳回了双方离婚诉讼的请求。因担心双方迁怒于未成年子女，法院及时下发《家庭教育指导令》，为未成年人健康成长和全面发展提供有力的法治保障。《家庭教育指导令》发出后，杨某某、李某某均表示将按照要求及时到庭接受家庭教育指导，真正承担起父母的抚养义务，主动承担起对孩子的家庭教育主体责任，用正确的思想、方法和行为，教育孩子养成良好的思想、行为和习惯。

三、规范指引

1. 法律

《民法典》

第1079条 夫妻一方要求离婚的，可以由有关组织进行调解或者直接向人民法院提起离婚诉讼。

人民法院审理离婚案件，应当进行调解；如果感情确已破裂，调解无效的，应当准予离婚。

有下列情形之一，调解无效的，应当准予离婚：

（一）重婚或者与他人同居；

（二）实施家庭暴力或者虐待、遗弃家庭成员；

（三）有赌博、吸毒等恶习屡教不改；

（四）因感情不和分居满二年；

（五）其他导致夫妻感情破裂的情形。

一方被宣告失踪，另一方提起离婚诉讼的，应当准予离婚。

经人民法院判决不准离婚后，双方又分居满一年，一方再次提起离婚诉讼的，应当准予离婚。

第 1082 条　女方在怀孕期间、分娩后一年内或者终止妊娠后六个月内，男方不得提出离婚；但是，女方提出离婚或者人民法院认为确有必要受理男方离婚请求的除外。

《未成年人保护法》

第 4 条　保护未成年人，应当坚持最有利于未成年人的原则。处理涉及未成年人事项，应当符合下列要求：

（一）给予未成年人特殊、优先保护；

（二）尊重未成年人人格尊严；

（三）保护未成年人隐私权和个人信息；

（四）适应未成年人身心健康发展的规律和特点；

（五）听取未成年人的意见；

（六）保护与教育相结合。

第 15 条　未成年人的父母或者其他监护人应当学习家庭教育知识，接受家庭教育指导，创造良好、和睦、文明的家庭环境。

共同生活的其他成年家庭成员应当协助未成年人的父母或者其他监护人抚养、教育和保护未成年人。

2. 司法解释

《民法典婚姻家庭编司法解释（一）》

第 23 条　夫以妻擅自中止妊娠侵犯其生育权为由请求损害赔偿的，人民法院不予支持；夫妻双方因是否生育发生纠纷，致使感情确已破裂，一方请求离婚的，人民法院经调解无效，应依照民法典第一千零七十九条第三款第五项的规定处理。

第 60 条　在离婚诉讼期间，双方均拒绝抚养子女的，可以先行裁定暂由一方抚养。

第二节　未成年子女因素对分割夫妻共同财产的裁判规则

一、一般裁判规则

《民法典》第 1087 条第 1 款规定："离婚时，夫妻的共同财产由双方协议处理；协议不成的，由人民法院根据财产的具体情况，按照照顾子女、女方和无过错方权益的原则判决"。据此规定，在离婚财产分割时，夫妻双方无法协议的，人民法院可以对直接抚养子女一方予以多分财产。

《民法典》第 1088 条规定："夫妻一方因抚育子女、照料老年人、协助另一方工作等负担较多义务的，离婚时有权向另一方请求补偿，另一方应当给予补偿。具体办法由双方协议；协议不成的，由人民法院判决"。与原《婚姻法》第 40 条的规定相比，《民法典》删除了分别财产制的前提，将家务劳动补偿制度扩展适用于夫妻共同财产制，放宽了离婚家务补偿的条件。也就是说，不管夫妻之间采用何种财产制度，只要符合"夫妻一方因抚育子女、照料老年人、协助另一方工作等负担较多义务"这一条件，离婚时就有权请求另一方给予补偿，这就使得该规定更具有可操作性。《民法典》确定的离婚家务补偿制度，既承认了家务劳动的价值，从实质上实现了男女平等和公平原则，保证了处于弱势一方的合法权益，也促使婚姻中的男女双方共同享有权利、共同负担义务，促进家庭和睦，促使双方对于未成年人的抚养、教育和保护。

案例 03　梁某某与李某某离婚纠纷案[①]

> **基本案情**

梁某某、李某某于 2017 年通过相亲认识，经自由恋爱后于同年 11 月登

[①] 摘自《广东法院贯彻实施民法典典型案例（第一批）》之案例八，载广东省高级人民法院网站，https：//www.gdcourts.gov.cn/gsxx/quanweifabu/anlihuicui/content/post_1047260.html，2024 年 4 月 20 日访问。

记结婚,并于 2018 年 10 月生育女儿小欣。双方婚后因生活琐事经常发生矛盾,李某某于 2021 年 4 月带女儿回到母亲家中居住,双方开始分居。梁某某认为夫妻双方感情已经破裂,诉至法院,请求判决双方离婚,女儿归梁某某抚养。在审理过程中,李某某表示同意离婚,请求法院判决女儿由其抚养,并提出因怀孕和照顾年幼的孩子,其婚后一直没有工作,要求梁某某向其支付家务补偿款 2 万元。

裁判结果

江门市新会区人民法院生效判决认为,梁某某和李某某经自愿登记结婚并生育女儿,有一定的夫妻感情,但在婚姻关系存续期间,未能相互包容、缺乏理性沟通,导致夫妻感情逐渐变淡。特别是发生争吵后,双方不能正确处理夫妻矛盾,导致分居至今,双方均同意离婚。经法院调解,双方感情确已破裂,没有和好的可能。依照《民法典》第 1088 条关于家务劳动补偿制度的规定,李某某在结婚前与母亲一起经营餐饮店,婚后因怀孕和抚育子女负担较多家庭义务未再继续工作而无经济收入,梁某某应当给予适当补偿。结合双方婚姻关系存续的时间、已分居的时间及梁某某的收入情况等因素,酌定经济补偿金额。2021 年 4 月 9 日,江门市新会区人民法院判决准予双方离婚;女儿由李某某直接抚养,梁某某每月支付抚养费 1000 元,享有探视权;梁某某一次性支付李某某家务补偿款 1 万元。

典型意义

《民法典》打破了原《婚姻法》有关适用家务劳动补偿制度需满足夫妻分别财产制的前提条件,从立法上确认了家务劳动的独立价值,为照顾家庭付出较多家务劳动的一方在离婚时请求家务补偿扫除了法律障碍。本案对于保护家庭妇女合法权益、推动保护未成年人权益、维护社会稳定均具重要积极意义。

二、特殊裁判规则

离婚财产分割是一个复杂的过程,不仅包括家庭内部夫妻关系的平衡、子女利益的保护，还要注意对家庭外部即第三方利益的维护。近年来，不少当事人为了逃避债务，打着维护未成年子女的"幌子"，通过各种手段恶意转移财产，严重损害债权人的利益。因此，在审理类似的案件时，要加大审查力度，平衡各方利益。

案例04　黄某与陈某、林某债权人撤销权纠纷案[①]

基本案情

陈某与林某原系夫妻关系，双方于2003年共同成立一家公司。2020年7月，双方签订《离婚协议》，约定：婚生女儿归女方林某抚养，婚后出资购买的A、B两套房屋所有权归女方林某所有，C房屋所有权归男方陈某所有，公司的股份归林某所有。而C房屋已于2019年5月29日被陈某向案外人抵押，用于担保200万元借款，且正处在拍卖状态。

陈某曾于2020年5月向黄某借钱，双方签订《借款协议》，约定黄某向陈某出借90万元。因陈某一直未还钱，黄某于2021年4月向仲裁委提起仲裁，仲裁委裁决陈某偿还借款本金及利息。后黄某向法院申请强制执行，2021年8月，经查发现陈某无可供执行的财产。

因陈某未清偿到期债务，黄某向法院起诉请求撤销陈某夫妻签订的《离婚协议》中对于A、B两套房屋所有权归女方林某所有的约定。

裁判结果

广州市海珠区人民法院一审判决：撤销陈某与林某签订的《离婚协议》中对于A、B两套房屋所有权归女方林某所有的约定。后林某不服，提起上诉。广州市中级人民法院二审判决：驳回上诉，维持原判。

典型意义

本案中，在丈夫对外负债之后，夫妻二人协议离婚，其中财产分割明显倾向女方。虽然二人在《离婚协议》中约定女儿归林某抚养，但同时也

[①] 摘自《夫妻离婚分割财产不得损害债权人利益》，载微信公众号"广州市中级人民法院"2023年6月19日，https://mp.weixin.qq.com/s/niWhwkRpcGGe-VZcUzrYKw，2024年4月20日访问。

约定，女儿的教育、医疗、保险等大笔资金支出由男女双方按照一人一半的方式承担，男女双方需共同承担女儿大学的学费直至毕业，故陈某并未因较少分得婚后房产而减少承担女儿的教育、医疗、保险等大笔支出的义务。此外，其女儿在二人离婚时仅差两个月就年满18周岁，陈某应负担的法定抚养费用并不多，故在对离婚财产进行分割时，林某并不具有应该多分的合理事由。

在此情况下，男方陈某少分婚内财产，导致其偿债能力减弱。不管二人离婚是否具有恶意逃避债务的可能，该行为都损害了债权人的利益。根据《民法典》第538条的规定，债务人以放弃其债权、放弃债权担保、无偿转让财产等方式无偿处分财产权益，或者恶意延长其到期债权的履行期限，影响债权人的债权实现的，债权人可以请求人民法院撤销债务人的行为。因此，债权人在遇到此种情况时，可以通过提起债权人撤销之诉的方式维护自己的合法权益。

所谓"人而无信，不知其可也"，若想投机取巧，借离婚之便逃避本有能力履行的债务，既违反了法律规定，也失去了个人信誉。每个人的诚信守约、一诺千金，才是社会和谐有序的基石。

三、规范指引

《民法典》

第538条 债务人以放弃其债权、放弃债权担保、无偿转让财产等方式无偿处分财产权益，或者恶意延长其到期债权的履行期限，影响债权人的债权实现的，债权人可以请求人民法院撤销债务人的行为。

第1087条 离婚时，夫妻的共同财产由双方协议处理；协议不成的，由人民法院根据财产的具体情况，按照照顾子女、女方和无过错方权益的原则判决。

对夫或者妻在家庭土地承包经营中享有的权益等，应当依法予以保护。

第1088条 夫妻一方因抚育子女、照料老年人、协助另一方工作等负担较多义务的，离婚时有权向另一方请求补偿，另一方应当给予补偿。具体办法由双方协议；协议不成的，由人民法院判决。

第三节 典型、疑难问题解析

一、夫妻共同出资购买的房屋，登记在未成年子女名下，离婚时能否分割

审判实践中存在两种观点：一种观点认为，根据《民法典》物权编第217条的规定，不动产权属证书是权利人享有该不动产物权的证明。如果夫妻将购买的房屋登记在未成年子女名下，那就意味着将购买的房屋赠与未成年人，离婚时应作为未成年人的财产处理，夫妻双方无权予以分割。另一种观点认为，不能仅仅按照产权登记的情况将房屋一概认定为未成年人的财产，还应审查夫妻双方的真实意思表示。

本书倾向于第二种观点。双方婚后用夫妻共同财产购买房屋，子女尚未成年，如果产权登记在该子女名下，夫妻离婚时不能简单地完全按照登记情况将房屋认定为未成年子女的财产。因为，不动产物权登记产生的是将登记记载的权利人推定为真正权利人的效力，分为对外效力和对内效力。对外效力是指根据物权公示公信原则，不动产物权经过登记后，善意第三人基于对登记的信赖而与登记权利人发生的不动产交易行为应受到法律保护；对内效力是指在权利人与利害关系人之间，应根据当事人的真实意思表示来确定真正的权利人。

实际生活中，夫妻双方共同出资购买房屋后，可能基于各种因素的考虑而将房屋产权登记在未成年子女名下，但这并不意味着夫妻的真实意思是使未成年子女成为该房屋产权的权利人，因此，该房屋的真实产权人未必是未成年子女。

人民法院应注意审查夫妻双方在购买房屋时的真实意思表示，如果真实意思确实是将购买的房屋赠与未成年子女，离婚时应将该房屋认定为未成年子女的财产，由直接抚养未成年子女的一方暂时管理；如果真实意思并不是将房屋赠与未成年子女，离婚时将该房屋作为夫妻共同财产处理比较适宜。

案例05　苏某、倪某1等离婚后财产纠纷案[1]

基本案情

倪某1与苏某在某区民政局登记结婚，婚后生育一女倪某2。2016年10月17日，倪某1与张某某、傅某某签订《房屋买卖协议》，倪某1以1760000元的价格向张某某、傅某某购买了位于某区×街道×路×号×幢×室及C32车位，并于2016年10月24日与其二人共同到龙岩市不动产登记中心办理权属转移登记手续，将案涉房产即某区×街道×路×号×幢×室及C32车位登记至倪某2名下。倪某1、苏某协议离婚并于2019年7月15日在某区民政局办理离婚登记，离婚协议书约定：（1）倪某1、苏某自愿离婚。（2）女儿倪某2由苏某负责抚养。（3）夫妻共同财产的处理：夫妻共同所有的位于某区×路×号×号楼和C44车位的房地产所有权归苏某和倪某2所有，过户到苏某名下，房地产权证的业主姓名变更的手续自离婚后一个月内办理，倪某1必须协助苏某办理变更的一切手续，若产生过户费用由苏某负责。倪某2名下位于某区×街道×路×幢×室和C32车位的房地产所有权归倪某1所有。

现倪某1向本院提出诉讼请求：（1）判令位于某区×街道×路×号×幢×室及C32车位的产权分割归倪某1所有。（2）判令苏某协助将位于某区×街道×路×号×幢×室及C32车位的权属变更登记至倪某1一人名下。（3）本案案件受理费由苏某承担。

苏某辩称，不同意倪某1的诉讼请求，倪某2接受赠与并取得涉案房屋产权为纯获利益的民事法律行为，该民事法律行为合法有效，案涉房产归倪某2单独所有，而并非倪某1主张的离婚前夫妻共同财产。

裁判结果

福建省龙岩市新罗区人民法院经审理认为，根据查明的事实，案涉房产是倪某1与苏某在夫妻婚姻关系存续期间以夫妻共同财产购买，产权登记在倪某2名下，购买房产时倪某2尚未成年，无独立财产。倪某1、苏某离婚时

---

[1] 摘自福建省龙岩市新罗区人民法院（2021）闽0802民初5503号民事判决书。除单独说明外，本书所引案例均来自中国裁判文书网，https://wenshu.court.gov.cn/，2024年4月20日访问。以下不再标注。

一致确认案涉房产为夫妻共同财产，双方约定分割归倪某1所有，并签订了离婚协议。虽然依据《物权法》规定，不动产权属证书是权利人享有该不动产物权的证明。不动产权属证书记载的事项，应当与不动产登记簿一致；记载不一致的，除有证据证明不动产登记簿确有错误外，以不动产登记簿为准。但是夫妻将共同出资购买的房屋登记于未成年子女名下，在夫妻离婚时，不能简单地完全按照登记情况将房屋认定为未成年子女的财产。不动产物权登记分为对内效力和对外效力，对外效力是指根据物权公示公信原则，不动产物权经登记后，善意第三人基于对登记的信赖而与登记权利人发生的不动产交易行为应受到法律的保护；对内效力是指应审查当事人的真实意思表示来确定真正的权利人。实际生活中，夫妻双方共同出资购买房屋后，可能基于各种因素的考虑而将房屋的产权登记在未成年子女名下，但这并不意味着该房屋的真实产权和所有权即为未成年子女所有。本案中，倪某1与苏某在购置案涉房产及离婚期间，均无证据显示双方有将该案涉房产赠与倪某2的共同意思表示，且倪某1与苏某在协议离婚时是将案涉房产按夫妻共同财产进行分割，而倪某2亦未提供充足证据证明双方存在将该案涉房产赠与倪某2的共同意思表示。综上，本案房产的真正权利人并非倪某2，而是倪某1与苏某，该案涉房产所有权属倪某1所有，故倪某1诉请有事实和法律依据，本院予以采纳。后判决支持倪某1的诉讼请求。

典型意义

（1）离婚后另案主张分割登记在未成年子女名下的房产，鉴于未成年子女未出资，也不承担还贷义务，在处理房产权利时，可适当调整未成年子女所得的比例。

（2）登记在成年子女名下的房产，因成年子女具有完全民事行为能力，一般视为对子女的赠与。

（3）夫妻共同出资购买的房屋，登记在未成年子女名下，人民法院在离婚纠纷中不予处理，当事人应另案主张该房屋的分割。

（4）人民法院在处理登记在子女名下房屋的分割问题时，重点审查夫妻双方的真实意思表示，如果确实是对子女的赠与，则夫妻双方无权要求分割。

二、婚姻无效后财产分割和子女抚养问题应如何处理

（一）裁判思路

无效婚姻，自始无效。当事人不具有夫妻的权利和义务。同居期间所得的财产，由当事人协议处理；协议不成时，由人民法院根据照顾无过错方的原则判决。对重婚导致的婚姻无效的财产处理，不得侵害合法婚姻当事人的财产权益，应当准许其作为有独立请求权的第三人参加诉讼。无效婚姻的双方当事人生育子女的，父母和子女之间与合法婚姻中父母和子女之间的权利义务关系一致。被宣告无效或被撤销的婚姻，当事人同居期间所得的财产，按共同共有处理。但有证据证明为当事人一方所有的除外。

（二）相关法律风险提示

1. 利害关系人申请婚姻无效的，只能就婚姻效力提出请求，而无权要求处理当事人的财产分割和子女抚养问题。

2. 人民法院审理婚姻无效纠纷涉及子女抚养和财产分割的，将对婚姻效力和子女抚养、财产分割问题分别制作裁判文书。对于婚姻效力的判决一审终审，不得上诉；对于子女抚养和财产分割的判决，可以上诉。

3. 对重婚导致的婚姻无效的财产处理，无效婚姻的双方当事人不得侵害合法婚姻当事人的财产权益。合法婚姻当事人作为有独立请求权的第三人参加诉讼，主张属于合法婚姻当事人夫妻共同财产的财产权益。

4. 原有配偶而重婚的一方，不得以协议的方式将财产转移给重婚的另一方，重婚的另一方明知或应知一方有配偶的，应确认转让协议无效。

三、离婚协议约定将夫妻共有房产赠与未成年子女，离婚后赠与房产更正登记之前一方是否有权撤销

（一）裁判思路

1. 男女双方协议离婚后一年内就财产分割问题反悔，请求变更或者撤销

财产分割协议的，人民法院应当受理。对该类案件的审理应重点审查订立财产分割协议时是否存在欺诈、胁迫等情形。

2. 在离婚协议中双方将共同财产赠与未成年子女的约定与解除婚姻关系、子女抚养、共同财产分割等内容形成一个整体，双方离婚后，如果没有证据证明订立财产分割协议时存在欺诈、胁迫等情形的，对一方要求撤销对子女赠与的请求，应不予支持。

3. 离婚后一方欲根据《民法典》第658条第1款规定单方撤销赠与时亦应取得双方合意，在未征得作为共同共有人的另一方同意的情况下，无权单方撤销。

4. 如果离婚后，与未成年子女生活的一方和子女已经居住在涉赠房屋中，此时，赠与人则不宜再行使任意撤销权。

(二) 相关法律风险提示

1. 离婚后主张撤销或变更财产分割协议的，应在离婚后一年内提出，逾期人民法院不予支持。

2. 如果离婚后原夫妻双方达成一致意见，撤销对子女房产的赠与，那么在房屋所有权转移登记之前，可以撤销赠与。

3. 主张撤销赠与的一方应举证证明订立财产分割协议时存在欺诈、胁迫等情形，否则，在双方已依照离婚协议办理离婚登记的情况下，单方无权撤销对子女房产的赠与。

4. 受赠方应当及时办理转移登记，维护自身的合法权益。

四、欺诈性抚养中过错方应承担责任

欺诈性抚养，一般是指妻子（欺诈方）对丈夫（受欺诈方）隐瞒所生子女是非婚生子女的事实，使丈夫在被蒙骗中将妻子与他人所生子女当作自己的亲生子女抚养。丈夫一旦知道欺诈性抚养的真相，通常会引发有关返还抚养费、赔偿精神损害等纠纷。[1]

---

[1] 实践中，亦有丈夫（欺诈方）对妻子（受欺诈方）隐瞒所生子女是非婚生子女的事实，使妻子在被蒙骗中将丈夫与他人所生子女当作自己的亲生子女抚养的情况。下文仅以一般情况为例，对相关法律问题进行说明。

欺诈性抚养法律性质的界定存在以下四种学说：一是行为无效说。该学说认为，女方在婚姻关系存续期间故意隐瞒子女是与他人通奸所生的事实，致使男方受欺骗后违背自己真实意思而将该子女当成亲生子女进行抚养，依照《民法典》的规定，当属无效民事行为，男方有权请求返还已支出的抚养费。此学说是否合理，应该从民法理论上加以分析。以欺诈的手段，使对方在违背真实意思情况下作出的法律行为无效，是指受欺诈方与欺诈方之间的法律行为无效。在欺诈性抚养关系中，受欺诈方是夫，而欺诈方是妻，并非被抚养人（非婚生子女）。也即欺诈性抚养关系的一方主体不是非婚生子女，那么夫与非婚生子女的抚养关系就不能适用无效法律行为的规则。因此，欺诈性抚养关系是无效法律行为的学说并不严谨。二是无因管理说。该学说认为，男方无法定义务对非亲生子女予以抚养，其行为构成无因管理，应返还其已支出的抚养费用。该学说忽视了一个重要条件，就是无因管理需要主观上有为他人管理事务的意思。在欺诈性抚养关系中，受欺诈方对非亲生子女的抚养是因为受欺骗而为之，并没有为生父母管理事务的主观意思。按社会一般人的理性，也不可能为生父母承担抚养义务。三是不当得利说。该学说认为，对非亲生子女的生父和生母而言，无抚养义务之人已支付的抚养费实属不当得利，生父、生母自应返还不当得利给无抚养义务之人。不当得利说主张生父生母受有不当利益的客观事实，但未能体现生父生母主观恶意的状态，与不当得利似有不合。我国著名民法学者杨立新认为，欺诈性抚养关系中非婚生子女的生父母主观具有恶意，而不当得利的构成要件不需要主观具有恶意，所以如果把欺诈性抚养关系认定为不当得利，在客观上可以评价，但是在主观上无法评价。四是侵权行为说。该学说认为，婚姻关系是夫妻双方为了圆满安全幸福的家庭生活而成立的，因此婚姻关系中的任何一方都有基于婚姻关系的身份所享有的圆满安全幸福的身份权益。欺诈性抚养关系是妻子与第三人发生婚外性行为引起的，这种婚外性行为生育子女就是干扰婚姻关系的共同侵权行为，侵害了无法定抚养义务人的财产权和人格权，应对其承担侵权民事赔偿责任。

笔者认为，用侵权行为理论来解释欺诈性抚养较为合理。根据《民法典》的规定，侵害民事权益，应当承担侵权责任。民事权益包括民事权利和民事利益。就欺诈性抚养来说，其不仅侵害了男方（无抚养义务人）的人格权

(尤其是名誉权),也实际损害了男方的经济利益,再加之其符合侵权责任的构成要件,即行为人有过错、有损害结果发生以及两者存在因果关系,同时也为无抚养义务人主张精神损害赔偿提供了法理支持,故对于欺诈性抚养按《民法典》的理论来定性和处理更妥。欺诈性抚养关系的侵权人的主观过错有两种形式:一种是故意的欺诈,即明知子女不是对方的亲生子女却谎称为对方的亲生子女。另一种是过失,即女方不知道所生的子女不是对方的亲生子女,经过亲子鉴定才知道不是对方的亲生子女,这虽然不是故意所为,但是其后果还是构成欺诈,因此也应当承担侵权责任。

在欺诈性抚养关系中,侵权人应该承担赔偿财产损失的侵权责任。无论是婚姻关系存续期间还是离婚以后,妻子对丈夫隐瞒所生子女是非婚生子女的事实,使丈夫因受欺诈而将妻子与他人所生子女当作自己的亲生子女抚养,法律应当赋予受欺诈方向欺诈方追索已支付抚养费的权利,且该抚养费不仅是夫妻离婚后支付的抚养费,还应当包括婚姻关系存续期间受欺诈方支付的抚养费。总之,过错方应当赔偿的财产损失,第一是支出的抚养费损失,第二是支出的抚养费的利息损失。这两项损失都是欺诈性抚养关系所造成的财产损失的后果,应当予以赔偿。另外,配偶一方同他人发生婚外性行为将会对另一方的名誉、地位、尊严产生巨大的损害。精神损害赔偿金本身兼具经济补偿、精神抚慰和违法惩戒的多重功能,其除尽可能填补损失外,更主要的目的是抚慰和缓解被侵权人因精神损害所生之痛苦、失望、不满和怨愤,使其获得心理上的慰藉,以及制裁侵权人的违法行为,以维护整个社会抚养制度的稳定,促进精神文明建设。

案例 06　元某与徐甲离婚纠纷案[①]

基本案情

元某与徐甲于 2014 年年初经人介绍相识,同年 2 月 11 日订婚,后同居生活。2014 年 9 月 23 日,元某生育徐乙。9 月 29 日,徐乙因病入院治疗,徐甲

[①] 摘自周超:《欺诈性抚养及情谊抚养之抚养费的返还问题——元某诉徐甲离婚案》,载国家法官学院、最高人民法院司法案例研究院编:《中国法院 2021 年度案例·婚姻家庭与继承纠纷》,中国法制出版社 2021 年版,第 131~135 页。

支出医疗费10647.71元。后徐乙一直在徐甲处生活，并由徐甲承担生活、学习费用。2017年6月7日，经某司法鉴定中心鉴定，"排除徐甲为徐乙的生物学父亲"。2018年2月13日，元某（乙方）与徐甲（甲方）在双方父亲及村干部在场的情况下，签订《解除婚约协议》，约定：（1）为配合好徐乙落实户口，甲、乙双方必须首先补办结婚证，此证仅供孩子上户口用，不约束双方的感情和私生活，孩子落户时女方户口不迁入男方户口所在处，待孩子落好户口后，双方必须及时到民政部门申请离婚证。（2）甲方付给乙方彩礼钱120000元，乙方家长同意归还80000元，其余40000元和金首饰、酒席款等各项支出，甲方概不能做追回要求。付款方式：双方相关人员签字后乙方家长先付给甲方家长40000元；配合孩子上好户口后，双方及时主动到民政部门申请离婚证，然后凭离婚证乙方再给甲方40000元，终止婚姻关系。（3）甲、乙双方协议离婚后徐乙的抚养监护问题，双方一致同意定由甲方监护抚养，但根据法律条款规定，乙方必须酌情给甲方一定抚养费，且抚养费由乙方本人负担，具体标准双方协商确定，同时乙方今后不能要求追回徐乙的监护权，仅保留对儿子的探望权以及享受儿子长大成年以后对母亲赡养义务的权利。协议签订后，当日元某的父亲返还徐甲彩礼40000元。2018年2月23日，双方登记结婚。后元某要求徐甲办理离婚登记，徐甲迟迟不去，元某遂提起诉讼，要求判决元某与徐甲离婚，婚生儿子徐乙由徐甲抚养成年，元某每年承担500元抚养费。徐甲辩称，经鉴定，徐乙不是徐甲的孩子。徐甲抚养徐乙产生的花销为生活费50000元、奶粉钱20000元、教育费10000元、元某养胎费10000元、徐乙的医疗费25000元、徐甲的精神损害抚慰金50000元，合计165000元，已返还彩礼40000元，元某尚需给付徐甲合计125000元。

裁判结果

江西省崇仁县人民法院经审理认为：元某和徐甲的婚姻基础较差，双方缔结婚姻的目的并非基于感情，且双方均同意离婚，元某诉请离婚予以支持。关于徐乙的抚养问题，虽双方协议约定由徐甲抚养，但身份协议不发生法律效力，对双方没有约束力。元某作为亲生母亲应当抚养徐乙。关于抚养费返还问题。元某应按照当地人均年生活消费支出的标准支付40%，从2018年2月13日起支付至2019年3月19日止（当庭徐甲明确表示不抚养徐乙）的金额为4316元；2019年3月20日起，元某按照9870元/年的标准支付抚养费至元某履行抚养义务止。徐甲没有证据证明元某婚内有过错，其要求赔偿精神损害50000元的请求不予支持。依照《婚姻法》第32条第3款第5项、第21条第1款及《民法总则》第6条规定，作出如下判决：（1）准予元某与徐甲离婚；（2）徐乙由元某抚养并承担抚养费，限元某于判决生效后5日内开始履行抚养义务；（3）元某支付徐甲自2018年2月13日起至徐甲明确表示不抚养徐乙（2019年3月19日）止的抚养费4316元，限于判决生效后5日内支付，2019年3月20日起，元某按照9870元/年的标准支付徐甲抚养费至元某履行抚养义务止；（4）驳回元某及徐甲的其他请求。

徐甲不服一审判决，提起上诉。江西省抚州市中级人民法院经审理认为：关于抚养费返还问题。元某与徐甲订婚后生育徐乙，徐甲误以为徐乙系其亲生子，由此支出的抚养费用可以认定为欺诈性抚养支出。徐乙并非徐甲的亲生子，徐甲没有法定抚养义务，其基于错误认识对徐甲进行抚养并支出的费用属于其合理损失，应由过错方元某承担返还责任。从事实看，欺诈性抚养从2014年9月23日徐乙出生后开始，至2018年2月13日双方解除婚约后终结。徐甲具体支出费用为医疗费10647.71元、抚养费33504元，小计44152元。2018年2月13日之后的抚养费支出，徐甲已经知晓徐乙并非其亲生儿子，其出于感情原因自愿抚养并负担部分费用的行为属于情谊行为，不属于民法调整范围内的民事法律行为，对双方当事人均没有法律约束力。故，徐甲不得就其自愿负担的部分抚养费用向元某主张返还，非其自愿负担的部分费用，依法应由元某负担并向实际支出人返还。从善良风俗的角度出发，结合徐甲一直善意付出和元某未尽到抚养义务的情形，酌定元某应负担徐乙从2018年2月13日起至2019年3月19日止60%的抚养费6474元（以9870元/年为标准计算）。2019年3月19日至28日共计9天的抚养费为243元。徐甲在抚养费用之外支出的徐乙上幼儿园的费用3050元应由法定抚养人元某负担。上述费用合计为53919元，徐甲自愿扣减元某返还的40000元彩礼款，予以支持，故元某仍应支付13919元。江西省抚州市中级人民法院作出如下判决：（1）维持江西省崇仁县人民法院（2019）赣1024民初244号民事判决第一项、第二项，即"准予元某与徐甲离婚""小孩徐乙由元某抚养并承担抚养费，限元某于判决生效后5日内开始履行抚养义务"；（2）撤销江西省崇仁县人民法院（2019）赣1024民初244号民事判决第三项、第四项，即"元某支付徐甲自2018年2月13日起至徐甲明确表示不抚养徐乙（2019年3月19日）止的抚养费4316元，限于判决生效后5日内支付，2019年3月20日起，元某按照9870元/年的标准支付徐甲抚养费至元某履行抚养义务止""驳回元某及徐甲的其他请求"；（3）元某返还徐甲抚养费13919元；（4）驳回元某及徐甲的其他请求。

典型意义

欺诈性抚养，是指欺诈方对受欺诈方隐瞒所生子女是非婚生子女的事实，使受欺诈方被蒙骗将欺诈方与他人所生子女当作自己的亲生子女抚养。欺诈方应该向受欺诈方承担财产损失和精神损害的赔偿责任。

《民法典》第179条规定："承担民事责任的方式主要有：（一）停止侵害；（二）排除妨碍；（三）消除危险；（四）返还财产；（五）恢复原状；（六）修理、重作、更换；（七）继续履行；（八）赔偿损失；（九）支付违约金；（十）消除影响、恢复名誉；（十一）赔礼道歉。法律规定惩罚性赔偿的，依照其规定。本条规定的承担民事责任的方式，可以单独适用，也可以合并适用。"第1165条第1款规定："行为人因过错侵害他人民事权益造成损害的，应当承担侵权责任。"上述规定沿袭了《民法总则》和《侵权责任法》的相关规定。《民法典》并未对欺诈性抚养进行专门规定，欺诈方承担民事责任的方式和范围无须进行变更，本案例仍具有指导意义。

第五章　抚养关系纠纷

抚养纠纷是指父母双方因子女抚养问题产生矛盾而引发的案件，一般包括抚养关系纠纷和抚养费纠纷两种类型。该类案件涉及人身关系、财产关系等多重关系交织，因此不仅要审查涉案家庭过去或现时的事实因素，还要在审查法定因素后综合考量诸多酌定因素，以确保在充分保障未成年人健康成长的前提下，平衡父母与子女的利益。本章主要讨论涉及身份关系的抚养关系纠纷案件。

第一节　确定直接抚养人的裁判规则

有别于《婚姻法》第36条第3款规定的"抚养"，《民法典》中对于离婚后享有子女抚养权的一方父母表述为"直接抚养"。理由是父母与子女间的关系不因父母离婚而消除，离婚后，父母对于子女仍有抚养、教育、保护的权利和义务，离婚对于父母与子女间的关系变化仅仅是抚养方式的改变，即由父母双方共同抚养转变为父母其中一方直接抚养（包括轮流抚养）。

审判实践中，法官、律师、当事人等需要注意的是，在起诉状、答辩状、裁判文书等法律文书上将享有抚养权、承担抚养义务的父母一方表述统一为"由×××直接抚养"，而不应表述为"抚养""抚育"等。

一、一般裁判规则

在确定子女的直接抚养人时，法律、司法解释规定了不同年龄段子女随哪一方生活的基本规则。

1. 不满两周岁的子女。《民法典》第1084条第3款明确规定，离婚后，不满两周岁的子女，以由母亲直接抚养为原则。如此规定是考虑到在一般情形下，女性在抚养婴幼儿方面有与生俱来的耐心、细心、温柔等性格优势，以及婴幼儿对母亲生理和心理上的依赖。

2. 两周岁以上但不满八周岁的子女。已满两周岁的子女，父母双方对抚养问题协议不成的，由人民法院根据双方的具体情况，按照最有利于未成年人子女的原则判决。

3. 八周岁以上的未成年子女。子女已满八周岁的，应当尊重其真实意愿。在子女真实表达自己意愿时，这种意愿作为有利于子女身心健康的重要考量因素予以采纳。八周岁以上的子女能够感知父母与自己情感上的亲疏远近，对于父母的脾气性格、道德品质、经济状况已经有一定的了解；对于父母离婚后自己与谁生活能够得到更多的关爱、获得相对稳定的生活与教育环境，有了一定的判断能力，并能表达出自己的想法。因此，八周岁以上的未成年子女对自己由谁抚养具有发言权，在确定抚养权归属时，应当征求并尊重子女的意见。

案例07　房某诉荆某离婚纠纷案[①]

基本案情

房某与荆某婚后于2014年4月生育一子荆甲。后双方因生活琐事发生争执，房某诉至法院请求判决其与荆某离婚，婚生子荆甲由其直接抚养，不需要荆某给付抚养费。房某提出其有稳定的收入，自己有能力抚养荆甲，其父母均有稳定的经济来源，母亲已经退休，可以帮助其照顾孩子。此外，房某主张荆某及其父母经济状况恶化，荆某没有稳定收入，其父母变卖房产为荆某偿还银行欠款，已无经济能力抚养荆甲；荆某未经其同意给孩子换幼儿园，且阻碍其探望荆甲，使荆甲无法亲近母亲，享受母爱；荆某有婚内出轨行为，其品行不可靠，不宜直接抚养孩子。

荆某主张荆甲出生四个月后的所有费用基本均由其负担，其父母一直协

[①] 摘自杨磊、谷文博：《法院判定抚养权归属时应坚持最有利于未成年子女原则——房某诉荆某离婚案》，载国家法官学院、最高人民法院司法案例研究院编：《中国法院2022年度案例·婚姻家庭与继承纠纷》，中国法制出版社2022年版，第124~129页。

助其照顾荆甲，其之前因为做生意亏本欠了钱，现在已经全部偿还完毕，其正在经营农家乐，有足够的经济能力抚养孩子；荆甲的户口与其在一起，孩子的入学与户籍息息相关，因此荆甲由荆某抚养更为适宜；荆甲长期由荆某的父母照顾，孩子已经习惯了爷爷奶奶在身边，现在孩子还小，不适宜改变他的成长环境，因此荆甲由荆某抚养更为有利。双方当事人在审理中达成一致意见，如法院判决荆甲由对方直接抚养，直接抚养子女的一方均同意另一方每月探望荆甲四次；双方名下的其他财产归各自所有，不再互相主张。二审中另行查明，因目前荆某工作地点在山东，2018年12月，荆某及其父母将荆甲从北京带至山东生活，并在当地上幼儿园。

裁判结果

北京市门头沟区人民法院经一审认为：父母离婚后子女的抚养问题，应当从有利于子女身心健康、保障子女的合法权益出发，结合父母双方的抚养能力和抚养条件等具体情况妥善解决。根据查明的事实，房某与荆某现均有稳定的住所，房某的父母愿意协助房某照顾荆甲，荆某的父母一直协助荆某照顾荆甲，荆某负担了荆甲上幼儿园的相关费用。从上述事实来看，房某与荆某抚养子女的条件相当，考虑到房某与荆某分居近四年，在此期间荆甲长期由荆某的父母负责照顾，从荆甲的年龄及适应能力角度考虑，不宜改变其业已习惯的生活环境，故判定荆甲由荆某直接抚养。

房某不服一审判决，向北京市第一中级人民法院提起上诉。

北京市第一中级人民法院经二审认为：综合全案情况，本院认为现阶段由房某抚养婚生子荆甲更为适宜，一审法院对此判决失当。具体理由如下：首先，荆甲年龄尚幼，截至目前尚不足5周岁，在心理上对母亲有天然的、较强的依赖性，其健康成长需要母亲的关爱和教育。其次，相较而言，房某目前在北京的工作、生活更加稳定，可以有更多的时间和精力照顾荆甲，对于荆甲的学习教育及成长更为有利。荆甲自出生后与父母在北京共同生活，并在北京上幼儿园，但目前因荆某工作地点原因，孩子又被带至山东生活、学习，致使孩子的成长环境发生了较大变化，处于一种不稳定状态。本案审理过程中，本院先后两次通知双方当事人来院询问谈话、开庭，荆某本人均因工作原因没有到庭，本院相信荆某不是故意为之，但可以看出其事业目前处于发展阶段，精力不可避免受到更多牵扯，在教育、陪伴孩子方面可能会心有余而力不足。虽然之前荆某父母长时间帮助照顾荆甲，但荆某、房某本人作为孩子父母的作用不可替代，其能够对孩子付出的时间、精力仍应当作为优先考虑因素。最后，荆某在婚姻关系存续期间确有不当行为，对于夫妻感情造成了一定的负面影响，从保护妇女、未成年人权益的角度出发，现阶段由房某抚养荆甲更符合法律的精神和原则。双方之后应当本着对孩子、家庭负责的态度行使权利、履行义务。后，北京市第一中级人民法院改判婚生子荆甲由房某自行抚养。

典型意义

在确定未成年子女的直接抚养人时，应当始终坚持最有利于未成年子女的原则，最大限度地保护未成年子女的合法权益。这也是《民法典》第1084条予以明确规定的原则。

二、特殊裁判规则

1. 不满两周岁的子女，直接抚养权归于母方并非绝对，根据《民法典婚姻家庭编司法解释（一）》第44条、第45条的规定，母方存在以下三种情形的，或父母协议子女由父方直接抚养且对子女健康成长没有不利的，子女可以随父方生活：一是患有久治不愈的传染性疾病或者其他严重疾病，子女不宜与其共同生活的；二是有抚养条件不尽抚养义务，而父方要求子女随其生活的；三是因其他原因，子女确不宜随母方生活的，如母方因工作、学习等原因，或者有吸毒、赌博、卖淫等恶习确实无法妥善照顾子女的。

2. 根据《民法典婚姻家庭编司法解释（一）》第46条、第47条的规定，对于两周岁以上的子女，父方或者母方均要求随其生活的，有五种情形可以优先考虑：一是已做绝育手术或者因其他原因丧失生育能力；二是子女随其生活时间较长，改变生活环境对子女健康成长明显不利；三是无其他子女，而另一方有其他子女；四是子女随其生活，对子女成长有利，而另一方患有久治不愈的传染性疾病或者其他严重疾病，或者有其他不利于子女身心健康的情形，不宜与子女共同生活；五是父母抚养子女的条件基本相同，双方均要求直接抚养子女，但子女单独随祖父母或者外祖父母共同生活多年，且祖父母或者外祖父母要求并且有能力帮助子女照顾孙子女或者外孙子女的，可以作为父或者母直接抚养子女的优先条件予以考虑。

3. 对于八周岁以上的未成年子女，若有确切证据证明子女的选择明显不利于其成长的，法院可以从保障未成年子女合法权益的角度出发，作出有利于子女健康成长的裁判。

案例 08　陈某与胡某离婚纠纷案①

基本案情

陈某（女）和胡某（男）于 2008 年 9 月 22 日登记结婚，2009 年 2 月 22 日育有一子胡某 2，自 2014 年 1 月起分居。陈某曾于 2014 年诉至法院要求离婚，后撤回起诉。2016 年，陈某再次诉至人民法院，主张胡某对其实施家庭暴力，提交病例及照片为证，要求法院判决双方离婚，胡某 2 由陈某抚养，胡某赔偿陈某精神损害抚慰金 50000 元。胡某承认曾对陈某实施过殴打行为，但主张夫妻感情并未破裂，不同意离婚，亦不同意胡某 2 由陈某抚养。

一审法院经查：双方均无住房，胡某 2 目前就读于北京市朝阳区××××小学，陈某系江西籍，胡某系北京籍，胡某 2 和胡某是同一户籍。陈某每月工资 3000—4000 元，胡某每月工资 3000 元。双方均表示没有要求法院分割的共同财产。二审法院经查：婚生子胡某 2 除与陈某、胡某共同生活外，单独随陈某生活的时间较长；陈某文化程度相对较高，无不良嗜好，且在北京有稳定的工作及收入，居住在胡某 2 就读小学附近的承租房屋；胡某除在与陈某共同生活期间多次实施家庭暴力外，还曾因伤害他人被刑事处罚。

裁判结果

一审法院认为：双方因琐事导致感情失和，且分居已满两年，故判决双方离婚；关于子女抚养权的问题，考虑到胡某 2 目前跟随胡某生活，其和胡某系同一户籍，且其就读学校在其户籍地，故判决胡某 2 由胡某抚养；关于陈某主张的精神损害抚慰金问题，由于陈某提交病历、照片等证据证明胡某

---

① 摘自安凤德主编：《婚姻家庭案件疑难问题裁判精要》，法律出版社 2021 年版，第 296~301 页。

对其进行了殴打，胡某亦承认存在殴打行为，故判决胡某赔偿陈某精神损害抚慰金50000元。

一审判决后，陈某不服一审法院关于子女抚养权的判项，上诉至北京市第三中级人民法院，请求改判胡某2由陈某抚养。

二审法院认为：陈某在抚养胡某2的条件上具有一定优势，而胡某脾气较为暴躁，不能良好地控制自己的行为，其个性特征不适合直接抚养未成年子女。另考虑到施暴人的不良习气与暴躁性格，有可能对未成年子女的健康成长产生不良影响，故判令胡某2由陈某抚育，更符合未成年子女成长的客观需要，亦体现了"未成年子女最佳利益"原则及保护妇女、儿童权益的原则。二审法院作出终审判决，维持一审关于准予离婚及精神损害抚慰金的判项，改判胡某2由陈某抚养。

典型意义

该案例涉及确定直接抚养人中的特殊裁判规则，如人民法院认定父母一方存在家庭暴力行为，则家庭暴力是否应作为首要考量因素，从而直接影响到未成年子女抚养权的归属问题。该案认为，涉及家庭暴力的抚养纠纷案件中，在受害方具备抚养条件的情况下，一般不宜判决施暴方直接抚养未成年子女。

生活在暴力家庭中的未成年子女，至少会在心理、健康、学习和行为四个方面出现障碍：一是学习时注意力难以集中；二是即使未成年子女并不直接挨打，但他们目睹一方家长挨打时所受到的心理伤害一点也不比直接挨打轻；三是未成年子女挨打，不仅皮肉受苦，自信心和自尊心也会受到很大打击；四是家庭暴力行为的习得，主要是通过家庭文化的代际传递实现的。

考虑到家庭暴力行为的习得性特点，将未成年子女判决由施暴方抚养，不符合子女利益最大化原则，不利于未成年子女的身心健康，特别是不利于切断家庭暴力的代际传递。首先，子女可能成为家庭暴力的控制替代对象；其次，施暴者往往缺乏关爱孩子的能力，且拥有较强的控制欲，更关注自己在家庭中的权威，特别是其他家庭成员是否对其服从，因此会扼杀未成年子女的自主能力，限制其独立发展，严重影响子女的心理健康；再次，有施暴行为的家长，缺少男女平等意识，其言行均会对子女形成潜移默化的影响；最后，施暴方可以利用对未成年子女的直接抚养权继续控制其原配偶。

三、规范指引

1. 法律
《民法典》

第 1058 条　夫妻双方平等享有对未成年子女抚养、教育和保护的权利，共同承担对未成年子女抚养、教育和保护的义务。

第 1074 条　有负担能力的祖父母、外祖父母，对于父母已经死亡或者父母无力抚养的未成年孙子女、外孙子女，有抚养的义务。

有负担能力的孙子女、外孙子女，对于子女已经死亡或者子女无力赡养的祖父母、外祖父母，有赡养的义务。

第 1075 条　有负担能力的兄、姐，对于父母已经死亡或者父母无力抚养的未成年弟、妹，有扶养的义务。

由兄、姐扶养长大的有负担能力的弟、妹，对于缺乏劳动能力又缺乏生活来源的兄、姐，有扶养的义务。

第 1084 条　父母与子女间的关系，不因父母离婚而消除。离婚后，子女无论由父或者母直接抚养，仍是父母双方的子女。

离婚后，父母对于子女仍有抚养、教育、保护的权利和义务。

离婚后，不满两周岁的子女，以由母亲直接抚养为原则。已满两周岁的子女，父母双方对抚养问题协议不成的，由人民法院根据双方的具体情况，按照最有利于未成年子女的原则判决。子女已满八周岁的，应当尊重其真实意愿。

2. 司法解释
《民法典婚姻家庭编司法解释（一）》

第 3 条　当事人提起诉讼仅请求解除同居关系的，人民法院不予受理；已经受理的，裁定驳回起诉。

当事人因同居期间财产分割或者子女抚养纠纷提起诉讼的，人民法院应当受理。

第 40 条　婚姻关系存续期间，夫妻双方一致同意进行人工授精，所生子女应视为婚生子女，父母子女间的权利义务关系适用民法典的有关规定。

第44条　离婚案件涉及未成年子女抚养的，对不满两周岁的子女，按照民法典第一千零八十四条第三款规定的原则处理。母亲有下列情形之一，父亲请求直接抚养的，人民法院应予支持：

（一）患有久治不愈的传染性疾病或者其他严重疾病，子女不宜与其共同生活；

（二）有抚养条件不尽抚养义务，而父亲要求子女随其生活；

（三）因其他原因，子女确不宜随母亲生活。

第45条　父母双方协议不满两周岁子女由父亲直接抚养，并对子女健康成长无不利影响的，人民法院应予支持。

第46条　对已满两周岁的未成年子女，父母均要求直接抚养，一方有下列情形之一的，可予优先考虑：

（一）已做绝育手术或者因其他原因丧失生育能力；

（二）子女随其生活时间较长，改变生活环境对子女健康成长明显不利；

（三）无其他子女，而另一方有其他子女；

（四）子女随其生活，对子女成长有利，而另一方患有久治不愈的传染性疾病或者其他严重疾病，或者有其他不利于子女身心健康的情形，不宜与子女共同生活。

第47条　父母抚养子女的条件基本相同，双方均要求直接抚养子女，但子女单独随祖父母或者外祖父母共同生活多年，且祖父母或者外祖父母要求并且有能力帮助子女照顾孙子女或者外孙子女的，可以作为父或者母直接抚养子女的优先条件予以考虑。

第48条　在有利于保护子女利益的前提下，父母双方协议轮流直接抚养子女的，人民法院应予支持。

3. 规范性文件

《北京市高级人民法院民一庭关于审理婚姻纠纷案件若干疑难问题的参考意见》

6.【抚养问题处理】当事人未就未成年子女抚养问题达成一致且在离婚案件中未提出请求的，人民法院应予以释明；经释明当事人不提出相应请求的，人民法院可以依职权对未成年子女抚养问题进行处理。

对于年满六周岁未满十周岁的未成年子女，人民法院处理抚养问题时，也可根据案情征求未成年子女的意见。人民法院征求未成年子女意见一般应单独进行，避免父母在场情况下的不当影响。

第二节　变更抚养关系的裁判规则

一、一般裁判规则

审判实务中，人民法院对变更抚养关系持审慎态度。离婚后，抚养权问题一旦确定，非因法定事由原则上不支持变更，目的是维持未成年子女成长、生活环境的稳定，保障未成年子女的健康成长。

案例09　郭某诉焦某变更抚养关系纠纷案[①]

基本案情

郭某与焦某原系夫妻关系，2012年3月30日经法院调解离婚，确定婚生女焦小某（2009年2月28日出生）由焦某负责抚育，焦某现已再婚。后郭某以焦某对焦小某照顾不周、不配合其探望等为由，向法院提起诉讼，要求变更焦小某由自己抚养、焦某每月给付抚养费3000元至焦小某年满18周岁。

裁判结果

在法院庭审过程中，经法庭征询焦小某的意见，其表示愿意与妈妈一起居住生活。原审法院经审理后判决：（1）婚生女焦小某自判决生效之日起变更由郭某抚养；（2）焦某于判决生效后每月10日前给付婚生女焦小某抚养费800元，至焦小某18周岁；（3）焦某于判决生效后每个月最后一周的周六上午9时将焦小某从郭某处接走进行探望，于当日17时前将焦小某送回郭某处；（4）驳回郭某之其他诉讼请求。

[①] 摘自《最高人民法院12月4日公布婚姻家庭纠纷典型案例》之案例五，载最高人民法院网站，https://www.court.gov.cn/zixun/xiangqing/16211.html，2024年4月20日访问。

一审判决后，焦某不服，上诉至北京市第二中级人民法院，认为原审判决认定事实不清，证据不足，郭某在离婚时不要孩子，且不支付抚养费，没有尽到母亲的义务；焦小某现已上幼儿园，受到家人的深情厚爱，原判变更抚养权不利于焦小某的身心健康；同时提出，一审法院曲解了焦小某的真实意思，其所陈述的"愿意随妈妈一起生活"系指愿意随继母一起生活，而非亲生母亲郭某，故请求二审法院查清事实依法改判。郭某同意原判。在二审法院审理中，法庭曾与焦小某见面交流，发现其就本案诉争的问题，尚不具备足够的认知与表达能力。二审经审理认为焦某与郭某离婚时，有关子女抚养的问题已于2012年3月经北京市朝阳区人民法院生效民事调解书确定。离婚后至今，双方亦依照此民事调解书执行。目前焦小某在焦某的抚养下已经上幼儿园，平时也能够受到爷爷、奶奶的照顾，生活环境比较稳定。现郭某与焦某抚养能力相当，其生活条件亦未明显优于焦某，且郭某未提供有力证据证明焦某在抚养焦小某期间存在不利于未成年人身心健康的法定情形，其所提交的焦小某被烫伤的照片，亦不足以证明焦某在抚养焦小某过程中存在经常性的不当行为。因此，法院认为焦小某由焦某抚养更为适宜。父母双方离婚后，在短时间内变更抚养关系不利于维护焦小某相对稳定的生活环境，也会对其正常的生活和成长产生影响，故郭某的诉讼请求，法院不予支持。焦某所提上诉理由，法院予以支持。据此，二审法院终审判决：（1）撤销原判决；（2）驳回郭某之诉讼请求。

典型意义

二审经审查认为：关于焦小某的抚养问题已经法院生效调解确定，至今不过一年有余，双方抚养条件并未发生较大变化。且焦小某现已上幼儿园，生活、学习环境已相对稳定，贸然变更不利于其维持稳定生活状态。在原审法院审理过程中，法院当庭征询了焦小某（年仅4岁）的意见，并将其作为变更抚养的理由之一，但焦某一方坚持认为法庭误读了焦小某的意思，其庭上所称"妈妈"指的是焦小某的继母而非其亲生母亲郭某。二审承办法官考虑到如果简单改判此案，势必会进一步激化双方矛盾，使焦小某的抚养、探望问题失去对话基础，加深两家之间的矛盾。

为了确定原审法院征求焦小某的意见是否合适，二审承办法官及合议庭成员在与焦小某见面交流后发现焦小某对于诉讼争议的问题完全不具备相应的理解和表达能力。为了缓解双方矛盾，缓解郭某的思念之情，在征得双方同意后，法官特意在法院花园内组织了一场法庭亲情探望活动，两个家庭的成员及焦小某在探望过程中尽享天伦之乐。在和谐的氛围中，法官借势开展劝导说服工作，最终郭某表示同意法院改判的结果，焦某也当面表示郭某可随时将焦小某接走探望，案件得以圆满解决。为了增强判决效果，法官在判决的"本院认为"部分单辟一段写道："父爱与母爱对未成年人都是不可或缺的，法院希望焦某、郭某从保证未成年人健康成长出发，能够在原有离婚调解协议的基础上，妥善处理探望及抚养费问题，共同为焦小某营造融洽、和睦的氛围，创造良好的生活、学习环境。"

二、特殊裁判规则

1. 根据《民法典婚姻家庭编司法解释（一）》第 56 条的规定，有以下四种法定情形，父母一方要求变更子女抚养关系的，人民法院应予支持：一是与子女共同生活的一方因患严重疾病或者因伤残无力继续抚养子女；二是与子女共同生活的一方不尽抚养义务或有虐待子女行为，或者其与子女共同生活对子女身心健康确有不利影响；三是已满八周岁的子女，愿随另一方生活，该方又有抚养能力；四是有其他正当理由需要变更。

2. 父母双方协议变更子女抚养关系的，人民法院应予支持，但该协议应以有利于保护子女利益为前提。

案例 10　王某与张某变更抚养关系纠纷案①

基本案情

原告张某与被告王某于 2002 年结婚，2004 年 6 月 13 日生一男孩王甲，后双方于 2007 年协议离婚，约定王甲由王某抚养。2010 年 9 月，王某与王乙另行组成家庭，王甲随父及王乙共同生活期间，受到继母王乙的体罚、饥饿、

---

① 摘自《最高法院公布婚姻家庭纠纷典型案例（山东）》之案例九，载最高人民法院网站，https：//www.court.gov.cn/zixun/xiangqing/16036.html，2024 年 4 月 20 日访问。

精神虐待。2011年11月，张某探望过程中，发现孩子身体存有受伤情形，遂向公安机关报案，经鉴定，王甲身体存有十几处伤，已构成轻微伤。2011年11月21日，张某诉至法院，要求变更抚养关系，并要求对方承担抚养费用。

裁判结果

山东省聊城市阳谷县人民法院经审理认为：夫妻双方离婚后，针对婚生子女的抚养问题，应当以有利于未成年人的健康成长为原则。本案中，王某与张某协议离婚后，虽约定婚生子王甲由王某抚养，但在其抚养过程中，根据张某举证以及涉案未成年人王甲当庭陈述、证人证言、法医鉴定，能够证明自2010年起与其共同生活的人员对其存有体罚、饥饿、精神虐待等情形，对其今后的健康成长明显不利，其抚养关系应当予以变更，并依法由王某支付抚养费用。王某不服，提起上诉，聊城市中级人民法院经过二审审理，判决：驳回上诉，维持原判。

典型意义

根据《民法典婚姻家庭编司法解释（一）》第56条的规定，与子女共同生活的一方不尽抚养义务或者有虐待子女行为的情形，一方要求变更子女抚养关系的，应予支持。离婚是自由的，但孩子是无辜的。父母与子女间的血缘关系，是一个永远都无法改变的事实。父母双方再婚时，均要客观地、现实地考虑到孩子的实际情况和感情，均应从有利于孩子生活和学习的角度出发，给孩子一个健康、稳定的成长环境。这样，孩子的幸福才不会因为父母的分离而削减。

案例11 曾某诉蒋某变更抚养关系纠纷案[①]

基本案情

曾某与蒋某原系夫妻关系，于2002年3月22日登记结婚，2010年5月5

---

① 摘自王爱东、刘丽霞：《调解确认共同抚养下，一方起诉要求子女由其单方抚养的认定标准——曾某诉蒋某抚养案》，载国家法官学院、最高人民法院司法案例研究院编：《中国法院2022年度案例·婚姻家庭与继承纠纷》，中国法制出版社2022年版，第129~133页。

日生有一子蒋小某。2017年8月16日，北京市第一中级人民法院出具民事调解书，确认蒋某、曾某离婚，蒋小某由蒋某与曾某共同抚养，蒋小某现就读的学校不变。后双方就共同抚养问题未协商一致，未能达成具体的共同抚养方案，双方离婚后蒋小某随曾某生活至今。2018年3月，蒋某诉至北京市朝阳区人民法院，要求变更婚生子蒋小某由其抚养，曾某每月支付抚养费6000元至蒋小某18周岁。同年7月30日，北京市朝阳区人民法院出具（2018）京0105民初26234号民事判决书，判决驳回蒋某的全部诉讼请求，后该案上诉至北京市第三中级人民法院，该院于2018年11月7日出具（2018）京03民终13716号民事判决书，判决：驳回上诉，维持原判。

现，曾某诉至北京市房山区人民法院，要求变更婚生子蒋小某由其抚养，蒋某每月支付抚养费直至蒋小某年满18周岁。庭审中双方均表示未再婚。另法院依曾某申请至蒋某所在单位××研究所调取了蒋某的收入情况，该单位出具了蒋某2019年1月至11月的收入证明，其月均收入为9589.55元，住房公积金月均为1223.73元。经法庭询问，蒋小某表示其愿意随母亲生活。

裁判结果

北京市房山区人民法院经审理认为：本案中，蒋某、曾某在人民法院诉讼离婚，一审判决婚生子蒋小某由曾某抚养后，二审期间，经人民法院主持调解，确定蒋小某由双方共同抚养。但经法院调解后，双方就共同抚养蒋小某的问题一直未能友好协商，也未能达成共同抚养孩子的具体方案，蒋小某一直随曾某生活已近三年，诉讼中法院两次征询蒋小某的意见，其均表示愿意随曾某生活。遂判决，蒋小某由曾某抚养，蒋某自本判决生效当月起每月给付蒋小某抚养费3000元，至蒋小某年满18周岁止；驳回曾某的其他诉讼请求。

蒋某不服一审判决，提出上诉。北京市第二中级人民法院经审理认为：本案中，蒋小某自曾某与蒋某于2015年分居后，主要随母亲曾某生活。2017年，法院生效调解书确认蒋小某由二人共同抚养。后双方就共同抚养问题一直未能协商一致，亦未达成共同抚养孩子的具体方案，蒋小某一直随曾某生活至今，已形成稳定的学习、生活状态。一审审理中，法院依法两次征询蒋小某的意见，其均表示愿意随曾某生活。一审法院综合考虑蒋小某的实际需要、具体生活、教育情况及成长环境，结合蒋小某的意愿，认定蒋小某目前由曾某抚养为宜。蒋某上诉主张曾某对蒋小某蒙骗、驯化，使其表达与身心不相符的意见，缺乏事实依据，法院不予采信。关于蒋某主张其再生育的能力存在严重缺陷，其在一审中提交的其2016年精子质量检查报告复印件一份及医院于2015年9月28日对其初诊诊断为弱精症、畸精症的病历资料复印件一页，上述证据均非原件，且本次诉讼时间较长，不足以证明蒋某目前存在生育缺陷。蒋某上诉主张其与曾某因离婚产生的其他矛盾纠纷并非本案确定蒋小某抚养权的法定事由。蒋某坚持上诉请求及理由，主张曾某存在对蒋小某健康成长不利的情况，事实及法律依据不足，不予支持。故判决：驳回上诉，维持原判。

典型意义

共同抚养有其特殊性，这种抚养方式实际上并未确定子女抚养权的单方归属，不存在变更后对子女既有成长环境重大改变影响其健康成长的不利因素；但共同抚养在现实操作中形同虚设、难以为继。此时，共同抚养的皮囊下实际是履行抚养义务的一方起诉要求变更子女由其单方抚养并由另一方支付抚养费的诉请，既符合子女的生活现状，又有利于子女的健康成长。

在处理变更共同抚养为单方抚养的案件时，除常规考虑抚养权变更的一般因素外，还要注意分析父母双方现阶段的抚养条件与共同抚养时的差异，妥善考虑社会效果与法律效果的统一。

三、规范指引

司法解释
《民法典婚姻家庭编司法解释（一）》

第55条　离婚后，父母一方要求变更子女抚养关系的，或者子女要求增加抚养费的，应当另行提起诉讼。

第56条　具有下列情形之一，父母一方要求变更子女抚养关系的，人民法院应予支持：

（一）与子女共同生活的一方因患严重疾病或者因伤残无力继续抚养子女；

（二）与子女共同生活的一方不尽抚养义务或有虐待子女行为，或者其与子女共同生活对子女身心健康确有不利影响；

（三）已满八周岁的子女，愿随另一方生活，该方又有抚养能力；

（四）有其他正当理由需要变更。

第 57 条　父母双方协议变更子女抚养关系的，人民法院应予支持。

第三节　继父母、子女抚养问题的裁判规则

一、一般裁判规则

继子女，是指夫与前妻或妻与前夫所生的子女。继父母，是指父母再婚后的夫和妻，也就是俗称的"后爸""后妈"。继父母子女关系是由于父或母再婚而形成的父母子女关系。继父母子女关系存在以下三种情形：第一，父或母再婚时，继子女已经成年并已经独立生活，或者继子女与继父母虽然共同生活但未受其抚养教育，此时继父母与继子女之间形成的是姻亲关系，而非父母子女关系；第二，父或母再婚后，继父母对未成年或未独立生活的继子女尽了抚养教育义务，此时基于抚养教育行为，继父母与继子女之间形成了父母子女间的权利义务关系；第三，继父或者继母经继子女的生父母同意，可以收养继子女，此时形成收养关系。

什么样的情形属于继父母对继子女尽了抚养义务呢？我国法律对此并没有明确规定，在实践中往往通过继父母是否在生活上对继子女进行照料、教育、保护，物质上是否给付了抚养费来判断。如果继父母对继子女在物质和生活上都尽到了抚养和教育义务，那么可以认定继父或继母与继子女形成了抚养教育关系。法院对这个问题的认定一般会根据具体案情进行具体分析，通常在以下三种情况下可以认定为抚养教育关系成立：(1) 继子女与继父母长期生活在一起，继父或继母负担了继子女生活费和教育费的一部分或全部，继子女受继父或继母的抚养教育；(2) 继子女与继父母虽然并未长期共同生活（如继子女在寄宿制学校或继父母常年外出打工），继

父或继母负担了继子女生活费和教育费的一部分或全部，对继子女进行探望、关怀、教育的；（3）继子女的生活费和教育费虽主要由生父或生母负担，但与继父或继母长期共同生活，继父或继母对继子女进行了生活上的照料和教育。

继父母与继子女之间的权利义务包括哪些呢？形成抚养教育关系的继父母与继子女之间的权利义务与父母子女之间的权利义务相一致，包括：（1）继父母对继子女有抚养和教育的义务。继父母不仅要保证继子女的生活所需，而且要保证其能接受正常的教育。对于不履行抚养义务的继父母，未成年的继子女或不能独立生活的继子女，有要求给付抚养费的权利。（2）继子女对继父母有赡养、扶助和保护的义务。通常情况下，受继父母抚养成人并独立生活的继子女，应当承担赡养继父母的义务。继子女不履行赡养义务时，缺乏劳动能力或生活困难的继父母，有要求成年继子女支付赡养费的权利。（3）继父母和继子女之间有相互继承财产的权利。《民法典》第1127条第1款、第3款、第4款规定："遗产按照下列顺序继承：（一）第一顺序：配偶、子女、父母；（二）第二顺序：兄弟姐妹、祖父母、外祖父母。""本编所称子女，包括婚生子女、非婚生子女、养子女和有扶养关系的继子女。""本编所称父母，包括生父母、养父母和有扶养关系的继父母。"（4）继父母有保护未成年继子女的权利和义务。在未成年继子女对他人造成损害时，继父母应当承担相应的民事责任。

二、特殊裁判规则

关于继子女与继父母之间的权利义务关系有如下三点需要注意：（1）生父与继母或生母与继父离婚时，继父或继母对曾受其抚养教育的继子女，不同意继续抚养的，仍应由生父母抚养。因为生父母与子女的权利义务关系是血缘基础上产生的法律关系，这决定了生父母对子女是第一位的亲权关系，而继父母与继子女是基于姻亲关系而发生的一种事实上的抚养关系，离婚时继父母不愿继续抚养继子女的，不能勉强，本着血缘关系第一位的原则，仍应由生父母承担抚养义务。（2）通常情况下，受继父母抚育成人并独立生活的继子女，应当承担赡养继父母的义务，双方的关系原则上不能自然终止，但是如果双方关系恶化，经当事人的请求，人民法院可以解除他们之间的权利义务关系。(3)《民法典婚姻家庭编司法解释（一）》第54条规定："生父与继母离婚或者生母与继父离婚时，对曾受其抚养教育的继子女，继父或者继母不同意继续抚养的，仍应由生父或者生母抚养。"离婚时继父或继母不同意继续抚养的，可不再负担继子女的抚养费，如果离婚后继父母愿意负担继子女一部分或全部抚养费的，应当允许，此种给付行为不是法定义务，继父母可以随时终止给付。

如何解除继父母子女关系？继父母与继子女之间没有形成抚养关系的，生父母与继父母离婚时，继子女与继父母之间的关系随之解除。继父母与继子女之间存在抚养关系的，双方形成了拟制的血亲关系，继子女应当承担赡养继父母的义务，但若双方因为矛盾纠纷导致关系恶化，一致同意解除拟制血亲关系的，可以通过协议解除，或诉至法院请求解除。

案例12 姚某诉杨某离婚纠纷案[①]

基本案情

2007年10月10日，姚某与杨某登记结婚，双方均系再婚。姚某再婚前无子女，与杨某再婚后亦未生育子女，双方与杨某所带前夫之女姚甲（2002年11月6日出生）、杨某婚后所生的前夫之子姚乙（2008年2月14日出生）及姚某父亲姚某某共同生活。2014年前，杨某离家出走，与他人在外以夫妻名义生活。2014年6月，姚某诉至法院请求判决离婚，后撤诉。撤诉后杨某继续在外与他人以夫妻名义生活，并与姚某及孩子断绝联系。2018年，姚某再次诉至法院，请求判令其与杨某离婚。庭审中，姚甲、姚乙主动到庭，表示继父对他们很好，养育了他们很多年，其生母已离家出走五六年，没管过他们，要求在父母离婚后继续与继父生活。姚某表示，同意继续尽力抚养两个孩子，使孩子健康成长。

裁判结果

西安市临潼区人民法院经审理认为：姚某主张夫妻感情破裂要求离婚，

[①] 摘自袁辉根，严秋亚：《【案例研究】离婚后继父母可以继续抚养继子女》，载微信公众号"最高人民法院司法案例研究院"2018年11月22日，https://mp.weixin.qq.com/s/zzw5qM_8W_53KagRssJvCw，2024年4月20日访问。

杨某之母承认其女杨某长期与他人以夫妻名义共同生活，故可认定夫妻感情已经破裂。两个孩子虽不属于姚某的婚生子女，但一直随其生活，而杨某离家出走五六年未尽抚养义务，现孩子请求继续与姚某生活，姚某亦同意继续尽抚养义务，故为了孩子健康成长，应准许姚某继续抚养两个孩子。但杨某并不因此免除其抚养义务，应支付相应的抚养费。后，该院于2018年7月6日作出判决：（1）准予姚某与杨某离婚；（2）姚甲、姚乙由姚某直接抚养，杨某自2018年7月起每月支付姚甲、姚乙抚养费各400元分别至姚甲、姚乙能独立生活止（每年的9月1日前、3月1日前各支付一次）。判决后，双方未上诉，该判决现已发生法律效力。

典型意义

由于继父母与继子女之间不存在血缘关系，对于继父母抚养继子女的，容易产生是否会对未成年人进行侵害、歧视等隐忧。因此，在一般情形下，生父母在离婚后通常应优先抚养未成年子女。这也是司法解释明确规定继父母不同意继续抚养的，生父母应当抚养的立法本意。但完全排除继父母抚养的可能性也将产生不利的社会影响。在生父母拒绝或者放弃抚养的情形下，对于未成年子女的抚养持消极乃至坚决反对态度，由其抚养可能产生不履行法院裁判义务、遗弃未成年人等危险，不利于未成年人健康成长。继父母主张抚养权的，如否定其抚养愿望，而生父母又拒绝抚养，如何确定抚养人将成为难题。继父母与继子女经过长期共同生活已经形成深厚的父母子女感情，且在共同生活过程中对于未成年子女并无侵害行为的，可以根据未成年人利益保护最大化的原则裁量由继父母抚养，以符合人伦亲情关系。

三、规范指引

1. 法律

《民法典》

第1072条　继父母与继子女间，不得虐待或者歧视。

继父或者继母和受其抚养教育的继子女间的权利义务关系，适用本法关于父母子女关系的规定。

2. 司法解释

《民法典婚姻家庭编司法解释（一）》

第 54 条 生父与继母离婚或者生母与继父离婚时，对曾受其抚养教育的继子女，继父或者继母不同意继续抚养的，仍应由生父或者生母抚养。

第四节 非婚生子女抚养问题的裁判规则

一、裁判规则

非婚生子女，是指没有婚姻关系的男女所生的子女，包括婚前、婚外性行为所生子女、收养的子女、有抚养、教育关系的继子女等。婚生子女享有的一切权利，非婚生子女同样享有，且不允许任何个人、组织加以危害和歧视。从自然生物角度来看，非婚生子女和婚生子女并无不同，非婚生子女与生身父母之间是基于出生而形成的自然血亲关系，这种关系是客观存在的，不会随着主观和客观因素的变化而发生改变，也不会因生身父母所谓"脱离父母子女关系"的单方宣告而发生变化。但从传统观念来看，非婚生子女往往会被认为是婚外恋的附属产物，出身一般不为大众所认可，面临着来自家庭内部其他成员的排斥以及来自社会的歧视，这就使非婚生子女天然地处于一个弱势地位。我们常说，父母的错误不应当加诸在孩子的身上，孩子是无辜的，因此非婚生子女不应当承受来自他人的恶意，他们也有权拥有健康的成长环境和平等的社会地位。

非婚生子女享有哪些权利？具体包括同等的受父母抚养、教育和保护的权利，同等的财产继承权和同等的姓氏权等，任何侵害非婚生子女权益的行为都是违反法律规定的。在非婚生子女的抚养问题上，非婚生子女的生身父母应当担负起抚养的责任，不直接抚养的一方应当负担未成年子女或者不能独立生活的成年子女的生活费、教育费、医疗费等费用，一般需给付至子女成年或能够独立生活之时。生活费和教育费的数额、给付方式等问题可由生父、生母双方协商；如果协商不成，不履行给付义务的，可以通过向法院提起诉讼来主张。

非婚生子女如何与生父确认亲子关系？非婚生子女可以向生父要求确认亲子关系，生父承认双方具有亲子关系的，构成对非婚生子女的自愿认领。如果生父拒绝承认存在亲子关系，《民法典》第 1073 条第 2 款规定："对亲子关系有异议且有正当理由的，成年子女可以向人民法院提起诉讼，请求确认亲子关系。"也就是说，非婚生子女享有请求确认亲子关系的诉权，可以向法院提起诉讼请求确认亲子关系的存在。

父母未婚生子后，又办理了结婚登记，生育的子女可以变为婚生子女吗？这涉及非婚生子女准正的问题，所谓非婚生子女准正，是指已经出生的非婚生子女因生父母结婚而获得婚生子女的地位。目前许多国家确立了非婚生子女的准正制度，虽然我国对此并没有明确的规定，但在一般生活实践中予以认可，即非婚生子女可以因父母结婚而成为婚生子女。

二、典型案例

案例 13　马某 1 诉魏某某子女抚养纠纷案[①]

基本案情

马某 1 诉称：原、被告系在外打工期间相识、相恋，于 2012 年 3 月按农村风俗举行婚礼，以夫妻名义同居生活，因未达法定婚龄，故未办理结婚登记。2012 年 6 月原、被告生育女儿马某 2，马某 2 现与原告共同生活。2013 年 12 月，因夫妻感情不和，被告离家出走，外出不归，与原告无任何联系。原告曾找过被告，但一直未找到。原、被告无共同财产，亦没有共同债权、债务。现因原、被告未办理结婚登记，且被告离家出走，外出不归，下落不明，导致女儿马某 2 无法落户，故原告特向人民法院提起诉讼，请求判令：（1）解除原、被告的同居关系；（2）女儿马某 2 由原告自费抚养。

[①] 摘自《最高人民法院 12 月 4 日公布婚姻家庭纠纷典型案例》之案例四十四，载最高人民法院网站，https://www.court.gov.cn/zixun/xiangqing/16211.html，2024 年 4 月 20 日访问。

裁判结果

根据《婚姻法司法解释（一）》第5条①的规定："未按婚姻法第八条规定办理结婚登记而以夫妻名义共同生活的男女，起诉到人民法院要求离婚的，应当区别对待：（1）1994年2月1日民政部《婚姻登记管理条例》公布实施以前，男女双方已经符合结婚实质要件的，按事实婚姻处理；（2）1994年2月1日民政部《婚姻登记管理条例》公布实施以后，男女双方符合结婚实质要件的，人民法院应当告知其在案件受理前补办结婚登记；未补办结婚登记的，按解除同居关系处理。"本案中，原、被告于2012年3月8日未经登记即以夫妻名义同居生活，至今未补办结婚登记，应当按照同居关系处理。根据《婚姻法司法解释（二）》第1条②的规定，"当事人起诉请求解除同居关系的，人民法院不予受理。但当事人请求解除的同居关系，属于婚姻法第三条、第三十二条、第四十六条规定的'有配偶者与他人同居'的，人民法院应当受理并依法予以解除"。本案中，原、被告之间的同居关系并不属于有配偶者与他人同居的情形，不属于人民法院强制判令解除同居关系的情形。但依照法律规定，同居关系不受法律保护。

同居期间生育的非婚生子女，其法律权利和义务比照婚生子女的规定。女儿马某2一直由原告抚养，改变其生活环境对其健康成长明显不利，且被告下落不明，故女儿马某2由原告抚养有利于其身心健康，便于其合法权益得到保障。原告主张由其自费抚养女儿马某2，不违反法律规定，法院予以支持。

综上，法院判决如下：原、被告生育的女儿马某2由原告马某1抚养，被告魏某某不支付抚养费。

---

① 参见《民法典婚姻家庭编司法解释（一）》第7条规定："未依据民法典第一千零四十九条规定办理结婚登记而以夫妻名义共同生活的男女，提起诉讼要求离婚的，应当区别对待：（一）1994年2月1日民政部《婚姻登记管理条例》公布实施以前，男女双方已经符合结婚实质要件的，按事实婚姻处理。（二）1994年2月1日民政部《婚姻登记管理条例》公布实施以后，男女双方符合结婚实质要件的，人民法院应当告知其补办结婚登记。未补办结婚登记的，依本解释第三条规定处理。"

② 参见《民法典婚姻家庭编司法解释（一）》第3条规定："当事人提起诉讼仅请求解除同居关系的，人民法院不予受理；已经受理的，裁定驳回起诉。当事人因同居期间财产分割或者子女抚养纠纷提起诉讼的，人民法院应当受理。"

> 典型意义

针对案例中的这一现象，不仅需要当事人法律意识的增强，也需要法律工作者进行更多、更广泛的法律宣传和法律教育，同时，要不断促进婚姻登记制度的完善，使公民特别是广大农村边远地区的公民从思想上认识到没有登记的婚姻是不受法律保护的，以及这种同居关系对他们生活的影响，使他们在考虑婚姻缔结时能够认识到通过婚姻登记的方式给自己的婚姻关系以法律的保护，给自己的婚后生活以法律的保障，减少类似情况的发生。

三、规范指引

法律

《民法典》

第1071条　非婚生子女享有与婚生子女同等的权利，任何组织或者个人不得加以危害和歧视。

不直接抚养非婚生子女的生父或者生母，应当负担未成年子女或者不能独立生活的成年子女的抚养费。

第五节　处理多名子女抚养问题的裁判规则

一、裁判规则

对于涉及多名子女抚养权的归属问题，法律及司法解释并未作出明确规定，司法实践中，法官在综合考虑各类因素的情况下，若无诸如一方患有重大疾病或者双方抚养能力严重失衡的情况，一般会判处父母双方各抚养一个子女，即会出现多名子女抚养权归属简单拆分的情况。这种表面上的"公平"仍体现出"父母本位"的思想对于抚养权归属认定的影响，即法官或考虑到分担父母双方的经济负担，或为平息双方之间争夺子女抚养权的纠纷，平衡双方利益等因素，判决父母双方各抚养一个或者多个子女。此种判定，未将子女作为独立的个体给予法律的特殊保护，亦未将子女利益最佳原则作为抚养权归属认定的首要因素予以考量。子女最佳利益原则的审酌因素不仅包括父母双方对于抚养子女的意愿，未成年子女的意愿（考虑年龄及认知能力），儿童的身体、情感、教育之需求，也包括子女与父母、兄弟姐妹之间的互动与彼此关系、子女受养育环境的继续性与适应性、隔代辅助照顾等事由。而感情融洽的兄弟姐妹因为父母离婚而被迫分开，明显不符合儿童利益最大化原则的要求。而且，从心理发展理论的应用角度分析，在未成年人的成长发展中，同伴起到的作用并不弱于父母。同伴间发生意见分歧或产生矛盾时，可以通过相互协商、妥协达成理解、认可，甚至合作。因此同伴之间的平等交往，有利于提高儿童的社会能力。兄弟姐妹的相处是儿童成长环境中重要的一环，不应因父母离婚而被拆散，离婚案中涉及多名子女抚养权的归属问题时，应将多名子女的抚养权作为一个整体予以考虑，尽可能使多名子女在父母离婚后仍能共同生活、共同成长，以维系稳定的兄弟姐妹关系。

目前司法实践中，部分法院意识到"多孩分离、分开抚养"的裁判规则给子女成长带来的不利影响，代之以"共同抚养"规则。如有的法院创设轮流抚养制度，离婚双方轮流照顾孩子，最大限度地减小父母离异对子女生活的影响。

二、典型案例

案例 14 张某诉周某离婚纠纷案[①]

基本案情

张某与周某经人介绍认识后于 2012 年登记结婚，2013 年生育儿子周某某，2017 年二人做试管婴儿生育女儿张某某。儿子周某某患有脊肌萎缩症。张某分别于 2017 年 12 月、2018 年 9 月诉至法院要求离婚，法院均判决不准

[①] 摘自刘效庆、马英峰：《离婚案件中多名未成年子女抚养权归属的因素考量——张某诉周某离婚案》，载国家法官学院、最高人民法院司法案例研究院编：《中国法院 2022 年度案例·婚姻家庭与继承纠纷》，中国法制出版社 2022 年版，第 115~120 页。

张某与周某离婚。2019年7月，张某再次诉至法院。自2017年10月起，周某某、张某某均跟随周某生活。案件审理过程中，张某与周某均要求抚养两个子女，张某称，相较于周某，其工作时间自由，父母家境殷实，有更多的时间和更好的条件抚养子女；周某称，张某此前一直主张抚养女儿，无视重度残疾的儿子，儿子几次生病，张某均未尽到照顾义务，两个子女从小随其生活，其家庭有能力将他们抚养好，且维持两个子女的生活环境不变更有利于他们的健康成长，特别是对重度残疾的儿子来讲，妹妹是唯一的玩伴，兄妹分离将会给儿子造成重大打击，不利于病情的恢复。关于双方工作及收入情况，法院查明：张某社保缴费基数为5000元/月，周某社保缴费基数为3500元/月。

裁判结果

江苏省无锡市惠山区人民法院一审认为：本案中，虽双方在诉讼中就对方及其家人在思想观念、家庭氛围、道德水平、物质条件等方面互有所指，但均未能提交足够的证据证明对方于前述方面存在不利于子女身心健康成长的因素，两个子女均已年满两周岁，且自2017年10月至今一直随周某及其家人共同生活，相对张某而言，周某及其家人与儿子相处的时间更多，在周某某、张某某该年龄段，生活环境和家人的陪伴对孩子成长所产生的影响也比较突出，此外周某某身患重疾、身心脆弱、护理要求较高，妹妹张某某和家人的陪伴更是其身心健康的重要支撑，现阶段不宜改变两个子女的生活环境，因此，在双方抚养能力、抚养条件无明显差异的情形下，判令周某某、张某某均由周某抚养为宜。综合考虑两个子女的生活及教育需要、本地消费水平、双方收入状况等情况，法院对两个子女的抚养费作出认定，同时依法对两个子女的探望权及夫妻共同财产的分割予以认定。综上，江苏省无锡市惠山区人民法院一审判决儿子周某某、女儿张某某均由周某抚养，张某自判决发生法律效力之日起于每月月底前支付周某某生活费、张某某抚养费各1500元，合计3000元，至周某某、张某某独立生活时止，周某某教育费、医疗费的自费部分由张某、周某另行各半负担。

一审判决作出后，张某不服，提出上诉。江苏省无锡市中级人民法院同意一审法院的裁判意见，后判决：驳回上诉，维持原判。

典型意义

对于离婚诉讼中涉及多名未成年子女的抚养权归属问题，法院应坚持把未成年子女作为权利主体而非父母各自利益的客体来对待，按照最有利于未成年子女的原则进行裁判，避免平均主义。本案判令两个子女的抚养权归父母一方，综合考虑了未成年子女及其父母意愿、父母当前抚养能力、未成年子女之间相互依赖程度等，更符合未成年子女健康成长的客观需要。

第六节　典型、疑难问题解析

一、如何审查子女的真实意愿

关于子女真实意愿的审查方式。子女意见往往因受生活环境的影响或受到父母双方的压力，难以体现其真实意愿。因此，在听取子女意愿时，法院应通过单独做笔录的方式进行询问。首先，要创造条件、营造环境消除子女的顾虑，避免其因为担忧、恐惧而表意不真实。有条件的可由执业心理咨询师配合，一同或者单独进行心理干预并形成报告，作为裁判的参考性依据。其次，在听取子女意见后，应二次询问其最终意见。允许子女意见反复，但须保证意见的确定性和真实性。最后，可以要求有书写能力的子女通过自行书写的方式将其意见固定化。若子女意愿前后矛盾、存在反复或有难言之隐时，可视为子女的意愿表达受到干扰，应当结合其他证据确定其真实意思。

关于子女意愿与优先抚养条件冲突的处理方式。当子女意愿与其他优先抚养条件产生冲突时，需要查明父方、母方列明的优先条件是属于父母本位（如一方无生育能力、无其他子女等），还是属于子女本位（如生活环境改变、生活水平降低、父母品行不良等）。如系父母本位的抚养条件，则不能高于子女本位的抚养条件；如属子女本位的抚养条件，则需要对子女选择是否合理，是否有利于其身心健康发展等方面进行综合考虑并加以分析判断。

二、认定子女利益最大化有何酌定因素

在具体个案中,还应当根据案件的具体情况,结合酌定因素予以判定。当子女抚养的法定规则与酌定因素存在冲突时,应当以法定规则为先,同时兼顾未成年人利益最大化作出最终决定。

1. 父母品行。抚养子女不仅限于提供应有的物质生活保障,父母的言传身教、以身垂范对于子女的心理健康发展及性格养成起着极为重要的作用。因此,应对父母的品行特征进行考察,对存在不良品行、不良嗜好的一方(如实施家庭暴力、吸食毒品、赌博成性),进行考察时应更为慎重。

2. 抚养意愿以及与子女的亲厚程度。需要考察父母一方有无抚养子女的意愿以及恳切程度,是否与子女长期共同生活并照料子女,是否与子女关系融洽,在情感上子女更信赖哪一方等。上述因素需要通过询问双方当事人及其子女予以核实,必要时法院可以通过相关社会机构进行家事调查后确定。实践中,还存在父母为财产利益而争夺子女的情况,对此更需结合关联案件进行仔细甄别、一体审视,尽量做到通盘协调处理。

3. 抚养能力。抚养子女需要投入大量的精力和心血,不仅包括物质方面的抚养,如有稳定的收入、固定的居所等子女成长所需的物质保障;还包括精神抚养的能力,如有无教育子女的能力、陪伴子女的时间等。在判断父母抚养能力时,要结合双方的经济收入、居住条件以及各自的受教育程度,是否具有教育子女、督促子女学习的能力和时间等因素综合考察,并具有一定的前瞻性,从动态的、合理预期的、谋长远的角度去考察父母的抚养能力。

4. 稳定的生活成长环境。未成年人的心理相对脆弱,熟悉、稳定的生活环境可以给予未成年人更多安全感,对其健康成长十分必要。因此,在确定直接抚养人时,还要考察各自的家庭背景情况,并尽量维持子女原有已经适应的生活环境,以防因生活以及教育环境的突然变化给子女带来不利影响。

5. 子女的人数。在多孩家庭中,从子女的角度来看,多个子女相伴成长更有利于其身心健康发展。因此,对于二孩抚养权的归属问题,不能机械地判决男女双方一人抚养一孩,应当根据案件的实际情况,尊重未成年人相伴成长的预期和意愿,保障未成年人的利益,综合确定子女抚养权的归属。

第六章　抚养费纠纷

自《民法典》颁布施行后，对父母离婚的未成年子女支付必要费用的称谓经历了从"抚育费"到"抚养费"的变化。《婚姻法》第 37 条第 1 款规定，"离婚后，一方抚养的子女，另一方应负担必要的生活费和教育费的一部或全部，负担费用的多少和期限的长短，由双方协议；协议不成时，由人民法院判决"。《民法典》第 1085 条第 1 款则明确规定："离婚后，子女由一方直接抚养的，另一方应当负担部分或者全部抚养费。负担费用的多少和期限的长短，由双方协议；协议不成的，由人民法院判决。"由此，离婚后父母承担的抚养子女的经济责任，从子女的生活费、教育费扩充至包含医疗费等费用的"抚养费"。该条款的变迁回应了学者"离婚父母与未离婚父母所负义务有何区别"之问，即父母无论婚姻状态如何，其作为抚养义务人对子女承担的抚养费给付义务是相同的。

从"抚育费"到"抚养费"的一字之变，一方面体现了我国全方位、多角度保障未成年人权益的理念，另一方面对司法实践中处理抚养费纠纷提出了新要求。

第一节　确定抚养费标准的裁判规则

根据《民法典》第 1085 条的规定，不直接抚养子女的一方为抚养费的支付义务主体。抚养费是一项综合费用，包括子女生活费、教育费、医疗费等费用。原则上，支付抚养费的一方负担费用的多少和期限的长短，由双方协议确定。生活中，教育费的支出因每个家庭对子女的期待以及培养方式的不同，费用标准也存在较大的差别，如就学费而言，公立学校的费用与私立学校的费用差别巨大，更不提涉及各类兴趣班、培训班、夏令营等项目时的费用。因此，作为直接影响子女生活水平及夫妻各自生活水平的事项，抚养费的给付也属于家庭自治范围内的事项，因此，法律规定抚养费的标准及期限长短由双方协商，在双方协商一致的情况下，抚养费的标准及支付期限按夫妻双方之约定执行，法院原则上不予干涉，即法院首先应坚持协议优先原则。

需要注意的是，根据《民法典婚姻家庭编司法解释（一）》第52条的规定："父母双方可以协议由一方直接抚养子女并由直接抚养方负担子女全部抚养费。但是，直接抚养方的抚养能力明显不能保障子女所需费用，影响子女健康成长的，人民法院不予支持。"因此，在子女抚养费的意思自治问题上，司法审查的底线仍是保障未成年子女利益不受损害。

一、一般裁判规则

在父母双方无法就抚养费问题达成一致意见时，抚养费将由法院判决。根据《民法典婚姻家庭编司法解释（一）》第49条的规定，法院对抚养费标准的审查认定将根据子女的实际需要、父母双方的负担能力及当地的实际生活水平三个方面综合确定。以上三要素的关系为：抚养费的数额以满足子女实际需要为大前提，在父母负担能力较强的情况下，抚养费的数额可以高于维持当地实际生活水平所需的费用，子女的实际需要可以不限于仅满足基本生活需求。具体数额还可以根据子女不同年龄、不同学习阶段的需求来确定。从父母的支付能力、子女的实际需求加以平衡考量，支付抚养费的一方收入较高的，抚养费比例可以适当降低；收入较低的，抚养费比例可以适当提高；若双方支付能力均较弱，则以保证子女获得必要的抚养费以满足基本生活和教育支出所需为准。

同时，上述司法解释还规定了对负担一个子女且有固定收入的，抚养费数额一般可按月总收入的百分之二十至百分之三十的比例给付，对于负担两个以上子女且有固定收入的，抚养费可在上述比例的基础上适当提高，但一般不得超过月收入的百分之五十；对于无固定收入的，可依据对方的当年总收入或对方所在行业同行业平均收入，参照上述比例确定。

另根据《民法典婚姻家庭编司法解释（一）》第 50 条、第 51 条、第 53 条的规定，抚养费应当定期给付（一般按月给付），有条件的可以一次性给付（当事人需要举证证明有一次性给付的条件）。父母一方无经济收入或者下落不明的，可以用其财物折抵抚养费。抚养费的给付期限，一般至子女十八周岁为止。十六周岁以上不满十八周岁，以其劳动收入为主要生活来源，并能维持当地一般生活水平的，父母可以停止给付抚养费。

案例 15　何某 2 与周某某抚养费纠纷案[①]

基本案情

何某 2 诉称：原告的父亲何某 1 与被告周某某于 2005 年 8 月经人介绍认识，2006 年 12 月按农村习俗举行了婚礼，以夫妻名义同居生活。2007 年 8 月 1 日生育了何某 2。2008 年 8 月，被告与原告的父亲何某 1 闹矛盾离家出走未归，没有尽到母亲的责任。现知晓被告周某某回归原籍另成了家，经济条件比较好，请求判令周某某支付 18 年的抚养费 9 万元。

被告周某某辩称其现以打工为生，没有能力支付抚养费。

裁判结果

云南省曲靖市会泽县人民法院经审理后认为：被告周某某作为何某 2 的亲生母亲，在何某 2 未成年或不能独立生活期间，有抚养何某 2 的法定义务。何某 2 要求作为亲生母亲的周某某支付抚养费的诉讼请求，法院予以支持。结合原告何某 2 的现有生活状况，判决自 2015 年起至 2025 年止，由被告周某某每年 12 月 31 日前一次性支付原告何某 2 抚养费 1800 元。

典型意义

本案的争议焦点是以没有抚养能力为由拒绝履行抚养义务是否应得到支持？本案例认为，父母对子女有抚养教育的义务，父母不履行抚养义务时，未成年或不能独立生活的子女，有要求父母给付抚养费的权利，这是法律赋

[①] 摘自《最高人民法院 12 月 4 日公布婚姻家庭纠纷典型案例》之案例四十五，载最高人民法院网站，https：//www.court.gov.cn/zixun/xiangqing/16211.html，2024 年 4 月 20 日访问。

予的权利和义务，也是中华民族的优良传统。无论以任何理由，均不能拒绝履行抚养义务，都不会得到支持。

案例 16 李某某、李甲诉李乙抚养费纠纷案①

基本案情

原告李某某系被告李乙之子，被告李乙与原告的母亲李甲于2008年9月协议离婚并到民政部门办理了离婚手续。离婚协议书中约定，"原告李某某由男方抚养，女方暂代养孩子四年，男方不支付抚养费。孩子上大学、结婚费用全部由男方承担"。当时原告李某某刚满14岁，此后原告李某某一直由其母亲李甲抚养。自2012年9月原告李某某进入武汉科技大学学习，除每年需要交纳学费、校内住宿费、校外职业培训费等，还需要一大笔生活费，原告李某某因此多次向被告李乙要钱以支付上述费用，但被告李乙作为父亲一直拒不支付。后，原告李某某、李甲诉至法院，请求法院依法判令被告李乙支付学费27840元、生活费用60000元、培训费4770元、购买电脑费用6600元、购买羽绒服费用859元，共计100069元。

裁判结果

山东省临沭县人民法院一审认为：本案系基于原告李甲与被告李乙离婚时所达成的离婚协议中关于子女抚养和教育费用约定的履行问题而产生纠纷，因此，首先应当就原告李甲与被告李乙关于"原告李某某由男方抚养，女方暂代养孩子四年，男方不支付抚养费，孩子上大学、结婚费用全部由男方承担"这一约定的合法性进行审查。

《婚姻法》第37条规定，离婚后，一方抚养的子女，另一方应负担必要的生活费和教育费的一部或全部，负担费用的多少和期限的长短，由双方协议；协议不成时，由人民法院判决。依照该规定，子女的生活费及教育费由一方承担部分或全部承担均可。本案原告李甲与被告李乙就原告李某某的抚养及抚养费的承担方式、承担时间的约定不违反该条法律规定，且该约定系

---

① 摘自《最高人民法院12月4日公布婚姻家庭纠纷典型案例》之案例三十四，载最高人民法院网站，https://www.court.gov.cn/zixun/xiangqing/16211.html，2024年4月20日访问。

原告李甲与被告李乙的真实意思表示，内容并不违反法律的禁止性规定。被告李乙应当按照约定承担向原告李某某支付大学期间必要的生活费及教育费的民事责任。

《婚姻法》第21条第1款、第2款规定："父母对子女有抚养教育的义务；子女对父母有赡养扶助的义务。父母不履行抚养义务时，未成年的或不能独立生活的子女，有要求父母付给抚养费的权利。"该条法律所规定的是家庭关系中父母与子女之间的法定权利与法定义务，而《婚姻法司法解释（一）》第20条关于"婚姻法第二十一条规定的'不能独立生活的子女'，是指尚在校接受高中及以下学历教育，或者丧失或未完全丧失劳动能力等非因主观原因而无法维持正常生活的成年子女"的规定，是对"不能独立生活的子女"范围的界定。上述法律及司法解释是就父母对"不能独立生活的子女"承担抚养义务属法定义务作出的规定，并不禁止父母对不属于"不能独立生活的子女"之外的子女自愿或通过约定的方式承担抚养义务。因此，被告李乙不能依据上述法律及司法解释拒绝履行离婚时与原告李甲所约定的对原告李某某的抚养义务。

原告李某某现为在校就读的大学生，被告李乙无证据证明原告李某某有可维持自己在校生活、学习的收入来源，即应当按照离婚时与原告李甲的约定承担原告李某某在上大学期间的生活、学习所必需的费用。原告李某某上大学期间的学费可根据其就读学校出具的收款收据予以确定，对于原告李某某的生活费，法院综合考虑原告李某某就读学校所在地的消费水平以及被告李乙的收入等情况，酌情确定原告李某某上大学期间，被告每年给付生活费6000元。原告李某某未提供证据证明其购买电脑和参加校外职业培训属于上大学期间的必要开支，被告可以不承担这部分费用。原告李某某购买衣服的花费应从生活费中列支，对其要求被告承担该费用的诉讼请求法院不予支持。原告李甲虽系与被告李乙达成离婚协议的一方当事人，但就子女抚养费的约定，权利主体应为原告李某某，而原告李某某已成年且具有完全的民事行为能力，应由其依法独立行使抚养费的请求权。原告李甲并不享有所约定的原告李某某抚养费的请求权，不是涉案抚养费的权利主体，其原告主体不适格。

依照《民法通则》第4条、《婚姻法》第37条的规定，依法作出如下判决：被告李乙给付原告李某某上大学期间的学费27840元；被告李乙给付原告李某某上大学期间的生活费 24000 元；上述一、二项于本判决生效后 10 日内付清；驳回原告李某某的其他诉讼请求；驳回原告李甲的诉讼请求。

典型意义

随着我国高等教育的逐渐普及，读大学（含各类职业技术学校）越来越成为适龄青少年的普遍选择。就我国传统习惯和绝大多数的家庭选择而言，没有经济独立的子女就读大学（含各类职业技术学校）的费用，由有经济能力的父母支付已然成为一种惯例。然而《民法典》《未成年人保护法》等法律却规定，父母没有义务支付该部分费用。这就可能造成习惯做法、社会传统和法律规定的冲突。尤其是在离异家庭中，这种冲突直接导致了亲情的反目和对立。本案就是涉及大学期间学费、生活费负担问题的典型案例。

本案中，原告李甲与被告李乙的离婚协议是双方真实意思表示，双方对于孩子上大学学费、生活费和结婚费用的约定，是其离婚协议的一部分，是双方在离婚时就子女读书、婚嫁事宜做出的合理安排，且原告李甲为达成离婚协议而自愿承担原告李某某成年之前的抚养义务，并免除了被告李乙支付抚养费的法定义务，这也可视为原告李甲为争取到孩子的大学学费和婚嫁费用而在其他方面作出的让步。这种约定不违反法律的禁止性规定，合法有效，依法应当得到法律的支持和认可。如果认定离婚协议的该条款无效，则不但违背了民法的基本原则，对原告李甲的权益也是一种损害。故本案一审法院本着尊重当事人意思自治的原则，依法支持了原告李某某的合法诉求，为同类案件的审理提供了可资借鉴的依据。

二、特殊裁判规则

1. 适当提高或者降低抚养费比例的裁判规则。上文已述，《民法典婚姻家庭编司法解释（一）》第 49 条规定了一般情况下抚养费比例的确定原则，但也规定了"可以适当提高或者降低上述比例"的例外。对于实践中出现的特殊情况，需要根据确定抚养费的基本原则结合案情加以综合平衡把握。从确定抚养费的基本原则内容来看，抚养费的确定需要考虑三个方面因素，即子女的实际需要、父母双方的负担能力和当地的实际生活水平。其中的"实际需要"和"实际生活水平"显然应以正常合理为限，需以当地一般家庭的收入和支出标准进行衡量，然后由父母双方根据各自实际负担能力予以合理分担。即"人民法院应当在尽量保护子女利益的基础上，尽可能使抚养费既能满足子女的实际需要，又不至于给父母双方造成过重负担或使抚养费成为变相的财产分割手段，使父母双方得以适当、均衡负担"。也就是应坚持"平衡子女实际生活需要和父母负担能力"的合理标准。对于抚养费可以适当提高或降低的特殊情况的标准把握，可以概括总结如下：（1）在以一般家庭生活需要标准考虑子女实际生活需要的前提下，如果直接抚养子女一方无特殊情况但不直接抚养子女而应给付抚养费一方出现被羁押、重病或残疾等特殊情况的，应给付抚养费一方可以适当降低抚养费支付标准；反之，若直接抚养子女一方具有重病或残疾等特殊情况的，则另一方应适当提高抚养费支付标准。在父母双方均无上述被羁押、重病或残疾等情形时，如果直接抚养子女一方经济收入水平远超当地一般收入水平而另一方收入水平一般甚至无固定收入的，则可以认为存在特殊情况而考虑适当降低另一方的抚养费支付标准；反之，若直接抚养子女一方经济收入水平一般甚至无固定收入，而另一方收入远超当地一般收入水平的，则同样可以认为存在特殊情况而考虑适当提高另一方的抚养费支付标准。（2）有特殊情况需要适当提高抚养费支付标准的，其计算比例应适当高于《民法典婚姻家庭编司法解释（一）》第49条所规定的"20%—30%"中的30%；有特殊情况需要适当降低抚养费支付标准的，其计算比例应适当低于《民法典婚姻家庭编司法解释（一）》第49条所规定的"20%—30%"中的20%。（3）对于实际负担能力的认定，应从抚养义务人的收入水平和财产状况两个方面作出整体性判断。抚养义务人处于失业状态的，应结合其失业原因、个人创收能力以及所从事行业的收入水平加以判断，而非机械地以当前的收入情况作为确定抚养费的支付标准。

2. 课外培训费、保险费、旅游费等大额抚养费用认定的裁判规则。大额抚养费的认定，首先要遵循"约定优先"原则，若父母就子女抚养费的支付标准、支付方式等存在明确约定的，则该约定对双方均具有约束力，即便抚养费标准较高于当地一般生活水平，原则上不应予以推翻。对于争议较大的抚养支出，抚养人之间未约定或约定不明的，对父母离婚时既已参加的培训，应考虑到保障未成年人接受教育的连贯性，原则上予以支持；对超既有范围的培训，实际抚养一方应履行必要的告知义务，未能协商一致的非必要支出，应视为实际抚养一方自愿为子女负担的部分，不宜划入未实际抚养一方的抚养费分担范围。

3. 离婚时约定一方不支付子女抚养费，之后再主张抚养费的裁判规则。（1）签订离婚协议时，仅约定一方不支付抚养费，双方约定的效力并不能对抗法律上夫妻双方对子女的抚养义务，抚养教育子女是父母应尽的义务，其是一种法定义务，若双方就子女抚养费约定为一方不需要承担，抚养方的抚养能力又明显不能保障子女所需，则实际上侵犯了子女的权利。子女起诉要求另一方父母支付抚养费的，应当予以支持。（2）签订离婚协议时，虽然夫妻双方根据自身条件和实际情况在离婚协议中对子女抚养问题作出了明确约定，是双方真实意思表示，合法有效，应当按离婚协议的约定履行各自的义务。但如果双方的情况较离婚时发生重大变化，抚养方也能举证证明其生活存在明显困难，那么子女在必要时向另一方父母提出超过协议或判决原定数额的合理要求，是符合法律规定的，与公序良俗和社会公德相符，有利于亲子关系更加融洽，有利于未成年人健康成长。

4. 离婚协议中，约定未支付抚养费应付违约金的裁判规则。该问题在实务中存在争议，目前存在两种裁判观点。观点一认为，不应支持有关违约金的约定。理由是合同法领域中的个人自治空间可以得到极度的张扬，但身份法领域个人的意思自治显然应当受到适当的抑制。因此双方达成的抚养费给付协议，不应适用合同法的规定。一方未按协议给付抚养费，实际上是没有履行法定的抚养义务，一方有能力抚养而拒绝给付抚养费，情节恶劣的，将被追究刑事责任。但并不存在违约问题，当然也不应承担违约责任。观点二认为，应支持有关违约金的约定。理由是《民法典》合同编第464条第2款规定："婚姻、收养、监护等有关身份关系的协议，适用有关该身份关系的法律规定；没有规定的，可以根据其性质参照适用本编规定。"由此可见，对于涉及身份关系的财产协议，并不完全排斥合同法的适用，其属于合同法的调整范围，不过应当优先适用婚姻法的有关规定，这些法律没有规定时才可适用合同法的有关规定。抚养未成年子女是父母的法定义务，父母双方在自觉自愿基础上签订的抚养费给付协议，其中约定的违约金条款旨在更好地保护未成年人的健康成长，法院支持违约金主张对未成年人一方并无不利。笔者在此问题上倾向于观点二，但是在具体案例裁判中，还要结合当事人约定的违约金数额、违约情况、当事人过错程度、损失情况、经济能力等，根据公平原则，酌情对违约金数额予以调整。

案例 17　刘某某诉周某甲离婚纠纷案[①]

基本案情

2015 年 3 月，刘某某和周某甲确定恋爱关系。2017 年 2 月 26 日，双方登记结婚，婚后生育一女周某乙。刘某某和周某甲婚后感情一般，双方经常为琐事发生争吵，为此刘某某自 2018 年 12 月起回娘家居住，与周某甲分居至今。刘某某曾于 2020 年向一审法院起诉离婚，一审法院于 2020 年 6 月判决不准双方离婚。之后，双方未能和好，夫妻感情确已破裂。婚生女周某乙现由周某甲看护，在一起共同生活。刘某某提起本案诉讼，请求：判决双方离婚；婚生女周某乙随周某甲生活，刘某某不负担抚养费用；由周某甲负担本案诉讼费用。

裁判结果

淄博市临淄区人民法院判决：准予刘某某与周某甲离婚；婚生女周某乙由周某甲抚养，刘某某每月支付抚养费 1500 元，于每月 15 日之前支付。

刘某某不服一审判决，向淄博市中级人民法院提起上诉，主张一审判决其每月支付抚养费 1500 元标准明显过高，其目前没有工作且涉嫌犯罪，没有经济能力负担一审判决确定的抚养费 1500 元/月。一审法院在明知其没有工作且涉嫌犯罪的情况下主观酌定抚养费金额为 1500 元/月没有事实和法律依据。另外，周某甲及周某乙的住址均为农村，即使按山东省农村居民人均年消费性支出的标准计算抚养费的话，也远低于 1500 元/月。综上，请求撤销一审判决第二项中关于抚养费的判决，依法改判或发回重审。

淄博市中级人民法院二审认为，根据《民法典婚姻家庭编司法解释（一）》

[①] 摘自《有特殊情况下抚养费数额标准的合理认定》，载微信公众号"山东高法"2022 年 4 月 22 日，https://mp.weixin.qq.com/s/TOxFtJMcYaAwYsHR2DhwDQ，2024 年 4 月 20 日访问。本案例为山东法院民法典适用典型案例 76。

第 49 条的规定，抚养费的数额，可以根据子女的实际需要、父母双方的负担能力和当地的实际生活水平确定。有固定收入的，抚养费一般可以按其月总收入的百分之二十至百分之三十的比例给付。负担两个以上子女抚养费的，比例可以适当提高，但一般不得超过月总收入的百分之五十。无固定收入的，抚养费的数额可以依据当年总收入或者同行业平均收入，参照上述比例确定。有特殊情况的，可以适当提高或者降低上述比例。本案中，刘某某因涉嫌刑事犯罪被取保候审，且无固定工作，当前居住在××市，2020 年××市私营单位就业人员年平均工资为 49574 元即月工资为 4131 元，参照上述工资标准，一审法院按照每月 1500 元标准支付抚养费明显高于司法解释确定的标准。刘某某现处于取保候审状态，属于有特殊情况，可以适当降低抚养费支付标准。故二审法院酌定刘某某每月支付抚养费 800 元至婚生女周某乙独立生活为止。综上所述，刘某某的上诉请求成立。据此，二审判决：维持一审民事判决第一项即准予刘某某与周某甲离婚；变更一审民事判决第二项为婚生女周某乙由周某甲抚养，刘某某每月支付抚养费 800 元至婚生女周某乙独立生活为止，于每月 15 日之前支付。

典型意义

本案主要涉及在特殊情况下抚养费标准的合理认定问题。二审法院综合考虑当地一般家庭的收入和支出的标准以及父母的实际负担能力，酌情确定刘某某按每月 800 元的标准支付抚养费，既充分考虑了子女的实际利益需要，又充分考虑了不直接抚养子女而应给付抚养费一方的特殊情况，在做到两者合理、合法、平衡的同时，实现了法律效果与社会效果的有机统一。

案例 18　李某甲诉李某抚养费纠纷案[①]

基本案情

被告李某系原告李某甲的父亲，被告李某与原告李某甲的母亲肖某原系夫妻关系，双方于 2010 年 12 月 17 日生育李某甲，后于 2018 年 11 月 27 日办

[①] 摘自《闵法拍案丨高额培训班，天价抚养费，你还扛得住吗？》，载"上海闵行法院"2021 年 9 月 8 日，https://mp.weixin.qq.com/s/irPU3GD1SxzaoGON-YLzaQ，2024 年 4 月 20 日访问。

理离婚登记，并签订离婚协议书。该离婚协议书中双方约定李某甲的抚养权归肖某，随肖某共同生活，李某支付抚养费方式如下：对于李某甲的教育费用，包括学费、学杂费、校服费、校车费及保险费、医疗费等合理费用，李某按照50%的比例承担；对于其他经李某认可的李某甲参加的兴趣班、夏令营等活动（目前李某甲在学的兴趣班李某均认可，新增课程需另外征求李某意见），李某按照50%的比例承担费用，肖某须提供相关活动费用证明；李某抚养费按月支付，于每月第5个自然日前将当月抚养费支付给肖某，并一直支付到李某甲大学毕业独立工作生活为止；若有任意一期李某未按约足额支付抚养费，则李某同意变卖山东省招远市某处房产用于偿付，此偿付在售出后7个自然日内一次性支付所有欠款，并自愿承担违约责任，违约金按照中国人民银行同期逾期贷款利息标准计算，肖某可以就全部未付金额即时向法院起诉，并有权参照上一年度抚养费金额要求李某一次性预付剩余年度抚养费。李某同意单独支付李某甲2019年上半学年学校收取的学费，共计人民币60000元，此费用将在入学前直接转入学校账号。离婚协议书另对其他事项进行了约定。

2018年12月至2019年7月，李某已按照50%的比例向李某甲支付以下项目费用，共计71807元：钢琴课及相关费用、英语阅读课、生日蛋糕及送礼、班费及学校学杂费、学校早点费、书籍、春夏校服费、芭蕾课及考级标准服装费、2019年年度校车费用、羽毛球课及集训、旱地冰球课程及相关费用、牙医相关费用、美术课、街舞课、年度商业保险、轮滑球课程及相关费用、游美夏令营、泉州古建筑游学团及机票、机器人学校集训、暑期机票及高铁费、室内滑雪兴趣班及集训、千岛湖夏令营交通费、玛蒂尔达音乐剧、2018年12月、2019年1月及2019年7月的餐费。

除上述费用外，2018年12月至2019年7月，原告还发生如下费用：书籍62元、电动牙刷牙膏276元、衣服777元、零食165元、芭蕾考级费用495元、机票（长春）1460元、钙铁锌口服液184元、摇滚学校音乐剧780元、展览300元。

2019年8月至11月，原告发生如下费用：旱地冰球相关费用4740元、牙医费1200元、钢琴课6828元、学校学费及学杂费62500元、班费500元、书包文具及服装2749元、羽毛球课程费用4500元、护眼灯1999元、芭蕾学费及鞋子费用3203元、舞台剧560元、艺术展320元。

另查明,被告已支付原告2019年上半年的学费60000元。2019年8月至11月,被告每月向原告支付抚养费8333元,共计33332元。

2018年11月至2019年7月,被告的工资收入情况为20580.11元至48728.56元不等。

2020年4月30日,被告与案外人某科技公司解除劳动合同,并办理退工手续。该公司向被告支付服务年限经济补偿52588元以及额外经济补偿120333.33元。

裁判结果

上海市闵行区人民法院于2020年5月26日作出判决:被告李某向原告李某甲支付截至2019年11月底的抚养费24381元;被告李某自2019年12月起至2033年6月止,于每月5日前向原告李某甲支付当月抚养费10000元;驳回原告李某甲的其余诉讼请求。宣判后,李某甲不服,提起上诉。上海市第一中级人民法院于2020年10月23日作出判决:驳回上诉,维持原判。

典型意义

本指导案例对于大额抚养费的认定有一定的借鉴意义。

法院生效判决认为:本案中,原告主张的抚养费金额虽高至本市月最低工资标准的五倍,但该主张具有未成年人既有生活消费水平居于高位、抚养人具有负担能力和负担意愿的事实基础,故在抚养费金额的认定上应依次进行如下审查:

1. 审查抚养人之间就子女抚养费约定的具体内容

原告的母亲肖某与被告李某签订的离婚协议书就原告应支付的抚养费进行了约定,协议真实有效,对双方均具有约束力。对于原、被告发生分歧的各项费用,应根据离婚协议书中的约定,结合费用的性质以及合理性等实际情况予以不同处理。

(1) 存在明确约定的情形

父母双方就子女抚养费的支付标准、支付条件以及支付方式存在明确约定的,即便该约定明显高于当地一般生活水平,原则上不应予以推翻。本案中，对于原告2019年8月至11月因就学、医疗发生的牙医费用、学费、班费合计64200元，因双方对该费用的负担具有明确约定，根据离婚协议书的约定，应当由被告按照50%的比例承担，故，原告所提主张符合双方约定，法院予以支持。对于被告支付的2019年上半年的学费60000元，根据离婚协议书的约定，应当由被告承担，故，法院予以确认。对于2019年12月起被告应承担的抚养费，现原告要求被告按年支付固定金额的抚养费，被告虽就抚养费金额及付款方式提出异议，但亦认可按固定金额支付，系双方变更离婚协议书载明的按50%比例结算各笔费用的支付方式的合意，法院予以采纳。

(2) 未作约定或约定不明的情形

对于抚养费的支付标准、支付条件、支付方式等没有约定或存在理解歧义的情形下，则应从文义解释的角度，并结合抚养人的实际生活、教育、医疗等需要，就其主张的合理性与否进行严格审查。

2. 审查被抚养的未成年人实际生活和教育需要

在抚养人之间未约定或约定不明的情形下，高额抚养费的争议焦点集中于未成年人教育培训方面的高频开支是否合理以及实际抚养一方有无履行必要的告知义务。本案中，原告作为在读小学生，其参加的兴趣班、培训班、夏令营活动十余项之多，可谓"精英化教育"，在进行费用认定时应根据培训费的参与情况予以区分。

(1) 对约定时既已参加的培训费用

对于约定时既已参加的培训项目支出，应考虑到该费用支出并未超出抚养人的合理预期，为保证未成年人接受教育的持续性和连贯性，将父母婚姻关系的解除对未成年人的生活影响降到最低，原则上该部分费用主张的合理性应予以支持。本案中，对于原告2019年8月至11月，因旱地冰球、钢琴、羽毛球、芭蕾兴趣班发生的相关费用以及2019年1月原告支出的芭蕾考级费、冬令营（长春）机票合计21226元，上述课外活动系肖某与被告离婚前，原告已确认参加的，且因兴趣班衍生的比赛费用、交通费用、护具等配套用具的费用，确系原告因参加兴趣班所实际产生的费用，金额及用途尚属合理，亦未超出合理预期。故，根据离婚协议书之约定，上述费用应当由被告按照50%的比例承担。

（2）对约定时尚未参加的培训费用

对于约定时尚未参加的培训费用，则应以抚养人之间充分协商为前提，这既保障了抚养费支付一方享有与支付义务相关的知情权，又尊重了未实际抚养的一方参与子女教育的权利。此情形下，实际抚养一方负有当然的告知义务，其主张费用时应就向对方履行了告知义务，且征得了对方同意进行举证，并承担举证不能的责任。如抚养人之间未协商或协商不成，实际抚养一方仍坚持支出的费用，应视为其自愿为子女负担的部分，不宜划入未实际抚养一方的抚养费分担范围。本案中，在被告不同意为原告安排太多课外兴趣班的情形下，要求被告分担现有全部课外兴趣培训班费用不尽合理。对于2018年12月至2019年11月，原告因购买书籍、电动牙刷、服装、零食、钙铁锌口服液、护眼灯、书包文具以及观看舞台剧、艺术展所产生的费用，以及原告主张的保姆费、餐饮费，离婚协议书对此并未作明确约定，且相关费用的支出亦未事前征得被告的同意，原告要求被告按照50%的比例支付上述费用的主张，法院难以支持。当然，对于兴趣培训班投报较多的情形，必要时，可结合未成年人所处的年龄层次、教育阶段，做出是否征询未成年人意见的选择。同时针对该征询意见，就费用主张的合理性进行判断。

3. 审查支付抚养费一方的实际负担能力

对于实际负担能力的标准判断，应从义务人的收入水平和财产状况两个方面予以考察。其中，义务人的实际收入水平客观上可能存在浮动性和不确定性，但合理范围内的波动不应对抚养费的支付标准产生影响，有无负担能力不能单纯考察某一时间节点的收入水平，而应对支付义务人的整体收入能力进行判断，短暂性的工作调整致使收入减少并非必然导致抚养费标准的调低。支付义务人存在固定资产或其他财产性收益的情形下，也应视为具有负担能力。本案中，对于被告的负担能力，不能单纯地以其当前失业的状态加以判断，应结合其失业原因以及所从事行业收入水平等因素予以认定，且被告现亦同意支付每年100000元的抚养费。本案的特殊性在于原告的教育费所需较高，但其父母一定程度上具有相应的负担能力，且系其父母离婚前已形成的费用水平，根据原告现有的教育费用，并结合一般生活水平所需的生活费及医疗费，法院酌定被告每年应承担原告抚养费120000元，由被告于每月5日前向原告支付当月抚养费10000元。

案例 19　孟某 2 诉孟某 1 抚养费纠纷案[①]

基本案情

原告孟某 2 系被告孟某 1 与丁某某婚生子女，孟某 1 与丁某某于 2019 年 7 月 10 日协议离婚。离婚协议约定原告孟某 2 由丁某某抚养，孟某 1 不支付抚养费。但离婚后，丁某某身体出现问题，时常晕倒以致不能正常上班工作，生活收入有所减少，已不能维持原告正常生活开支。随着原告年龄慢慢长大，各项开支也与日俱增，丁某某生活压力变大，希望孟某 1 能支付孟某 2 抚养费。

裁判结果

一审法院经审理认为，根据《民法典》第 1085 条的规定，子女抚养费的数额，可根据子女的实际需要、父母双方的负担能力和当地的生活水平确定，孟某 2 有权要求孟某 1 支付抚养费。2019 年 7 月 10 日，丁某某与孟某 1 协议离婚时约定孟某 1 不支付抚养费，距离本次诉讼已有两年，随着孟某 2 年龄的增长，生活开支增加，原告母亲丁某某因身体问题已不能维持原告正常生活开支，故其有权要求孟某 1 支付相应抚养费。本案一审法院判决孟某 1 从本判决确定的日期开始，至孟某 2 独立生活时止，每月支付孟某 2 抚养费 800 元。孟某 1 不服，上诉至中级人民法院，二审法院经调解，孟某 1 每月支付孟某 2 抚养费 500 元至孟某 2 独立生活。

典型意义

未成年人的父母根据自己的真实意思表示签订离婚协议，就自身条件和实际情况对子女抚养问题作出了明确约定，是合法有效的，双方应当遵守诚实守信原则，按离婚协议的约定履行各自的义务。但如果双方的情况较离婚时发生重大变化，直接抚养子女一方也能举证证明其生活存在明显困难，那么子女在必要时向另一方父母提出超过协议或判决原定数额的合理要求，是符合法律规定的。人民法院受理该类案件后，需要重点审查父母双方的经济

[①] 摘自《离婚约定不付抚养费，之后还能追要吗？》，载微信公众号"山东高法"2022 年 8 月 3 日，https：//mp.weixin.qq.com/s/hgrAtBVf0at2PbP71Lu6pg，2024 年 4 月 20 日访问。

情况有无变化，子女的生活费和教育费是否确有增加的必要，从而作出变更或者维持原协议的判决。

三、规范指引

1. 法律
《民法典》
第 1067 条 父母不履行抚养义务的，未成年子女或者不能独立生活的成年子女，有要求父母给付抚养费的权利。

成年子女不履行赡养义务的，缺乏劳动能力或者生活困难的父母，有要求成年子女给付赡养费的权利。

第 1085 条 离婚后，子女由一方直接抚养的，另一方应当负担部分或者全部抚养费。负担费用的多少和期限的长短，由双方协议；协议不成的，由人民法院判决。

前款规定的协议或者判决，不妨碍子女在必要时向父母任何一方提出超过协议或者判决原定数额的合理要求。

《未成年人保护法》
第 108 条 未成年人的父母或者其他监护人不依法履行监护职责或者严重侵犯被监护的未成年人合法权益的，人民法院可以根据有关人员或者单位的申请，依法作出人身安全保护令或者撤销监护人资格。

被撤销监护人资格的父母或者其他监护人应当依法继续负担抚养费用。

2. 司法解释
《民法典婚姻家庭编司法解释（一）》
第 42 条 民法典第一千零六十七条所称"抚养费"，包括子女生活费、教育费、医疗费等费用。

第 49 条 抚养费的数额，可以根据子女的实际需要、父母双方的负担能力和当地的实际生活水平确定。

有固定收入的，抚养费一般可以按其月总收入的百分之二十至三十的比例给付。负担两个以上子女抚养费的，比例可以适当提高，但一般不得超过月总收入的百分之五十。

无固定收入的，抚养费的数额可以依据当年总收入或者同行业平均收入，参照上述比例确定。

有特殊情况的，可以适当提高或者降低上述比例。

第 50 条 抚养费应当定期给付，有条件的可以一次性给付。

第 51 条 父母一方无经济收入或者下落不明的，可以用其财物折抵抚养费。

第 52 条 父母双方可以协议由一方直接抚养子女并由直接抚养方负担子女全部抚养费。但是，直接抚养方的抚养能力明显不能保障子女所需费用，影响子女健康成长的，人民法院不予支持。

第 53 条 抚养费的给付期限，一般至子女十八周岁为止。

十六周岁以上不满十八周岁，以其劳动收入为主要生活来源，并能维持当地一般生活水平的，父母可以停止给付抚养费。

第二节　变更抚养费标准的裁判规则

一、一般裁判规则

子女抚养费的确定，既可以在协议离婚的时候，由夫妻双方经过协商而定；也可以在诉讼离婚的时候，由法院判决。无论采用哪种方式，从开始给付抚养费到给付义务的消失，常会经历较长的时间跨度，在此期间，社会经济条件的发展、子女教育医疗的需要、父母负担能力的变化都会影响抚养费的需求以及父母支付抚养费的能力。为确保未成年人利益的最大化，法律赋予了未成年人申请变更抚养费的权利。

《民法典婚姻家庭编司法解释（一）》第 55 条规定，子女要求增加抚养费的，应当另行提起诉讼。从《民事诉讼法》的规定来看，裁判发生法律效力后，发生新的事实，当事人再次提起诉讼的，不适用一事不再理原则，人民法院应当依法受理。需注意的是，新的事实为生效裁判发生法律效力后发生的事实，而不是原生效裁判未查明或涉及的事实，亦不是当事人在原审中未提出的事实。实践中，无论是依据协议还是判决，对抚养权的归属和对抚养费的确定都只是一种法律上的安排，以最大化保护未成年子女的合法权益为原则，当事人主张对抚养费的给付作出变更时，人民法院应予受理。在诉讼主体方面，基于子女是抚养费请求权的法定主体，主张权利提起诉讼的原告是未成年的子女，而被告则应是父母中的一方或双方。因未成年人不具有或不完全具有民事行为能力，故其在提起诉讼时必须要有法定代理人代为诉讼。

子女在必要时要求父母增加抚养费，是其一项重要权利。协议不成时，子女可以向法院起诉。子女能够举证证明存在下列情形之一，父或母又有给付能力的，人民法院应予支持：（1）原定抚养费数额不足以维持当地实际生活水平的；（2）因子女患病、上学，实际需要已超过原定数额的；（3）有其他正当理由应当增加的。审判实践中，应着眼于未成年人的合理需求，既排斥奢侈性的抚养费请求，也避免过低的抚养费给付，遵循未成年人利益最大化原则。因此，在每月支付的固定数额抚养费之外另行主张增加子女抚养费用请求是否应予准许，应当考虑：首先，该请求是否符合未成年人的利益以及是否有相应的法律依据；其次，该请求是否属于因未成年人合理需求产生的支出，法律不鼓励超前的或者奢侈的抚养费需求；最后，夫妻的经济能力与实际负担义务，相应费用若由一方负担是否会导致夫妻双方义务负担的不平衡。

案例20　丁某某诉丁某抚养费纠纷案[①]

基本案情

丁某某出生于2007年6月，与丁某系父女关系。2008年11月，丁某某的父母协议离婚。离婚协议约定：丁某某随同母亲生活，丁某某所有费用由父母共同承担。丁某每月支付生活费人民币（以下币种均为人民币）1000元，丁某某的教育费、医疗费等其他费用由双方各承担50%（含无发票的费用），每月按实结算一次，男方应在给付生活费的同时将此款一起给付女方等。

[①] 摘自《最高人民法院2014年11月24日发布未成年人审判工作典型案例98例》之案例七十二，载最高人民法院网站，https://www.court.gov.cn/zixun/xiangqing/13447.html，2024年4月20日访问。

2012年5月，丁某某曾就抚养费纠纷向法院提起诉讼，法院作出判决：丁某补付丁某某2009年1月至2011年12月的生活费3600元（每月按1100元计算）；丁某给付丁某某医疗费5622.30元、教育费1730元。2013年12月，丁某某再次诉至法院，要求丁某自2012年1月起将每月生活费标准调整为1200元，并支付2012年2月至2013年9月的医疗费450.65元及2012年2月至2013年12月的教育费9416.50元。

另查明，自上述判决生效后至本案起诉时，丁某已每月给付生活费1100元。2012年2月至2013年9月产生医疗费901.30元。2012年4月至2013年12月产生教育、培训费用17461元。

裁判结果

一审判决：(1) 丁某补付丁某某2013年1月至12月的生活费1200元（每月按1200元计算）；(2) 自2014年1月起，丁某每月给付丁某某生活费1200元，至丁某某18周岁止；(3) 丁某给付丁某某医疗费450.65元、教育费8730.50元；(4) 丁某某的其他诉讼请求，不予支持。一审判决之后，丁某某不服，提起上诉。

上海市第二中级人民法院少年庭经审理认为，虽然双方存在教育费各半负担的协议，但教育费已经客观发生，应从据实结算教育费的绝对数额与当事人意思自治平衡出发来考虑。故，补充指出，据实结算教育费并不能绝对化，应当兼顾当事人的实际负担能力及未成年子女的身心健康、实际教育需求。对涉及丁某某以后的教育费用，丁某某的父母应当事先沟通，以求达成一致意见，为丁某某今后的生活和学习提供一个良好的环境。最终二审判决：准许上诉人丁某某撤回上诉；驳回上诉人丁某的上诉，维持原判。

典型意义

随着知识经济的发展，父母都不想让孩子输在"起跑线"上，对子女的教育越来越重视。《民法典》及相关司法解释对于教育费的增加虽设置了"合理要求"的弹性规则，然而对此规则如何运用法官理解存在差异。

本案中，丁某某父母在离婚时约定"据实结算"丁某某的教育费，然而丁某某之母在一年多时间内，让学龄前儿童丁某某参加了数种教育培训班，产生了17000余元的教育费,是否应据实结算教育费成为丁某某父母双方争议的焦点。因此,法院从据实结算教育费的绝对数额与当事人意思自治平衡出发作出判决。

本案的典型意义在于,当法律规定为"合理要求"这种不确定概念时,法官应用类型化的方法区分出教育费增加司法裁量可能面临的两种困境,通过平衡未成年子女实际教育需要与父母负担能力、合理解释当事人意思表示及强化法官说理论证义务等,最终实现未成年人合法权益保护最大化。

二、特殊裁判规则

申请减少抚养费的裁判规则。离婚后,不直接抚养子女一方如出现了失业、疾病等经济收入显著下降的情形,无力承担原协议、调解或判决确定的抚养费数额,且就变更抚养费无法达成新的一致意见时,往往诉至法院要求减少抚养费。但是《民法典》及司法解释并未明文规定父或母在何种条件或情形下可向法院申请降低抚养费。根据司法经验,存在以下情形,申请降低抚养费的,应予支持:(1)给付义务人存在领取失业金等收入明显降低导致生活困难的;(2)给付义务人长期患病或丧失劳动能力,又无经济来源的;(3)给付义务人因违法犯罪被收监改造,失去经济能力无力给付的。需要注意的是,若给付义务人申请降低抚养费的情形消失后,仍有义务按照原协议约定或法院判决履行支付抚养费的义务。因此,在审理此类纠纷案件时,应当合理审慎处理,从最有利于未成年人利益出发,尊重协议、调解及判决确定的双方权利义务,严格审查给付义务人主张降低抚养费的合理事由,非因法定或约定事由,不得随意变更。

案例21 顾某诉小顾抚养费纠纷案[①]

基本案情

顾某与许某原系夫妻关系,婚后生育一子小顾。后二人协议离婚,双方

[①] 摘自《父亲起诉儿子要求降低抚养费,法院支持吗?》,载微信公众号"山东高法"2022年10月31日,https://mp.weixin.qq.com/s/_L9pQABpy98IQOC-TaXHbQ,2024年4月20日访问。

签订的《离婚协议书》约定：顾某与许某自愿离婚，儿子小顾的抚养权归许某，随许某生活，顾某每月5日向许某支付当月抚养费4500元至儿子大学毕业，协议中双方还对夫妻共同财产的处理进行了约定。后双方又签订《离婚补充协议》，对《离婚协议书》中夫妻共有房屋、债务的处理进行了变更，明确共有房屋归顾某所有，每月房贷15000元由顾某偿还。离婚后，顾某按照协议约定履行了14个月支付抚养费的义务，后顾某以自己做生意亏损严重、财务状况恶化、还贷压力大等为由，多次找许某商量减少抚养费数额事宜，许某未同意。因此，顾某以小顾为被告，诉至法院，请求判令变更抚养费金额为每月2000元。

许某作为小顾的法定代理人辩称，小顾每月生活费、学费等花销很大，自己打工的收入难以抚养；顾某做生意月入十几万元，有多套房子，前两个月还新买了价值几十万元的车辆。离婚协议中明确约定抚养费为4500元，不同意减少。

裁判结果

本案的争议焦点是：顾某需要支付的抚养费数额应否减少？法院经审理认为，顾某与许某签订的《离婚协议书》《离婚补充协议》系双方真实意思表示，内容不违反法律的强制性规定，现双方已离婚，上述协议对双方均具有约束力，双方均应依约履行。协议书中约定的抚养费金额为每月4500元，补充协议也未对该金额作出变更，可见该金额系双方根据两人的具体情况、孩子的实际需要及顾某的负担能力等多方面因素综合考量后协商一致的结果，在不存在支付方经济状况明显恶化、劳动能力明显降低等特定情形时，双方离婚时约定的抚养费数额不应降低。

顾某称其每月有房贷、车贷要还，但双方签订的《离婚补充协议》中即约定由顾某每月偿还房贷15000元，可见双方约定抚养费金额4500元时亦考虑了房贷因素。而离婚后顾某又贷款购车，说明其有能力在负担其他费用的基础上支付购车首付款及负担车贷，退一步而言，如确实负担车贷有困难，车并非生活必需品，其完全可以通过变卖车辆的方式解决。顾某称其做生意亏损巨大，但未提供充分证据予以证明，法院不予采信。

综上，法院认为顾某请求降低抚养费金额缺乏事实及法律依据，对其诉讼请求，不予支持。最终，法院依法判决驳回了顾某的诉讼请求，判决作出后，双方均未上诉，现该判决已生效。

> **典型意义**

《民法典》及司法解释明确了支付抚养费系父母的法定义务，抚养费的确定规则以父母双方的协议为主，判决为辅。为保障未成年人的合法权益，《民法典》第1085条第2款规定，未成年子女在必要时可以请求父母增加抚养费数额以保障其合理的生活、学习需求。但《民法典》及相关司法解释并没有规定父母在特定情况下享有减少抚养费的请求权。因此，减少抚养费的诉求缺乏法律依据，在审判实践中，人民法院对此多为不予支持。

但是实践中，参照《民法典》第533条关于情势变更原则的规定，如给付义务人确因客观原因导致其经济收入长期性、明显性降低，并致使其难以维持当地正常生活水平，如给付方领取失业金、生活困难；长期患病或丧失劳动能力又无经济来源等，前述情形如有充分证据证明的，则法院根据实际情况适当减少抚养费也具有合理性。

需要指出的是，婚姻家庭关系具有人身属性，离婚协议并不能等同于普通合同。抚养费设置的目的是保障未成年人的成长，抚养费数额的多少直接关乎未成年人的切身利益，无论减少抚养费请求是否存在合理性，法院审判此类案件首先要遵循的就是未成年人利益最大化原则。作为父母双方，更应站在保护未成年人的角度，友好协商抚养事宜，履行好为人父母的职责，共同守护孩子健康成长。

三、规范指引

1. 法律

《民法典》

第533条 合同成立后，合同的基础条件发生了当事人在订立合同时无法预见的、不属于商业风险的重大变化，继续履行合同对于当事人一方明显不公平的，受不利影响的当事人可以与对方重新协商；在合理期限内协商不成的，当事人可以请求人民法院或者仲裁机构变更或者解除合同。

人民法院或者仲裁机构应当结合案件的实际情况，根据公平原则变更或者解除合同。

第1085条 离婚后，子女由一方直接抚养的，另一方应当负担部分或者全部抚养费。负担费用的多少和期限的长短，由双方协议；协议不成的，由人民法院判决。

前款规定的协议或者判决，不妨碍子女在必要时向父母任何一方提出超过协议或者判决原定数额的合理要求。

2. 司法解释

《民法典婚姻家庭编司法解释（一）》

第55条 离婚后，父母一方要求变更子女抚养关系的，或者子女要求增加抚养费的，应当另行提起诉讼。

第58条 具有下列情形之一，子女要求有负担能力的父或者母增加抚养费的，人民法院应予支持：

（一）原定抚养费数额不足以维持当地实际生活水平；

（二）因子女患病、上学，实际需要已超过原定数额；

（三）有其他正当理由应当增加。

第三节 典型、疑难问题解析

一、成年子女追索抚养费是否应受到诉讼时效限制

父母自子女出生到成年对孩子都有抚养的义务，因此，子女要求父母抚养是一种持续的权利，而父母抚养子女也是一种持续的义务，故追索抚养费不应受到诉讼时效的限制。《民法典》第196条亦规定了请求支付抚养费的请求权不适用诉讼时效的规定。笔者认为，上述规定需结合《民法典》的规定进行系统、综合地分析，即行使请求权主体为未成年子女的，不适用诉讼时效的规定；行使请求权主体为成年子女的，仍应适用诉讼时效的规定。

上述规则的理由主要有两点：第一，根据《民法典》第1067条第1款、

《民法典婚姻家庭编司法解释（一）》第 53 条的规定，除了不能独立生活的成年子女外，抚养费的给付期限，一般至子女十八周岁为止。十六周岁以上不满十八周岁，以其劳动收入为主要生活来源，并能维持当地一般生活水平的，父母可以停止给付抚养费。故，子女有权要求父母支付抚养费的期间通常为自子女出生时起至子女成年时止。在上述期间内，抚养费请求权基于亲子身份关系产生，关乎到未成年子女的权利保护与生存保障，实质上是一种具有人身属性的持续性债务，而此期间内排除诉讼时效规定的适用，更有利于保护未成年人的合法权益。但随着子女成年后，相应具备独立生活能力，抚养费所体现的法益不复存在，子女向父母主张支付抚养费的权利基础和法律依据也随之丧失，故，法律没必要再通过排除诉讼时效规定的适用来实现对子女的特殊保护。第二，与未成年子女不同，成年子女是完全民事行为能力人，具有足够的能力认识并自主决定在抚养费的法定债权受到侵害时，是否通过诉讼手段向父母进行追索，故法律没有再对其进行特殊保护的理由。

因此，成年子女抚养费请求权仍应适用诉讼时效的规定，且诉讼时效应当自子女 18 周岁成年之日起开始起算，除非子女能举证证明其知道或应当知道抚养费债权被侵害的事实之日，实际晚于满 18 周岁之日。倘若成年子女在《民法典》规定的 3 年诉讼时效期间内仍不主张权利的，属于自由处分权利或自我懈怠情形，应当承担丧失胜诉权的不利后果。

案例 22　彭某 1 诉刘某某抚养费纠纷案[①]

基本案情

原、被告原系同居关系，彭某 2 系两人之子（2001 年 8 月 27 日生）。彭某 2 出生后，由原告抚养，随原告在上海杨浦区生活、学习。2018 年 6 月 15 日，彭某 2 与被告进行了亲生血缘关系的鉴定，结论为刘某某是彭某 2 的生物学父亲。原告支付了鉴定费 4800 元。2018 年 9 月 7 日，彭某 2 向本院起诉刘某某，要求其支付抚养费，经本院调解，被告刘某某自 2018 年 10 月起

[①] 摘自上海市奉贤区人民法院（2019）沪 0120 民初 11847 号民事判决书。

每月 10 日前向彭某 2 支付抚养费 1200 元至其 18 周岁止。2018 年 9 月 21 日，刘某某出具承诺书，言明让彭某 2 的户口落在刘某某户籍的户口簿上，刘某某目前住户房屋若动迁，分配给彭某 2 应得份额（确保不低于 45 平方米），若违反上述承诺，被告赔偿 520800 元抚养费给原告作为 17 年的赔偿。同时，彭某 1 承诺，由于被告承诺上述事项，其向本院起诉的追讨 17 年抚养费案件撤诉，监护权变更至刘某某名下。同年 10 月 8 日，原告向本院提出撤诉，本院裁定予以准许。2018 年 11 月，经上海市杨浦区人民法院调解，彭某 2 自 2018 年 11 月起随被告刘某某共同生活。现原告主张，自 2001 年 8 月 27 日彭某 2 出生始至 2018 年 9 月止，被告除曾经支付的 1000 元外，未支付过任何抚养费，故，由被告支付该段期间抚养费。被告认为，彭某 2 10 周岁之前，被告一遇到彭某 2 就会给付抚养费，具体数额不清楚，鉴定是为了彭某 2 落户而做的，现在公安机关不准许迁户口，所以其无法履行承诺。

裁判结果

法院认为，本案的争议焦点有两个：一是本案是否已过诉讼时效？二是被告是否尽到抚养义务，是否需要偿付原告相关垫付抚养费用？

关于争议焦点一，法院认为，抚养费给付请求权是基于身份关系而产生的，具有人身属性。该债务系一种持续性债务，在子女未成年之前，这种给付之债处于持续状态。只有当子女年满 18 周岁后，这种给付之债的义务履行期限才截止，故诉讼时效应当在此时开始计算。被告辩称，彭某 2 出生于 2000 年 8 月，但彭某 2 的出生证明、户籍资料、身份证均显示其出生于 2001 年，且本案之前，原、被告历经数次诉讼，数次诉讼中均确认彭某 2 出生于 2001 年，被告亦未持异议。即使彭某 2 出生于 2000 年 8 月，截至目前其仍未满 18 周岁，故被告本案已过诉讼时效的辩解，本院不予采信。

关于争议焦点二，父母对子女有抚养、教育的义务。父母不履行抚养义务时，未成年或不能独立生活的子女，有要求父母付给抚养费的权利。彭某 2 自出生起至 2018 年 11 月，一直随原告共同生活，除原告自认曾经给付抚养费 1000 元外，没有证据证明被告还承担过其他抚养义务，故，对原告要求被告补偿垫付的抚养费的诉讼请求，本院予以支持。但对于抚养费金额，综合考虑被告收入情况、彭某2生活居住所在地平均生活水平等，酌情确定为163000元。通过彭某2与被告亲生血缘关系鉴定，确认了彭某2与被告的父子关系，故，对于该支出鉴定费用，本院确定由原、被告各半负担。原告还主张被告支付律师费，于法无据，本院不予支持。

后法院判决：被告刘某某于本判决生效之日起十日内支付原告彭某1抚养费163000元；被告刘某某于本判决生效之日起十日内支付原告彭某1鉴定费2400元；驳回原告彭某1的其余诉讼请求。

典型意义

子女18周岁成年时，虽然抚养费所体现的未成年人生存保障与权利保护的法益已不复存在，但法律并没有规定子女成年就丧失抚养费请求权，且父母抚养义务的履行期限也于此时才截止，故自此应适用诉讼时效的规定。根据法定诉讼时效期间为三年的相关规定，成年子女主张此类请求权应当在其年满21周岁之前提出。

二、祖父母、外祖父母抚养孙子女、外孙子女是否构成无因管理

对于祖父母代为抚养照顾未成年孙子女的行为性质，司法实践中存在争议。第一种观点认为，这是基于血缘亲情的不求回报的自愿资助赠与行为；第二种观点认为，抚养义务人（父母）在明知且未表示异议的情况下，父母与祖父母之间形成默示的委托合同关系；第三种观点认为，父母与祖父母之间形成无因管理。司法实践中，涉及未成年人的无因管理案件，主要有三种类型：一是未成年人的祖父母向父母追讨抚养照顾未成年人支出的抚养费、择校费等；二是祖父母协助照顾未成年孙子女而向其父母主张劳动报酬；三是未办理收养手续的养父母，向亲生父母追讨抚养照顾未成年人支出的抚养费。

实务中，对涉及抚养照顾未成年人的无因管理纠纷案件的审理虽然存在争议，但法院对此类案件的裁判也并未排斥对无因管理的适用。此类案件审理的裁判思路在于：对抚养照顾未成年人的行为性质的认定，应根据具体案情，结合无因管理的法定构成要件进行综合判断，不可一概而论。主要可从以下三个方面考虑：

1. 判断有无法定或约定的义务

（1）适用无因管理需排除法定义务

无因管理的构成以管理人无法定或约定的义务为前提。祖父母对未成年人的抚养照顾，是否构成无因管理，需要排除委托监护以及判断有无法定之义务。若行为人基于法定或约定的义务而管理未成年人事务，则阻却无因管理的成立。目前，基于法定义务而排除无因管理的主要有以下两种情况：其一，父母已经死亡或者父母无力抚养的。根据《民法典》第1074条第1款的规定，有负担能力的祖父母、外祖父母，对于父母已经死亡或者父母无力抚养的未成年孙子女、外孙子女，有抚养的义务。其二，共同生活的成年家庭成员对未成年人的协助照顾。《未成年人保护法》第15条第2款规定，共同生活的其他成年家庭成员应当协助未成年人的父母或其他监护人抚养、教育和保护未成年人。此款规定回应了现实需求即大多数家庭，父母双方都需要工作，共同生活的祖父母或外祖父母协助照顾未成年孙子女，实属常态，明确其对未成年人的协助照顾义务，不仅有利于厘清隔代协助照顾的法律关系，使其不再陷入无偿委托、无因管理抑或基于血缘亲情的道义行为之争，也有利于最大化保护未成年人合法利益。

（2）适用无因管理需排除委托监护

无因管理与委托监护在适用上呈现相互排除的关系，即当事人之间有委托合同，则不能适用无因管理；排除委托监护，无因管理才能成立。如父母外出务工，委托祖父母、外祖父母或其他亲友代为照顾未成年人的，形成了委托关系，此时，不构成无因管理。有观点认为，祖父母一直抚养照顾未成年人，未成年人的父母明知且未表示异议，则构成默示的委托合同关系。此说法不能成立。委托是建立在委托人与受托人之间达成合意的基础上的，且我国《民法典》并无默示委托合同之规定。

2. 受益人的真实意思违法之例外

以管理事务的承担是否符合受益人的真实意思，可将无因管理区分为"适法无因管理"与"不适法无因管理"。依据《民法典》第979条第2款前半句，"管理事务不符合受益人真实意思的"，不发生适法无因管理效果，由此反推，适法事由之一为"合乎受益人真实意思"。管理人承担管理事务时不符合受益人的真实意思，构成不适法无因管理，但是受益人的真实意思违反法律或违背公序良俗的除外。

即使管理事务不符合受益人的真实意思,但是受益人的真实意思违反法律或违背公序良俗时,管理人也享有无因管理请求权。如私法上的抚养义务及公法上的税负都有可能给义务人带来负担,为了维护社会公共利益及鼓励履行法律上的义务,使得伸出援手的道义者或热心公益者无所顾忌,故虽违反受益人的真实意思亦构成适法无因管理。此类案件中,父母不愿意履行法定抚养义务,祖父母代为抚养照顾未成年人并垫付抚养费用,此种行为虽不符合传统概念中对无因管理制度的理解,但作为受益人的真实意思违反法律或公序良俗的例外情形,也应被认定为适法的无因管理。

3. 祖父母垫付的抚养费属于因管理事务而支出的必要费用

无法定或约定义务时,祖父母抚养照顾未成年孙子女,如何向孙子女的父母追讨垫付的抚养费?祖父母并非未成年人的法定代理人,其主张未成年人的抚养费的请求权基础是什么?(非合同之债、非不当得利之债)

依据《民法典》第1067条的规定,父母不履行抚养义务的,未成年子女或不能独立生活的成年子女,有要求父母给付抚养费的权利。而依据《民法典》第23条的规定,无民事行为能力人、限制民事行为能力人的监护人是其法定代理人。那么,未成年子女的监护人也是其法定代理人。当父母同时为未成年人的监护人及法定代理人时,祖父母无法代理未成年人主张抚养费。我国《民法典》基于鼓励社会互助之目的,规定了无因管理制度。而无因管理能够从制度上提供对管理人的经济补偿,管理人据此获得主张垫付的未成年人抚养费的偿还请求权,也能从客观上更好地督促抚养义务人履行法定的抚养义务,为未成年人利益多提供一重保障。

《民法典》第979条第1款规定,管理人没有法定的或约定的义务,为避免他人利益受损失而管理他人事务的,可以请求受益人偿还因管理事务而支出的必要费用。必要费用,是管理上不可或缺的费用支出,源于管理他人事务而带来的直接支出,且应以管理活动当时的客观情况决定。管理人支出的费用是否为必要费用,应依支出时的客观标准确定,而非由受益人主观上确定。当未成年人的抚养义务人有抚养能力而怠于履行抚养义务时,管理人代为抚养照顾未成年人,为保障未成年人合法利益所支出的生活费、医疗费、教育费等抚养费,属于必要的费用支出,管理人有权请求抚养义务人偿还。

案例 23　罗某某诉张某某、周某某抚养费纠纷案[1]

基本案情

原告（上诉人）罗某某诉称：张某甲，于 2006 年 9 月 6 日出生，系被告张某某、周某某的婚生子女。原告罗某某系张某甲祖母、张某某之母，张某甲自出生后一直由罗某某抚养。2013 年 3 月 20 日，张某某、周某某协议离婚，约定张某甲由张某某抚养，周某某不支付抚养费。张某某与罗某某口头约定，张某甲继续跟随罗某某生活，张某某每月向罗某某给付张某甲的抚养费 1000 元。张某某按照该标准仅支付了 2016 年 4 月至 11 月的抚养费。2019 年 2 月，罗某某与张某某因家庭事务发生纠纷，张某某以给父亲张某乙治病花费了一定的医疗费，经济困难为由，未主动向罗某某支付抚养张某甲的费用，罗某某与张某某多次协商无果。2019 年 7 月，罗某某向法院起诉。张某某在案件一、二审中均表示今后张某甲由张某某自行抚养，不再由罗某某抚养。罗某某抚养张某甲系无因管理，而非自愿资助行为。张某甲自出生便由罗某某一直在照顾抚养，罗某某为张某甲购买奶粉、衣物等生活用品，并垫付医疗费，后两被告张某某、周某某因感情破裂而离婚，约定张某甲由被告张某某抚养。但张某甲依然跟随罗某某生活，由罗某某抚养照顾。罗某某在抚养张某甲期间，承担了生活费、教育费、医疗费等费用，经多次向两被告讨要均无果。遂请求：（1）张某某、周某某支付罗某某垫付的张某甲 12 年的抚养费共计 20 万元；（2）张某某、周某某从 2019 年 2 月起每月按时支付张某甲的生活费、医疗费、教育费等 1500 元。

被告（被上诉人）张某某辩称：张某甲从出生后主要随原告生活，双方对相关费用未作约定。原告要求张某某、周某某每月支付抚养费 1500 元，其请求过高。另外，原告提出其垫付相关费用 20 万元，没有事实依据，请依法驳回该项诉讼请求。

被告（被上诉人）周某某辩称：张某甲自出生主要随原告生活，双方对相关费用未作约定，原告提出其垫付相关费用 20 万元，没有事实依据，故其

---

[1] 摘自《全国法院优案评析丨祖父母代子女抚养孙子女是否构成无因管理》，载微信公众号"中国应用法学"2022 年 9 月 8 日，https：//mp.weixin.qq.com/s/ll6dEy_1FmWVjYJMgsOv5g，2024 年 4 月 20 日访问。

不应承担责任。张某某与周某某离婚，并约定张某甲由张某某抚养，周某某不承担抚养费，现原告要求周某某给付抚养费的请求不当，请依法驳回原告对周某某的诉讼请求。

法院经审理查明：罗某某系张某甲祖母。被告张某某、周某某婚后于2005年2月16日生育长女张某，2006年9月6日生育次女张某甲，张某甲主要由原告帮忙照顾，双方对生活开销、教育投资及医疗费用等未作约定。2013年3月20日，被告张某某、周某某离婚，协议约定张某、张某甲由张某某抚养，周某某不承担抚养费。此后，张某某与原告罗某某协商，张某甲仍随原告生活，被告张某某每月向原告支付现金1000元。2016年4月至11月，被告张某某自觉履行了给付义务。2019年2月，原告与被告张某某因家庭事宜发生纠纷，被告张某某以给父亲张某乙治病花费了一定的医疗费，经济困难为由，未主动向原告支付抚养张某甲的费用，罗某某与张某某多次协商无果。2019年7月，原告来院起诉，案件审理中调解无果。

裁判结果

重庆市合川区人民法院于2019年10月22日作出（2019）渝0117民初7112号民事判决：（1）由被告张某某在判决生效次月起每月5日前向原告罗某某支付照顾张某甲的报酬费1000元；（2）驳回原告罗某某要求被告张某某、周某某给付其抚养张某甲12年所垫付的生活费、医疗费、教育费20万元的诉讼请求；（3）驳回原告罗某某要求被告周某某按时支付张某甲生活费、医疗费、教育费的诉讼请求。

宣判后，罗某某不服，提起上诉。重庆市第一中级人民法院于2020年2月17日作出（2019）渝01民终10387号民事判决：撤销一审判决，改判如下：（1）张某某、周某某共同向罗某某支付张某甲2006年9月至2013年3月的抚养费共计39500元；（2）张某某向罗某某支付张某甲2013年4月至2020年2月的抚养费共计75000元。

法院生效裁判认为：父母对未成年子女负有法定的抚养义务，父母系未成年子女的法定抚养义务人。张某甲自出生后一直由祖母罗某某抚养照顾，在抚养照顾期间，罗某某垫付了生活费、医疗费、教育费等。张某某与周某某在婚姻关系存续期间均未支付过张某甲的抚养费。故罗某某要求张某某、周某某支付张某甲从出生至父母婚姻关系存续期间的抚养费，符合法律规定，应予支持。张某某与周某某在离婚协议中约定张某甲由张某某抚养，周某某不支付抚养费，故张某甲此后的抚养费应由张某某承担。罗某某系张某甲的祖母，并非其法定抚养义务人，而张某甲的法定抚养义务人张某某在案件审理中明确表示今后自行抚养张某甲，不再由罗某某抚养，故，为了未成年人的健康成长，自法院判决后张某甲由父亲张某某直接抚养，张某某不再向罗某某支付相关费用。

典型意义

从近年以无因管理为案由的案件来看，代为履行法定义务或公益上之义务已成为无因管理的一大主流。父母怠于履行法定抚养义务，管理人代为抚养照顾未成年人、垫付抚养费用，此种行为虽不符合传统观念对无因管理制度的理解，但作为受益人的真实意思违反法律或公序良俗之例外情形，在符合无因管理法定构成要件时也宜被认定为构成无因管理。这不仅能为善良管理人提供经济补偿，也能督促父母履行法定抚养义务，为保护未成年人合法利益筑牢法律防线。

三、当事人主张婚姻关系存续期间抚养费是否应支持

我国为法定婚后共同财产制，从共同财产的本质特征看，在夫妻婚姻关系存续期间，若无约定，一方的经济收入在所有权归属上应为夫妻共同财产，而子女抚养费无论是父母哪一方给付，均可视为父母共同履行抚养义务。但在实践中，夫妻双方在分居期间的财产收入实际已经相对独立，双方各自控制和支配使用自己占用的那部分财产，其财产状态类似于夫妻分别财产制或离婚后的财产关系。在此情况下，如果还认定为共同履行了抚养义务，势必会使一些父母以分居的名义逃避应尽的抚养义务。所以，从未成年子女利益最大化原则出发，不论父母是否离婚，父或母一方并未实际承担子女抚养费的，未成年子女当然享有抚养费请求权。

因婚内抚养费已基于一方履行抚养义务实际产生，其不同于离婚后抚养费的支付，所以，人民法院判定婚内抚养费支付的具体考量因素主要有：（1）夫妻分居期间，未与子女共同生活一方存在怠于履行抚养义务的情形；（2）夫

妻分居时间的长短；(3) 夫妻分居期间当地的实际生活水平；(4) 怠于履行方的实际经济承受能力；(5) 实际产生的抚养费数额等情况。

值得注意的是，支付抚养费并不是履行抚养义务的唯一方式。为子女购买生活用品、支付医疗费等费用，可视为已经履行相应义务；此外，为家庭生活支出的费用（如偿还家庭房屋贷款、车辆贷款等），也属于为子女创造生活条件的一部分，可视为履行抚养义务。因此，审判实践中，人民法院在综合考虑以上因素的前提下，仍应当根据个案的具体情况，结合实际妥善处理，确定婚内抚养费的最终给付数额。

案例 24　吴某某诉何某 1 离婚纠纷案[①]

基本案情

原告吴某某与被告何某 1 于 2004 年 1 月经人介绍认识，2004 年 2 月 1 日登记结婚，于 2005 年 4 月 2 日生育女儿何某 2、2007 年 2 月 17 日生育儿子何某 3，两个孩子一直跟随被告生活。原告分别于 2014 年 7 月 9 日、2015 年 5 月 22 日向法院提起离婚诉讼，要求与被告离婚，后法院经审理认为双方感情尚未破裂，故判决不准许双方离婚。在第二次离婚诉讼后，原告外出打工，双方自此分居生活至今。原告离家多年均未支付子女抚养费，现被告要求原告一次性支付自 2014 年起至两个孩子年满 18 周岁止的子女抚养费共计 168000 元。

裁判结果

广西壮族自治区兴业县人民法院经审理认为，原、被告系经人介绍认识并自愿登记结婚，但双方婚后缺乏有效沟通，未对夫妻感情加以珍惜，经常为家庭琐事争吵，双方感情趋于淡漠。原告两次提起离婚诉讼，经本院判决不准许双方离婚后，双方仍未能和好，一直保持分居状态，可见双方的矛盾已无法调和，夫妻感情确已破裂。故原告主张与被告离婚的诉请，符合法律规定，本院予以支持。

[①] 摘自徐小蕾：《夫妻分居期间婚内抚养费的给付问题——吴某某诉何某某离婚案》，载国家法官学院、最高人民法院司法案例研究院编：《中国法院 2022 年度案例·婚姻家庭与继承纠纷》，中国法制出版社 2022 年版，第 120~124 页。

关于女儿何某2、儿子何某3的抚养问题。应从有利于子女身心健康成长出发，并结合父母双方的抚养能力和抚养条件等具体情况妥善解决。本案中，何某2、何某3一直跟随被告生活，已形成了稳定的生活环境，不宜轻易改变，且两个孩子均表示要跟随被告生活。故女儿何某2、儿子何某3由被告何某1抚养为宜。

关于被告主张的婚内抚养费问题。原告在庭审中承认其自提起离婚诉讼后未再支付过孩子的抚养费，被告对此认可，故，本院予以确认。现被告要求原告一次性支付自2014年起至两个孩子年满18周岁止的子女抚养费共计168000元，该主张费用过高，且原告尚无能力一次性支付全部费用，综合考虑近几年当地生活水平和原告的实际经济承受能力等情况，酌定原告吴某某给付婚内子女被告何某1抚养费30000元。

离婚后，不直接抚养子女的一方仍应负担必要的抚养费，本院根据孩子的生活需要、原告的负担能力及当地的生活水平等因素酌定原告每月支付孩子的抚养费各400元，直至两个子女各自年满18周岁止。

法院判决如下：（1）准许原告吴某某与被告何某1离婚；（2）原告吴某某于本判决生效后十日内给付婚内子女被告何某1抚养费30000元；（3）原告吴某某与被告何某1生育的女儿何某2、儿子何某3由被告何某1抚养，原告吴某某在本判决生效后的每月28日前支付每个孩子的抚养费各400元，直至何某2、何某3各自年满18周岁止；（4）原告吴某某享有探望何某2、何某3的权利，探望的时间、地点、方式等具体事宜由原、被告自由协商。

典型意义

支付抚养费的目的就是为子女的健康成长和生存提供必要的物质保障。若夫妻一方不支付子女抚养费，而实际抚养子女一方又无法独立承担子女抚养费用，则会损害子女的合法权益，此时的婚内抚养费请求权尤为迫切。而离婚纠纷是复合之诉，如果此时还只能由未成年子女另案主张，即父母离婚后，直接抚养一方以未成年子女的名义，作为法定代理人再提起婚内抚养费的诉讼，这无疑既增加了当事人的诉累和浪费司法资源，又有损亲权关系。因此，在离婚纠纷中一并处理夫妻分居期间的婚内抚养费，有利于最大限度地保障子女权益，树立优良家风，弘扬家庭美德。

第七章　收养关系纠纷

收养，是指自然人依照法律规定的条件和程序，领养他人的子女为自己的子女，使本无血缘关系或者本无此种血缘关系的当事人之间产生法律拟制血亲亲子关系的民事法律行为。在收养行为中，收养他人子女的人为收养人，即养父母；子女为被收养人，即养子女；将子女送养的人或者机构为送养人，在我国它可能是生父母、其他监护人或者社会福利机构。收养行为的后果是产生法律拟制的父母子女关系。由于这种父母子女关系是由法律创设的，故理论上称其为拟制血亲关系。我国法律规定，养父母与养子女之间的权利义务关系，同亲生父母子女之间的权利义务关系完全相同。

收养作为一种民事法律行为，具有不同于其他民事法律行为的自身特征：

第一，收养是一种要式的民事法律行为。收养旨在变更亲子关系、转移亲子间的权利义务。它不但涉及当事人的身份、财产关系，还涉及公共利益。与其他国家一样，我国法律将其规定为要式法律行为。在实施收养行为时，意思表示必须依一定的方式作出。《民法典》第1105条规定，收养必须向民政部门登记，收养关系自登记之日起成立。

第二，收养是以变更父母子女关系为目的的民事法律行为。收养生效后，收养人与被收养人之间产生父母子女间的身份与权利义务关系，而被收养人与其生父母之间的父母子女身份、权利义务关系随之消除。收养使得父母子女关系的主体发生变更，父母子女间的权利义务在不同的主体之间发生转移，其内容不变。收养是民事法律行为，故，其与寄养有着本质的区别。在现实生活中，有些父母和孤儿的监护人由于各种原因，将孩子委托给亲友抚养。《民法典》第1107条规定，"孤儿或者生父母无力抚养的子女，可以由生父母的亲属、朋友抚养；抚养人与被抚养人的关系不适用本章规定"。寄养行为与收养不同，无论时间长短寄养都不会导致父母子女关系发生变化，只是子女抚养方式发生了变化。它实际上是一种监护人将监护职责部分或全部地委托他人行使的行为，应适用委托合同和监护的有关法律规定。

第三，收养在非直系血亲的自然人之间发生。收养的目的为使本无父母子女关系的当事人建立起父母子女关系，所以，其性质首先决定了收养关系的当事人必是自然人，自然人以外的权利主体不具有养父母、养子女的身份。此外，收养的目的还决定了收养关系只能发生在非直系血亲的自然人之间，直系血亲之间的收养与被收养，没有任何法律意义。

确立收养制度，保护合法的收养关系，是充分发挥家庭养老育幼职能、完善我国社会主义婚姻家庭制度的需要。其意义在于：

第一，收养可以使孤儿，或因某种原因无法与父母共同生活的子女，重新得到家庭的温暖，在养父母的抚养照顾下健康成长。第二，收养可以使无子女的家庭，通过收养子女而建立起父母子女拟制血亲关系，满足其做父母的需求，享受天伦之乐。在他们年老体衰时，也可以得到养子女的赡养和扶助。第三，收养制度的确立既可以减轻国家的社会福利负担，又可稳定公民的家庭关系，有利于促进社会的安定团结和精神文明建设。

收养成立的法律效力，是指收养关系成立后所产生的一系列民事法律后果。收养成立后，会形成如下效力：（1）养父母与养子女间产生拟制直系血亲关系；（2）养子女与养父母的近亲属间形成法律拟制的直系或者旁系血亲关系；（3）养子女与生父母以及其他近亲属间的权利义务关系消除；（4）关于养子女的姓氏。不强制要求养子女必须改变姓氏，但现实生活中养子女随生父母姓的现象并不多见。

司法实践中，收养关系纠纷主要包括确认收养关系纠纷及解除收养关系纠纷两类。

第一节　确认收养关系纠纷的裁判规则

收养关系中有三类人，即收养人、送养人和被收养人。

关于收养人，《民法典》规定应同时具备五个条件：（1）无子女或者只有一名子女；（2）有抚养、教育和保护被收养人的能力；（3）未患有在医学上认为不应当收养子女的疾病；（4）无不利于被收养人健康成长的违法犯罪记录；（5）年满三十周岁。

关于送养人，可为下列三类之一，即孤儿的监护人、儿童福利机构或有特殊困难无力抚养子女的生父母。

关于被收养人，可为下列三类之一，即丧失父母的孤儿、查找不到生父母的未成年人或生父母有特殊困难无力抚养的子女。

一、一般裁判规则

收养登记制是确定收养关系的基本原则。《收养法》是在1992年4月1日开始颁布施行的，其中第15条规定，收养应当向县级以上人民政府民政部门登记，收养关系自登记之日起成立。《民法典》实施后，《收养法》废止，但相关规定仍在沿用。收养一般分为三种类型：一是收养弃婴的，应当在弃婴发现地的收养登记机关办理收养登记；二是收养生父母无力抚养的子女的，应当在被收养人生父母户籍所在地办理收养登记；三是收养三代以内旁系血亲子女的，应当在被收养人生父母户籍所在地办理收养登记。根据上述规定可知，但凡在1992年4月1日之后收养的，都应当办理收养登记。不办理收养登记的，不符合形式要件，收养关系不成立。

但是在1992年4月1日以前收养的，虽然没有按照《收养法》补办收养登记，但是亲友、群众公认或者有关组织证明确以养父母与养子女关系长期共同生活的，形成事实收养关系，也应当按照法律上的收养关系对待。

案例25　李某与张某、王某收养关系纠纷案[①]

基本案情

原告李某于2021年7月诞下一名男婴，因原告系未婚生子且产后身体虚弱，原告父亲遂擅自与两被告张某、王某协商，将孩子交由两被告抚养。一

[①] 摘自冯梅：《收养未登记，收养关系不成立 | 未成年人保护典型案例（九）》，载微信公众号"神木法院"2023年3月22日，https://mp.weixin.qq.com/s/r9tu-9FJ_ecl8rrkLselkg，2024年4月22日访问。

年之后，原告李某思子心切，要求两被告将孩子交还，遭两被告拒绝。于是原告诉至法院，请求确认两被告与孩子的收养关系不成立，并判决由原告抚养并监护该男婴。

裁判结果

本案系收养纠纷，案件事实清楚，孩子被送养未经其母即原告同意，两被告亦不符合收养人条件，且收养孩子未在民政部门办理收养登记。通过庭审，法官认为该案法律规定明确，裁判结果预判性强，但若判决处理两被告情感必然难以接受，不仅难以执行，还可能激化矛盾引发极端事件，因此本案适宜调解解决。庭后承办法官与两被告多次谈心，并解读收养的相关法律规定，分析案件走向。但被告坚持认为由于孩子早产体弱多病抚养艰难，而两被告及家人待孩子视如己出精心照顾，花费了巨大的人力、物力以及财力，倾注了全部感情，现被告一家已与孩子建立了深厚感情；若法院认定双方收养关系不成立，则要求原告补偿两被告抚养孩子所支出费用及精神抚慰金。法官又与原告沟通帮其分析即使判决胜诉，之后执行也困难重重，因此双方都愿意寻求更好的解决途径。于是承办法官特邀民政部门相关工作人员，向当事人解释收养的法律法规及本市相关收养流程，两被告认识到虽然对孩子有万般不舍，但未经登记收养孩子不能得到法律保护。最终在多部门同向发力、多方联动下，双方达成调解协议：（1）两被告与孩子收养关系不成立；（2）限期由两被告将孩子交由原告抚养，原告一次性向两被告支付一定数额的抚养费及经济补偿。至此，这起收养关系纠纷得以圆满解决。

典型意义

收养是指自然人依法领养他人子女为自己子女的身份法律行为，形成收养关系后产生了法律拟制的父母子女关系。《民法典》将原《收养法》纳入婚姻家庭编中，是全方位呵护未成年人健康成长的重要体现。由于收养的成立涉及养子女与生父母权利义务关系的终止和养子女与养父母权利义务关系的建立，特别是关系到未成年子女的身心健康成长，因此《民法典》明确规定了被收养人、收养人、送养人等实质条件以及需要登记的形式要件。

（1）实质条件

①被收养人方面，未成年人有下列情形之一可以被收养：丧失父母的孤儿；查找不到生父母的未成年人；生父母有特殊困难无力抚养的子女。与之前收养法相比放宽了被收养人年龄限制，扩大了可以被收养的未成年人范围。

②收养人方面，收养人必须同时具备五个条件才能成为合格的收养人：无子女或者只有一名子女；有抚养、教育和保护被收养人的能力；未患有在医学上认为不应当收养子女的疾病；无不利于被收养人健康成长的违法犯罪记录；年满三十周岁。

③送养人方面，生父母送养子女的应当共同送养。生父母一方不明或者查找不到的可以单方送养。

（2）形式要件

收养应当向县级以上人民政府民政部门登记。收养关系自登记之日起成立。因此，未经民政部门登记，收养关系不成立。

案例 26　王某某与黄某某确认收养关系纠纷案[①]

基本案情

王某某与配偶黄某（已故）在 1977 年 9 月 8 日将黄某某收养至家中，王某某与黄某某长期以养母子关系生活，王某某夫妇抚养黄某某至高中毕业，并在陶二矿给其安排工作，黄某某亦在当地结婚成家。后王某某夫妇为其操办了婚事，黄某某婚后与王某某夫妇亦共同生活了一段时间。现王某某年事已高，无法独自生活，黄某某以双方未形成养母子关系为由拒绝履行赡养义务，王某某因此向法院提起诉讼请求确认其与黄某某的养母子关系。

裁判结果

法院经审理认为，黄某某自 10 岁后长期随王某某夫妇生活，并将户籍迁入王某某夫妇家中，亦修改姓氏随王某某配偶黄某姓氏，且王某某夫妇尽到

[①] 摘自《邯郸市中级人民法院发布"弘扬社会主义核心价值观十大典型民事案例"》之案例一，载微信公众号"邯郸市中级人民法院"2020 年 12 月 31 日，https://mp.weixin.qq.com/s/mFED2ogCdcba5MhFLXNnWw，2024 年 5 月 5 日访问。

了养父母的抚养义务，将黄某某抚养成人并为其操办婚事，双方已在事实上形成了收养关系。虽黄某某对此不予认可，但结合卷内证据以及客观事实可知收养关系成立，黄某某辩解不能成立。故判决王某某与黄某某的收养关系成立。

典型意义

羊有跪乳之情，鸦有反哺之义。孝顺父母不仅是每个子女应尽的义务，更是中华民族流传五千年的传统美德。更何况百善孝为先，孝是做人的基本准则，也是社会主义核心价值观的内在要求。本案中，王某某夫妇将黄某某自幼带入家中抚养并悉心教导，为其成家、立业竭尽所能，双方虽无血缘关系，但长期的家庭生活已将他们凝结成一家人。滴水之恩当涌泉相报，黄某某虽有不当之处，但希望本判决生效之后其能知错就改，孝顺父母，尽到为人子女的义务。本案通过确立养子女的收养关系，明确了养子女的赡养义务，弘扬了中华民族尊老爱幼、孝敬父母的传统孝文化。

二、特殊裁判规则

1. 收养8周岁以上未成年人，应当征得被收养人的同意。此为收养自愿原则的体现。如果在1992年4月1日以前收养8周岁以上未成年人，但在1992年4月1日以后没有补办收养登记，也没有证据证明已征得被收养人（8周岁以上）同意，那么法院有可能认定该收养关系不成立。

2. 关于事实收养，有观点认为，事实收养指双方当事人符合法律规定的条件，未办理收养公证或登记手续，便公开以养父母、养子女关系长期共同生活的行为；也有观点认为，事实收养指亲友、群众公认或当事人所在村（居）民委员会证明确以养父母与养子女关系长期共同生活的、未办理合法手续的收养行为。我国法律并未对事实收养的概念进行明确界定，但曾在司法解释中认可"事实收养关系"这一概念。例如，1993年11月3日起施行的《最高人民法院关于人民法院审理离婚案件处理子女抚养问题的若干具体意见》（已失效）第14条规定："《中华人民共和国收养法》施行前，夫或妻一方收养的子女，对方未表示反对，并与该子女形成事实收养关系的，离婚后，应由双方负担子女的抚育费；夫或妻一方收养的子女，对方始终反对的，离婚后，应由收养方抚养该子女。"但由于缺乏对概念的明确界定，理论界及实务界对事实收养关系概念的理解不尽相同。

1992年《收养法》施行之前发生的收养行为，理论界及实务界对事实收养关系是否成立的意见基本一致。根据《最高人民法院关于学习、宣传、贯彻执行〈中华人民共和国收养法〉的通知》第2条规定，"收养法施行后发生的收养关系，审理时适用收养法。收养法施行前受理，施行时尚未审结的收养案件，或者收养法施行前发生的收养关系，收养法施行后当事人诉请确认收养关系的，审理时应适用当时的有关规定；当时没有规定的，可比照收养法处理"。1984年8月30日起施行的《最高人民法院关于贯彻执行民事政策法律若干问题的意见》（已失效）第28条规定："亲友、群众公认，或有关组织证明确以养父母与养子女关系长期共同生活的，虽未办理合法手续，也应按收养关系对待。"即不必以《收养法》规定的条件对双方进行约束，只要存在养父母与养子女关系及长期共同生活的事实，就可以认定双方之间存在事实收养关系。

关于1999年《收养法》施行后发生的收养行为，理论界和实务界亦无争议。根据本法第15条第1款确立的"登记成立主义"，收养应当向县级以上人民政府民政部门登记，收养关系自登记之日起成立。即1999年《收养法》施行后未到民政部门办理登记的，法院将依法认定收养关系不成立，不存在事实收养关系。

关于1992年《收养法》施行后、1999年《收养法》施行前发生的收养行为如何认定，实践中存在不同的观点。一种观点认为，自1992年《收养法》施行后，便不存在事实收养这一概念，因没有登记生效的规定，所以只要符合《收养法》规定的条件，收养关系即成立。另一种观点则认为，1992年《收养法》第15条第2款规定："除前款规定外，收养应当由收养人、送养人依照本法规定的收养、送养条件订立书面协议，并可以办理收养公证；收养人或者送养人要求办理收养公证的，应当办理收养公证。"实践中尤其在经济不发达或偏远地区，存在送养人、收养人及被收养人均符合《收养法》规定的条件，但收养人与送养人未订立书面协议或未办理收养公证的情形，因《收养法》并未明确规定收养关系自签订书面协议或公证时成立，在双方当事人对抚养事实均无异议的情况下，应认定双方当事人之间的事实抚养关系成立。笔者赞同第二种观点。

3. 关于事实收养行为，司法部、民政部等部委曾联合或单独下发规范性文件。根据《民政部、公安部、司法部、卫生部、人口计生委关于解决国内公民私自收养子女有关问题的通知》的规定，"1999年4月1日，《收养法》修改决定施行前国内公民私自收养子女的，依据司法部《关于办理收养法实施前建立的事实收养关系公证的通知》《关于贯彻执行〈中华人民共和国收养法〉若干问题的意见》和公安部《关于国内公民收养弃婴等落户问题的通知》的有关规定办理。依据司法部《关于贯彻执行〈中华人民共和国收养法〉若干问题的意见》的规定，对当事人之间抚养的事实已办理公证的，抚养人可持公证书、本人的合法有效身份证件及相关证明材料，向其常住户口所在地的户口登记机关提出落户申请，经县、市公安机关审批同意后，办理落户手续"。针对1992年《收养法》实施前发生的收养行为，司法部《关于办理收养法实施前建立的事实收养关系公证的通知》认为，"凡当事人能够证实双方确实共同生活多年，以父母子女相称，建立了事实上的父母子女关系，且被收养人与其生父母的权利义务关系确已消除的，可以为当事人办理收养公证。收养关系自当事人达成收养协议或因收养事实而共同生活时成立"。1999年《收养法》施行后，《司法部关于贯彻执行〈中华人民共和国收养法〉若干问题的意见》（已失效）指出，"原收养法（1992年《收养法》）实施期间建立的收养关系，符合原收养法规定的，公证机构可以给予公证；不符合原收养法规定的，公证机构不得办理收养或解除收养关系公证，但可对当事人之间抚养的事实进行公证"。

通过上述规定可知，收养关系是否成立关系到未成年人的合法权益能否得到有效保障，1992年《收养法》施行期间的收养行为只要符合该法的规定，则可以认定双方之间的收养关系自收养行为开始时成立；如果当事人均符合收养法规定的实质性收养条件，仅违反1992年《收养法》规定的程序性条件，未签订书面协议或未办理公证，只要双方当事人对收养事实无异议，或当事人能够提供充分证据证实存在收养事实，从以人为本的角度出发，就可以认定双方之间存在事实收养关系。

而对于司法实践中仅有抚养事实而收养关系不成立的情形，如发生纠纷应依法认定收养关系不成立,并从照顾未成年人和公平原则的角度出发,均衡各方当事人的利益。

案例27 邵某某、陈某某诉崔某1、徐某收养关系纠纷案[①]

基本案情

原告邵某某、陈某某因与崔某1、徐某收养关系纠纷一案,向海安县人民法院提起诉讼称:1998年1月,原告陈某某发现意外怀孕,因其他原因,原告夫妻辗转宁夏七八个月后,临近生产时回到海安。孩子出生后,1998年9月16日,被告崔某1找到原告邵某某,称把孩子抱回去押子,等自己一怀上孩子就把小孩还给原告。原告邵某某便让被告崔某1将孩子抱走。之后,原告经过多方寻找,直到孩子崔某2上高一的时候才找到。2016年7月5日,原告向被告提出建立亲戚往来关系,遭到被告的拒绝。现诉请法院判令:(1)确认原告与崔某2之间存在亲子关系;(2)确认被告与崔某2之间的收养关系不成立。

崔某1、徐某辩称:(1)原告诉状与事实不符;(2)本案诉讼主体不适格;(3)被告与崔某2之间存在收养关系,并不违反收养法的规定。请求法院驳回原告的诉讼请求。

海安县人民法院经一审审理查明:被告崔某1、徐某于1998年9月16日向原告邵某某、陈某某抱养一女孩,取名崔某2,由被告抚育、培养至今,现已成年,目前在读大学。崔某2上高一时,原告与其相见,2013年3月3日,被告向原告邮寄女孩照片一张。2016年7月5日,原告邵某某与被告崔某1通电话,要求双方建立亲戚往来关系,遭到被告的拒绝。

另查明,崔某2本人意见:(1)本人与崔某1、徐某自幼生活至今,已经形成事实上的收养关系,本人不同意改变现状,可补办收养登记;(2)不同意改变目前的身份及亲属关系;(3)不同意做亲子鉴定。

[①] 摘自《经典案例第4期丨邵某某、陈某某诉崔某1、徐某收养关系纠纷案》,载微信公众号"江苏高院"2020年4月9日,https://mp.weixin.qq.com/s/gMuOfqetuwL5OO7xoQFgCg,2024年4月22日访问。

案件焦点：（1）邵某某、陈某某与崔某 2 是否存在亲子关系；（2）崔某 1、徐某与崔某 2 是否成立收养关系。

裁判结果

海安县人民法院经一审审理认为：原告邵某某、陈某某要求确认与崔某 2 的亲子关系，因原告未能提供崔某 2 的出生证明等必要证据，且崔某 2 明确表示不同意做亲子鉴定，故而对于其确认亲子关系的诉讼请求难以认定。虽然被告与崔某 2 发生收养关系时，并未与原告签订书面收养协议，但是否影响收养关系的成立，法律并没有作出规定。被告抚养崔某 2 至成年，已成客观事实，而且崔某 2 本人也明确表示与被告形成事实上的收养关系，不同意改变目前的身份及亲属关系，并愿意与被告补办收养登记。

综上，一审法院认为，原告要求确认被告与崔某 2 收养关系不成立的诉讼请求，不予支持。为了维护稳定的社会和家庭关系，保护被收养人的合法权益，根据《收养法》第 26 条第 1 款、《民事诉讼法》第 64 条规定，海安县人民法院于 2017 年 2 月 21 日作出（2017）苏 0621 民初 517 号判决：驳回原告邵某某、陈某某的诉讼请求。

一审判决作出后，邵某某、陈某某不服，向南通市中级人民法院提出上诉称：（1）一审认定被上诉人于 1998 年 9 月 16 日向上诉人抱养一女孩与事实不符，上诉人当时生下第二个孩子，从未想过要送养给别人。（2）上诉人与崔某 2 之间存在亲子关系，上诉人在一审中提供了崔某 2 出生后不久拍的照片，可以看出崔某 2 与上诉人长得极为相像，被上诉人也认可崔某 2 系从上诉人处抱走，可以推定上诉人与崔某 2 之间的亲子关系。（3）被上诉人与崔某 2 之间的收养关系无效。首先，上诉人邵某某将女儿交给被上诉人带走时，上诉人陈某某并不知情，事后也不认可，故上诉人的上述行为不符合收养法规定的"父母送养子女，须双方共同送养"；其次，在 1998 年 9 月时，被上诉人崔某 1 27 周岁、徐某 28 周岁，不符合 1991 年《收养法》中收养人需"年满三十五周岁"的规定，也不符合 1998 年《收养法》中收养人需"年满三十周岁"的规定；最后，被上诉人既未按照 1991 年《收养法》的规定与上诉人订立书面协议，也未按照 1998 年《收养法》的规定到民政部门登记，且在子女成年后也不可以补办登记，故被上诉人与崔某 2 的收养关系不成立。综上，请求撤销一审判决，依法改判。

崔某1、徐某答辩称：一审判决认定事实清楚，适用法律正确。

南通市中级人民法院经二审审理，确认了一审查明的事实。

南通市中级人民法院经二审审理认为：（1）关于亲子关系问题。本案中，被上诉人与崔某2以父母子女相称共同生活多年，家庭关系稳定，上诉人要求确认与崔某2之间存在亲子关系，不属于法律规定的可以推定存在亲子关系的情形，须有必要的证据证明。上诉人没有崔某2的出生证明，其提供的婴儿照片不能证明系崔某2，也不能证明该婴儿与上诉人之间有何关联；被上诉人从上诉人处抱养时，婴儿已两三个月，不能证明送养人即生父母；上诉人在诉讼中申请与崔某2进行亲子鉴定，崔某2已年满18周岁，明确拒绝做亲子鉴定。因此，上诉人未能提供其与崔某2之间存有亲子关系的必要证据，对其要求确认亲子关系的上诉请求，不予支持。（2）关于收养关系问题。被上诉人抱养崔某2已将其抚养至成年，并仍在照料其学习生活，即便被上诉人当时不符合收养人的条件，也未办理收养登记，但崔某2明确表示愿意维持目前的身份关系。双方业已形成并愿意维持的稳定的家庭关系应予保护。故对上诉人要求确认收养关系不成立的上诉请求，不予支持。

综上所述，二审法院认为，邵某某、陈某某的上诉请求不能成立，应予驳回。依照《民事诉讼法》第170条第1款第1项规定，南通市中级人民法院于2017年9月25日作出（2017）苏06民终1496号民事判决：驳回上诉，维持原判。

典型意义

收养行为作为特殊的身份行为，以有利于未成年人的成长为基本原则，以符合社会公德为底线。以父母子女相称，共同生活多年，事实收养人对未成年人履行抚养、教育义务，双方形成稳定的家庭关系并愿意维持该关系，送养人仅以收养时不符合法律规定的收养条件为由，要求确认养父母子女关系不成立的，既有损被收养人和事实收养人的合法权益，也有违诚实信用原则，人民法院不予支持。

案例28　花某某诉柯某某确认收养关系无效纠纷案[①]

基本案情

原告花某某、柯某系夫妻关系，于1975年4月26日登记结婚，1976年育有一子花甲。花甲自幼患有精神疾病，1985年被送至精神病院。花甲于1998年9月去世。被告柯某某出生后未满周岁即被柯某领养，抚育至成年，一直未在主管部门办理收养登记。1985年，花某某与柯某发生家庭矛盾，二人分居，花某某长期在南通工作、生活，柯某携柯某某生活在平潮，双方10余年无来往。柯某某上小学四年级时，原告柯某带被告柯某某至原告花某某处。此后，原告花某某知道柯某收养柯某某的事实。为帮助柯某，花某某每年给付柯某数千元生活费。柯某某结婚时，两原告以柯某某父母身份参加婚礼。日常生活中，柯某某称呼两原告为"爸爸""妈妈"。

2018年10月，江苏省南通市通州区人民法院判决柯某为无民事行为能力人，花某某为被申请人柯某的监护人。上述判决作出后，原告花某某经诊断患有重疾（癌症晚期）。原告柯某因精神疾病发作被送往医院住院治疗。柯某出院后，原告花某某因病无力照顾柯某，柯某一直由柯某某照料。

后原告花某某和柯某向江苏省南通市通州区人民法院起诉，要求确认与被告柯某某的收养关系无效。

裁判结果

江苏省南通市通州区人民法院经审理认为：就原告花某某提出的本案收养关系无效的理由，法院认为：首先，虽然原告柯某患有精神疾病时间较长，但精神疾病系医学概念，民事行为能力系法律概念，两者不能混同。原告柯某在2019年才经司法鉴定确认为无民事行为能力，但并不能就此推定其在1988年收养被告时无民事行为能力。其次，计划生育作为国家的基本国策，（案件当时）国家推行和鼓励一对夫妻只生育一个孩子，也规定了可按计划再生一个孩子的情形。本案中，原、被告婚生子花甲自幼患有精神疾病，并不

[①] 摘自《基于"公序良俗"原则认定长期稳定的事实收养关系效力——花某某、柯某诉柯某某确认收养关系无效案》，载国家法官学院、最高人民法院司法案例研究院编：《中国法院2022年度案例·婚姻家庭与继承纠纷》，中国法制出版社2022年版，第141~146页。

当然排除收养的合法性。

我国收养制度保护的是被收养人和收养人双方的合法权益。原告花某某援引的收养无效的法律规定，皆是着重保护被收养的未成年人的合法权益，以防出现不利于被收养人健康成长的情形。原告主张的无效情形并未阻碍被告健康成长。现两原告年老体弱，急需已经成年的义务人柯某某履行子女赡养义务，且原告花某某本人患有重病，无力履行对原告柯某的监护职责，事实上亦将照顾柯某的责任转交给了被告柯某某。而被告柯某某也认可其为原告女儿，并履行相应职责。若认定收养关系无效，并不利于保护收养人的合法权益。法院难以判定，通过诉讼的方式来否认柯某与柯某某的母女关系符合柯某收养柯某某的初衷。法院更难以判定，花某某作为柯某的法定监护人，通过诉讼的方式否定案涉收养关系的有效性，系符合监护人应当保护被监护人合法权益的法律规定。

原告花某某以柯某无民事行为能力及违反计划生育政策为由而主张该事实收养关系无效无事实和法律依据，对原告花某某该主张不予支持。

江苏省南通市通州区人民法院一审判决：驳回原告花某某、柯某要求确认收养关系无效的诉讼请求。

花某某、柯某不服一审判决，提出上诉。江苏省南通市中级人民法院经审理认为，花某某虽系柯某的法定监护人，但柯某一直跟随柯某某共同生活，由柯某某赡养，现花某某代为起诉确认案涉收养关系无效，侵害被监护人柯某的合法权益。况且，花某某自称身患癌症，与柯某长期分居，结合柯某的生活状况以及柯某某的赡养意愿，一审未认定案涉收养关系无效，并无不妥。花某某、柯某的上诉请求不能成立，应予驳回；一审判决认定事实清楚，适用法律正确，应予维持。后江苏省南通市中级人民法院判决：驳回上诉，维持原判。

典型意义

家庭是社会的基本单元，家庭关系反映了基本的人伦关系，家庭关系的稳定与社会的和谐稳定息息相关。除了婚姻之外，收养也是构成家庭的方式之一。审判实践中，对于家庭关系效力案件的审理，如婚姻效力、收养效力，一旦认定无效，即发生自始无效的法律效力。审理结果不仅涉及案件双方当事人的重大利益,也关系到其近亲属以及整个社会的公共利益,故应当十分慎重,不宜轻易认定无效,特别是对于长期存在的家庭关系,应当尽量保持其稳定性。

(1) 关于收养案件的权利保护问题

《民法典》第1044条新增收养应当遵循最有利于被收养人的原则,应当视为我国收养制度也进入了以子女为本位的发展阶段。当然,在优先保护被收养子女权益的前提下,考虑到传统和民意,也应当兼顾保护收养人、被收养人、送养人各方的合法权益,不能忽视收养也存在安慰晚年的父母、养儿防老或承继事业的传统目的。涉及收养关系的案件中,在被收养人尚未成年时,应优先保护被收养人的权益,在收养人将被收养人抚养成人后,特别是收养人年老体弱后,急需被收养人承担子女赡养义务时,应当更注重于保护收养人的权益。

(2) 关于精神病人收养子女行为的效力

本案中,原告花某某认为柯某是精神病人,经法院确认为无民事行为能力人,在一审中主张柯某无民事行为能力,在二审中主张柯某患有不适宜、不应当收养子女的疾病,故,应认定收养行为无效。

《民法典》第144条规定:"无民事行为能力人实施的民事法律行为无效。"第1113条第1款规定:"有本法第一编关于民事法律行为无效规定情形或者违反本编规定的收养行为无效。"第1098条规定:"收养人应当同时具备下列条件……(二)有抚养、教育和保护被收养人的能力;(三)未患有在医学上认为不应当收养子女的疾病……"精神疾病是一个医学概念,在没有经过法定程序予以衔接的情况下,不能一概认定精神病人为无民事行为能力人。判断成年人是否具备民事行为能力的标准为其能否辨认或完全辨认自己的行为,与其是否为医学意义上的精神病人并无直接关联。精神疾病的内容十分丰富,不能认为"医学上认为不应当收养子女的疾病"应包含所有的精神疾病,也不能据此认为患有精神疾病的人无收养子女的能力和权利。本案中,虽然原告柯某有较长的精神病史,但直到2018年时其才被鉴定为精神病人,进而法院判决其无民事行为能力。法院不能依据该判决推定其一直无民事行为能力。客观上,柯某已经将被收养人柯某某抚养成年,从结果上看柯某完成了抚养义务,即事实上也难以得出柯某无收养柯某某能力的结论。同时，该事实进一步佐证了精神病人的民事行为能力并不必然受限。此外，结合法律并没有明确"医学上认为不应当收养子女的疾病"的具体内容，故对凡是精神病人所实施的包含收养行为在内的民事法律行为的效力一概予以否定的话，既无现行法律上的依据，更不符合客观事实。

（3）公序良俗原则在收养关系认定中的运用

"公序良俗"原则是民法的基本原则，是指民事主体的行为应当遵守公共秩序和社会的一般道德。《民法典》第8条规定："民事主体从事民事活动，不得违反法律，不得违背公序良俗。"法院在审理具体案件时，既要判断涉诉法律事实是否合乎公序良俗，也要考虑审判结果是否有悖于公序良俗。公序良俗是法院裁判结果是否合理的重要标准。本案中，原告花某某诉称，二人在已有一子的情况下所为的收养行为不符合法律规定，应属无效。原收养法有关收养无效的法律规定，皆在保护被收养的未成年人的合法权益，以防出现不利于被收养人健康成长的情形。花某某主张的无效情形在客观上并未阻碍被告柯某某的健康成长，未与未成年子女利益最大化原则相冲突。审理中，经走访，周围群众均认可原告柯某与被告柯某某的母女关系，两人关系融洽，事实上柯某某正赡养着柯某，表示如果法院认定收养无效，从情理上难以接受。法官认为，如果花某某主张的无效情形属实，进而支持了原告花某某的诉讼请求，此结果不仅未尊重客观事实，可能还会出现养女愿意赡养养父母而法院援引保护子女的相关法律规定而否认双方存在几十年的家庭关系的悖论。收养制度与公共秩序和良好风俗息息相关。花某某的诉讼行为，其目的是否认业已存在的几十年稳定合理的事实收养关系，如其目的实现，则会产生破坏人伦关系和家庭关系的后果，亦违反了"公序良俗"原则。

三、规范指引

法律

《民法典》

第1093条 下列未成年人，可以被收养：

（一）丧失父母的孤儿；

(二) 查找不到生父母的未成年人；

(三) 生父母有特殊困难无力抚养的子女。

第 1094 条　下列个人、组织可以作送养人：

(一) 孤儿的监护人；

(二) 儿童福利机构；

(三) 有特殊困难无力抚养子女的生父母。

第 1095 条　未成年人的父母均不具备完全民事行为能力且可能严重危害该未成年人的，该未成年人的监护人可以将其送养。

第 1096 条　监护人送养孤儿的，应当征得有抚养义务的人同意。有抚养义务的人不同意送养、监护人不愿意继续履行监护职责的，应当依照本法第一编的规定另行确定监护人。

第 1097 条　生父母送养子女，应当双方共同送养。生父母一方不明或者查找不到的，可以单方送养。

第 1098 条　收养人应当同时具备下列条件：

(一) 无子女或者只有一名子女；

(二) 有抚养、教育和保护被收养人的能力；

(三) 未患有在医学上认为不应当收养子女的疾病；

(四) 无不利于被收养人健康成长的违法犯罪记录；

(五) 年满三十周岁。

第 1099 条　收养三代以内旁系同辈血亲的子女，可以不受本法第一千零九十三条第三项、第一千零九十四条第三项和第一千一百零二条规定的限制。

华侨收养三代以内旁系同辈血亲的子女，还可以不受本法第一千零九十八条第一项规定的限制。

第 1100 条　无子女的收养人可以收养两名子女；有子女的收养人只能收养一名子女。

收养孤儿、残疾未成年人或者儿童福利机构抚养的查找不到生父母的未成年人，可以不受前款和本法第一千零九十八条第一项规定的限制。

第 1101 条　有配偶者收养子女，应当夫妻共同收养。

第 1102 条　无配偶者收养异性子女的，收养人与被收养人的年龄应当相差四十周岁以上。

第 1103 条　继父或者继母经继子女的生父母同意,可以收养继子女,并可以不受本法第一千零九十三条第三项、第一千零九十四条第三项、第一千零九十八条和第一千一百条第一款规定的限制。

第 1104 条　收养人收养与送养人送养,应当双方自愿。收养八周岁以上未成年人的,应当征得被收养人的同意。

第 1105 条　收养应当向县级以上人民政府民政部门登记。收养关系自登记之日起成立。

收养查找不到生父母的未成年人的,办理登记的民政部门应当在登记前予以公告。

收养关系当事人愿意签订收养协议的,可以签订收养协议。

收养关系当事人各方或者一方要求办理收养公证的,应当办理收养公证。

县级以上人民政府民政部门应当依法进行收养评估。

第 1106 条　收养关系成立后,公安机关应当按照国家有关规定为被收养人办理户口登记。

第 1107 条　孤儿或者生父母无力抚养的子女,可以由生父母的亲属、朋友抚养;抚养人与被抚养人的关系不适用本章规定。

第 1108 条　配偶一方死亡,另一方送养未成年子女的,死亡一方的父母有优先抚养的权利。

第 1109 条　外国人依法可以在中华人民共和国收养子女。

外国人在中华人民共和国收养子女,应当经其所在国主管机关依照该国法律审查同意。收养人应当提供由其所在国有权机构出具的有关其年龄、婚姻、职业、财产、健康、有无受过刑事处罚等状况的证明材料,并与送养人签订书面协议,亲自向省、自治区、直辖市人民政府民政部门登记。

前款规定的证明材料应当经收养人所在国外交机关或者外交机关授权的机构认证,并经中华人民共和国驻该国使领馆认证,但是国家另有规定的除外。

第 1110 条　收养人、送养人要求保守收养秘密的,其他人应当尊重其意愿,不得泄露。

第 1111 条　自收养关系成立之日起,养父母与养子女间的权利义务关系,适用本法关于父母子女关系的规定;养子女与养父母的近亲属间的权利义务关系，适用本法关于子女与父母的近亲属关系的规定。

养子女与生父母以及其他近亲属间的权利义务关系，因收养关系的成立而消除。

第1112条 养子女可以随养父或者养母的姓氏，经当事人协商一致，也可以保留原姓氏。

第1113条 有本法第一编关于民事法律行为无效规定情形或者违反本编规定的收养行为无效。

无效的收养行为自始没有法律约束力。

《未成年人保护法》

第54条 禁止拐卖、绑架、虐待、非法收养未成年人，禁止对未成年人实施性侵害、性骚扰。

禁止胁迫、引诱、教唆未成年人参加黑社会性质组织或者从事违法犯罪活动。

禁止胁迫、诱骗、利用未成年人乞讨。

第95条 民政部门进行收养评估后，可以依法将其长期监护的未成年人交由符合条件的申请人收养。收养关系成立后，民政部门与未成年人的监护关系终止。

第99条 地方人民政府应当培育、引导和规范有关社会组织、社会工作者参与未成年人保护工作，开展家庭教育指导服务，为未成年人的心理辅导、康复救助、监护及收养评估等提供专业服务。

第109条 人民法院审理离婚、抚养、收养、监护、探望等案件涉及未成年人的，可以自行或者委托社会组织对未成年人的相关情况进行社会调查。

《家庭教育促进法》

第32条 婚姻登记机构和收养登记机构应当通过现场咨询辅导、播放宣传教育片等形式，向办理婚姻登记、收养登记的当事人宣传家庭教育知识，提供家庭教育指导。

第二节 解除收养关系纠纷的裁判规则

一、一般裁判规则

《民法典》第 1115 条规定，养父母与成年养子女关系恶化、无法共同生活的，可以协议解除收养关系，不能达成协议的，可以向人民法院提起诉讼；第 1116 条规定，当事人协议解除收养关系的，应当到民政部门办理解除收养关系登记。从以上条文可以看出，解除收养关系只有两个途径：

1. 协议解除，需要双方到民政部门办理解除收养关系登记。如果被收养人已经年满 18 周岁，那么协议解除，只需要收养人和被收养人协商一致，并到民政部门办理解除手续。但是若被收养人不满 18 周岁，那么协议解除，除收养人和送养人达成一致外，还需要征询年满 8 周岁以上被收养人本人的意见。收养人有虐待、遗弃等侵害未成年养子女情形的除外。

2. 诉讼解除，需要一方证明"关系恶化、无法共同生活"的事实。诉讼解决收养关系，一般老人多为原告，解除的前提一般也都是发生了"关系恶化、无法共同生活"的情形，导致老年人老无所依，所以为了保障老年人权益，法律赋予老年人解除收养关系的诉讼权利。但是若成年子女解除收养关系，法院审理起来是非常严格的，其中涉及的就不仅仅是法律问题，还有中国传统的伦理问题。避免出现老人将收养的子女养大后，需要人赡养的时候却老无所依，这不符合中国的道德伦理准则。所以，如果是成年被收养人作为原告的解除收养关系纠纷，法院会严格审查原因，除协商一致的必要情况下，解除后也可能会要求被收养人支付生活费给收养人或者给予收养人一定的补偿。

案例 29　李某 1 与李某 2 解除收养关系纠纷案①

基本案情

李某 2 出生后不久即被李某 1 与前妻成某抱回家中抚养，共同在北京市某村生活。李某 2 父母均同意送养，双方未签订书面收养协议；2000 年 9 月 23 日成某因病去世，2012 年李某 1 再婚；李某 2 婚后一年半与李某 1 共同居住，后李某 2 搬至他处居住至今；李某 1 主张李某 2 搬走后未尽到日常照顾义务，对其再婚及再婚妻子落户有意见，双方关系恶化，向法院提起诉讼，请求解除其与李某 2 的收养关系。李某 2 主张搬走后每年均看望李某 1，给李某 1 钱，送李某 1 去医院看病，没有阻止过李某 1 再婚，亦同意配合落户，不同意解除双方的收养关系。

裁判结果

一审法院经审理认为，李某 2 已成年，李某 1 以双方关系不好为由要求解除收养关系，李某 2 不同意解除。养父女之间虽不存在血缘关系，但双方结缘源于养父母的慈念，养父女情义在长达近二十年的养育中建立和稳固，现已到李某 2 尽赡养义务之时。双方近年因家庭生活琐事产生矛盾，但远未到关系恶化需解除养父女关系之程度，故对李某 1 要求解除养父女关系的诉求不予支持，判决驳回李某 1 的诉讼请求。李某 1 不服该判决，提起上诉。北京市第一中级人民法院经审理认定李某 1、李某 2 的收养关系应当解除，对于李某 1 上诉主张解除李某 1 与李某 2 养父女关系的请求予以支持。最终二审法院撤销一审判决，改判解除李某 1 与李某 2 的收养关系。

典型意义

养父母与成年养子女之间关系恶化、无法共同生活的，可以协议解除收养关系或者向法院起诉要求解除收养关系。法院应当通过对于证据和案件事实的审查，准确认定双方关系是否达到应予以解除的标准。在此过程中，法

---

① 摘自杨磊：《养父母与成年养子女收养关系解除的标准审查认定——北京一中院判决李某 1 诉李某 2 解除收养关系纠纷案》，载《人民法院报》2019 年 9 月 12 日。

院还应当全面贯彻保护老年人合法权益的理念。

1. 要查明案件基础事实，主要包括双方收养关系的形成过程、共同生活情况、产生矛盾的原因、矛盾持续的时间、矛盾能否消除化解等。其中，对于养父母与成年养子女之间矛盾的审查应当是重中之重。审判实践中，导致养父母与成年养子女关系恶化的原因有多种可能，如养父母与成年养子女生活习惯差异较大、儿媳与公婆无法和睦相处、成年养子女不赡养养父母等。对于双方矛盾的细致审查有助于辨别主张解除收养关系的一方是一时冲动还是已经过深思熟虑，进而有助于判断双方关系能否修复，为协调和工作打下基础。

2. 要区分情形确定标准，具体来说，应当区分主张解除的主体是成年养子女还是养父母，进而适用有差异的审查标准。对于成年养子女主张解除的，审查予以解除的标准应当非常严格，因为此时应是成年养子女应当尽赡养义务的时候，如果随意解除收养关系，可能导致老年人利益受到损害，易发生成年养子女借此逃避赡养义务等有悖道德与法律规定的事情发生。此时也应当注意成年养子女对养父母是否有虐待、遗弃等情形，准确判断维持双方的收养关系是否对养父母权益保护更加不利。同时根据《民法典》第1118条的规定确定了是否需要成年养子女支付给养父母生活费并补偿相关费用。如果是养父母主张解除与成年养子女的收养关系的，审查解除的标准则应相对宽松，如果确认是养父母真实意思表示，养父母与成年养子女确实存在矛盾且不可调和，养父母并非一时冲动作出解除决定，之后的生活亦有相应保障，继续维持收养关系会直接影响到养父母的合法权益，实无益处，则应当予以解除。

3. 要注重老年人权益保护。法院在此类案件审理过程中，在保护双方当事人的合法权利基础上应更加注重老年人的权益保护，从而使得作出的裁决更加符合立法本意，亦为社会公众提供正确的行为指引。因在此类案件中，养父母一般都已经是老年人，而我国现行《民法典》虽然没有明确将老年人权益保护作为一项基本原则进行规定，但从成年养子女在解除收养关系后还应当对没有劳动能力和收入来源的养父母进行补偿、支付生活费等具体条款规定来看，这一原则是应有之义，也符合《老年人权益保障法》的精神。

二、特殊裁判规则

1. 如果协议解除收养关系的当事人没有按照规定到民政部门办理解除收养登记，是否真的就解除了收养关系呢？对此，并没有明确的法律规定。笔者认为，解除收养登记手续的规定并非效力性规定，而属于行政性规定，其并不导致解除收养关系的无效或者效力待定。只要双方签订了《协议书》，并根据协议约定实际履行，如未再共同生活，且未再实际往来，那么该收养关系就应当视为已经解除。

2. 收养关系解除后，如果养父母"缺乏劳动能力"又"缺乏生活来源"，当这两个条件同时满足时，即便解除了收养关系，养子女依然要向养父母支付生活费。这是对养父母抚养过程中支付了抚养费，以及付出情感的一种补偿。这个费用一般都是法官根据案件情况酌情确定一个金额，没有明确的法定标准，一般也都是按月支付的。

收养关系解除后，如果养父母"缺乏劳动能力"，但是有"生活来源"，如有养老金，这种情况下，养子女一般就不需要向养父母支付生活费。但是考虑到收养过程中，养父母必定花费了一定的财力和精力，养子女对此已经获利，那么在解除收养关系后，即便不需要养子女对其进行赡养，养子女也应当对养父母做出适当补偿。这个补偿标准也是法官根据案件酌情确定的，没有明确的法定标准。该笔费用一般都是一次性支付的。

3. 收养关系解除后，养子女（不满18周岁）与生父母的关系自行恢复。也就是说，一旦养子女与养父母的收养关系解除，养子女与生父母的关系不需要做任何动作，即为自行恢复。收养关系解除后，养子女（满18周岁）不想与生父母恢复关系的，可以协商不恢复。即双方可以通过签订协议的方式不予恢复父母与子女的关系。

案例 30　何某诉郭某 2 解除收养关系纠纷案[①]

基本案情

何某向一审法院起诉，请求判令：（1）解除何某与郭某 2 的收养关系；（2）郭某 2 按照某居委会 47 平方米宅基地使用权的价值向何某支付生活费和补偿款；（3）本案诉讼费由郭某 2 承担。后何某变更上述第 2 项诉讼请求为：判令郭某 2 配合何某办理把该 47 平方米宅基地登记在何某或何某指定家庭成员名下的用地手续。

一审法院确认如下事实：何某与其丈夫郭某 1 于 2000 年 7 月 7 日办理了收养手续，收养郭某 2 为其夫妇养女。

2008 年 1 月 4 日，何某及其丈夫郭某 1 与郭某 2 在某律师事务所工作人员的见证下签订《协议书》，约定："一、郭某 2 从 2005 年 4 月开始与亲生父母共同生活，何某及其丈夫郭某 1 与郭某 2 已不再共同生活，从今以后双方不再共同生活。二、郭某 2 只需对何某及其丈夫郭某 1 承担以下义务，作为经济补偿，即以宅基地使用权折抵补偿款，包括两部分：一是此前村里已分配的每人 27 平方米；二是准备分配而未分配的 47 平方米。上述地块归何某及其丈夫郭某 1，郭某 2 须配合何某及其丈夫郭某 1 办理相关用地手续。除此之外，郭某 2 无须再对何某及其丈夫郭某 1 尽其他义务。三、从签订本协议之日起，郭某 2 放弃对何某及其丈夫郭某 1 财产的继承权。四、村集体经济股份社的股份证属郭某 2 的，由郭某 2 保管。郭某 2 以后自己收取村的股份分红，但不包括上述所指的宅基地使用权。五、待上述宅基地分配到位后，郭某 2 不再承担对何某及其丈夫郭某 1 的赡养义务。若 47 平方米宅基地无法分配到位，当何某及其丈夫郭某 1 有重大疾病时，郭某 2 仍需承担三分之一的医疗费。"2008 年 1 月 25 日，何某及其丈夫郭某 1、郭某 2、案外人郭某 3、郭某 4 签订《协议书》，约定郭某 1 家庭固化成员五人分别为郭某 1、何某、郭某 3、郭某 4、郭某 2。按规定应安置宅基地面积共 135 平方米。其中郭某 1 继承其父亲郭某甲（已故）5.4 平方米股权份额，另，在郭某乙户中由梁某某从自有固化宅基地中调出 6.4 平方米给郭某 1 使用，合计郭某 1 个人

[①] 摘自广东省佛山市中级人民法院（2022）粤 06 民终 3826 号民事判决书。

份额占 38.8 平方米。现实际使用的固化宅基地共 146.8 平方米，经家庭固化人员内部协议同意，对宗地进行如下分宗处理：郭某1、何某、郭某3、郭某4、郭某2，共占地面积 146.8 平方米，并以郭某3 作为用地申请人申请办理该地的用地手续。郭某2 确认自 2008 年 1 月 4 日后未再与何某及其丈夫共同居住生活，郭某1 去世时丧葬事宜，郭某2 仅以普通亲友身份参加葬礼。

又查明，2008 年 1 月 4 日，郭某2 与丈夫登记结婚，二人于××××年××月××日生育婚生儿子。

郭某1 已于 2017 年 5 月 15 日去世。郭某3、郭某4 经法院询问表示同意何某以个人名义向郭某2 主张关于上述 2008 年 1 月 4 日签订的《协议书》所载权利，合同所涉郭某1 占有的权利义务均由何某行使及所有。

郭某2 确认 2008 年 1 月 4 日签订的《协议书》中所涉的 47 平方米宅基地于 2017 年分配到位。经何某提交地图及郭某2 确认，上述所涉 47 平方米宅基地坐落于×街道×区村民住宅修建性详细规划×号地。

裁判结果

一审法院认为，本案的争议焦点在于何某、郭某2 及郭某1 于 2008 年 1 月 4 日签订的《协议书》效力如何。

首先，本案郭某2 曾与何某及其丈夫郭某1 建立了养父母子女关系，并实际产生抚养关系，后双方通过协议解除收养关系，虽郭某2 辩称该协议并非其真实意思表示，但根据《民法典》第 150 条规定："一方或者第三人以胁迫手段，使对方在违背真实意思的情况下实施的民事法律行为，受胁迫方有权请求人民法院或者仲裁机构予以撤销。"第 541 条规定："撤销权自债权人知道或者应当知道撤销事由之日起一年内行使。自债务人的行为发生之日起五年内没有行使撤销权的，该撤销权消灭。"一方面，郭某2 并未提交直接证据证实其是受何某或其丈夫郭某1 胁迫签订《协议书》。另一方面，郭某2 在签订《协议书》后并未提出异议，且于 2008 年 1 月 25 日通过签订《协议书》的方式实际履行了 2008 年 1 月 4 日签订的《协议书》合同义务，故法院确认上述《协议书》合法有效。

其次，《民法典》第 1115 条规定："养父母与成年养子女关系恶化、无法共同生活的,可以协议解除收养关系。不能达成协议的,可以向人民法院提起诉讼。"第1116条规定:"当事人协议解除收养关系的,应当到民政部门办理解除收养关系登记。"第1118条第1款规定:"收养关系解除后,经养父母抚养的成年养子女,对缺乏劳动能力又缺乏生活来源的养父母,应当给付生活费。因养子女成年后虐待、遗弃养父母而解除收养关系的,养父母可以要求养子女补偿收养期间支出的抚养费。"虽郭某2辩称该协议仅为拟解除收养关系,并未实际办理解除收养登记手续,但从上述法律规定内容看,办理解除收养登记手续的规定并未实际否定前述法条中协议的效力,即关于解除收养登记手续的规定并非效力性规定,而属于行政性规定,其并不导致解除收养关系的无效或效力待定。实际上,在何某及其丈夫郭某1与郭某2签订《协议书》之前,双方关系已经恶化并无法共同居住生活多年,签订《协议书》后也一直未再共同居住生活,且未再实际来往。至郭某1去世时,郭某2也未再以子女身份操办或参加葬礼,双方的养父母子女关系已实际解除,《协议书》内容已实际履行,故何某要求郭某2继续履行《协议书》约定义务于法有据,对此予以支持。

最后,虽郭某2主张何某无权变更诉讼请求,但本案经第一次庭审后,为实际确定标的物的价值,一审法院启动了司法鉴定程序,故针对何某当时的诉讼请求本案事实尚未全部查明,在此期间,何某提出变更合同履行方式,就此也向郭某2发出并要求其提出相关意见,本案并未实际剥夺郭某2的诉讼权利,为避免诉累,本案对此一并作出处理。

综上,何某要求郭某2配合其把坐落于×街道×区村民住宅修建性详细规划×号地中郭某2所占47平方米土地登记在何某或何某指定家庭成员名下用地手续的诉讼请求符合双方约定,且未违反法律强制性规定,对此予以支持。

一审法院判决:郭某2应于判决生效之日起10日内配合何某把坐落于×街道×区村民住宅修建性详细规划×号地中郭某2所占47平方米土地登记在何某或何某指定家庭成员名下的用地手续。

后郭某2不服一审判决,上诉至广东省佛山市中级人民法院,二审法院认为,本案系解除收养关系纠纷。结合双方的诉辩及查明的事实,对二审期间的争议焦点进行综合分析如下:

关于解除收养关系。一审法院经审理查明：签订《协议书》之前，养父母与养女之间的关系已经恶化并多年未共同居住生活，签订《协议书》之后养女也未再与养父、养母共同居住生活，也没有实际来往。至郭某1去世时，郭某2也没有以子女身份操办或者参加丧礼。据此一审法院认定双方的养父母子女关系实际已经解除并无不当，本院予以确认。但是一审法院遗漏了上述判项不妥，本院予以纠正。

关于案涉宅基地。本案中，郭某2上诉主张何某在一审法庭辩论终结后变更诉讼请求，剥夺郭某2的辩论权利。经审查，一审第一次庭审期间，何某在其诉讼请求及本案事实尚未全部查明的情况下，提出变更合同履行方式，此时郭某2亦就该请求发表相关意见。为实际确定案涉标的物的价值，一审法院于第一次庭审后启动司法鉴定程序，之后何某申请撤回司法鉴定，同时变更诉讼请求为要求郭某2继续履行《协议书》，即要求郭某2配合将47平方米宅基地土地登记在何某或者何某指定家庭成员名下用地手续。一审法院同意变更并进行审查可以避免诉累，也未实际剥夺郭某2的诉讼权利，程序上并无不当。郭某2还上诉认为案涉《协议书》系其在被胁迫的情况下签署，并非其真实意思表示，且该协议因违反"一户一宅"的法律规定而应认定为无效。对此，本院作如下分析：首先，本案一审、二审期间均没有证据证实郭某2系受何某或其丈夫胁迫而签署《协议书》，亦无证据显示郭某2在签订《协议书》后提出过异议。相反，2008年1月4日郭某2在律师事务所工作人员见证下签署包含不再与养父母共同生活、以宅基地使用权折抵补偿款、不再承担赡养义务等各项权利义务内容的《协议书》后，于2008年1月25日又在×区××街道××地进一步进行分宗处理的《协议书》，实际上已经在履行此前协议书约定的相关义务。其次，《土地管理法》第62条第1款规定："农村村民一户只能拥有一处宅基地，其宅基地的面积不得超过省、自治区、直辖市规定的标准。"一户一宅、宅基地面积不得超过法定标准是我国农村宅基地审批的基本原则，通常是指农村村民在已经拥有一处宅基地的情况下不能再申请第二处宅基地，而对于有成年子女且具备分户条件的，并不禁止其申请宅基地或者通过购买等其他合法的方式取得宅基地。由此可见，上述规定为管理性规定，而非效力性规定。故何某、郭某2二审围绕上述规定提交的证据本院均不作审查。综上，案涉《协议书》系双方的真实意思表示，并未违反法律行政法规的强制性规定，对双方均具有约束力，何某要求郭某2继续履行《协议书》约定的义务合法有据，本院予以支持。因此，一审法院认定郭某2应按照双方的约定，配合何某将案涉宅基地中郭某2所占47平方米土地登记在何某或何某指定家庭成员名下的用地手续，并无不当，本院予以维持。

综上所述，二审法院判决如下：（1）维持广东省佛山市顺德区人民法院（2021）粤0606民初29622号民事判决的判项；（2）解除何某与郭某2的收养关系。

典型意义

解除收养登记手续的规定并非效力性规定，而属于行政性规定，其并不导致解除收养关系的无效或者效力待定。只要双方签订了《协议书》，并根据协议约定实际履行，如未再共同生活，且未再实际往来，那么该收养关系就应当视为已经解除。

案例31　车某与王某某解除收养关系纠纷案[①]

基本案情

车某与其夫王某（已故）二人无婚生子女，于1986年收养王某某并将其抚育成人。后车某随王某某到东北地区生活，居住在养老院，但车某并不习惯，想要回烟台农村生活。其间，车某与王某某关系恶化，双方时常发生争执，给车某身心造成巨大伤害，车某遂诉至法院请求解除与王某某的收养关系，并补偿其收养期间的抚养费。诉讼中，车某变更诉请，要求从收养关系解除之日起，王某某支付其每月2442元的生活费。

法院经审理查明，车某与王某系夫妻关系。户口登记簿上记载车某为户主，王某某的常住人口登记卡中与户主关系一栏，记载为"女儿"。

车某主张，自己和丈夫王某均无生育能力，王某某系夫妇二人收养的女儿，与王某某之间没有任何血缘关系，有村委调解委员、同村邻居、车某兄

[①] 摘自《七旬"佝"老太诉请解除收养关系，法院怎么判？》，载微信公众号"山东高法"2022年8月14日，https：//mp.weixin.qq.com/s/pDJsjzPk50tpw5neGrJDVw，2024年4月22日访问。

弟姐妹的证人证言证实。对此，王某某不予认可，认为自己是车某夫妇的婚生子女，或与王某存在血缘关系。但王某某未提交证据证实，且王某某在车某申请做亲子鉴定情况下，不同意做亲子鉴定。最终，法院认定车某收养王某某的事实存在。

车某收养王某某多年，并将王某某抚养成人，双方本应珍惜亲情，和睦相处，但由于个性差异，在长期共同生活中，因家庭琐事产生了矛盾，导致双方关系恶化，难以化解。现车某年事已高，在身体不便需要赡养的情况下，由于双方缺乏包容、理解和尊重，关系继续恶化，车某不想再与王某某共同生活。诉讼期间，法官多次做双方的调解工作，但车某仍坚持要求解除双方的收养关系。

裁判结果

法院经审理后认为，双方虽未办理收养登记，但上述收养行为发生在1992年4月1日起施行的《收养法》之前，双方之间形成了事实收养关系，受法律保护。现车某坚持要求解除收养关系，如果不及时解除可能会继续对车某正常生活和身体健康造成影响，故，法院予以支持。另外，车某含辛茹苦抚养王某某多年，现年71周岁，既缺乏劳动能力又缺乏生活来源，故车某、王某某双方收养关系解除后，王某某应当支付车某的晚年生活费，至车某去世为止。

法院判决，王某某自本判决生效之日起，每月给付车某生活费2442元，于每月月底前付清，至车某去世之日止。宣判后，双方均服判未上诉。

典型意义

对以前生活在经济欠发达的农村且法律意识较为淡薄的农民而言，如果一概强调建立收养关系的形式要件，否认事实收养关系，并不符合社会大众的认知以及公序良俗。本案收养事实发生在1986年，符合建立收养关系的实质要件，所形成的事实收养关系应给予保护。

法院在案件审理过程中，经反复询问调解并多次单独做车某思想工作，其虽已到古稀之年，但仍坚持要求解除收养关系，态度非常坚决，且表示对自己今后的生活已有安排。考虑到如果继续维持收养关系，对双方特别是车某的正常生活确无益处，反而成为车某今后生活中的一种负担，特别是精神上有较大的压力，判决解除双方收养关系有事实和法律依据，也贯彻了保护老年人合法权益的原则。

三、规范指引

法律
《民法典》
第 1114 条　收养人在被收养人成年以前，不得解除收养关系，但是收养人、送养人双方协议解除的除外。养子女八周岁以上的，应当征得本人同意。

收养人不履行抚养义务，有虐待、遗弃等侵害未成年养子女合法权益行为的，送养人有权要求解除养父母与养子女间的收养关系。送养人、收养人不能达成解除收养关系协议的，可以向人民法院提起诉讼。

第 1115 条　养父母与成年养子女关系恶化、无法共同生活的，可以协议解除收养关系。不能达成协议的，可以向人民法院提起诉讼。

第 1116 条　当事人协议解除收养关系的，应当到民政部门办理解除收养关系登记。

第 1117 条　收养关系解除后，养子女与养父母以及其他近亲属间的权利义务关系即行消除，与生父母以及其他近亲属间的权利义务关系自行恢复。但是，成年养子女与生父母以及其他近亲属间的权利义务关系是否恢复，可以协商确定。

第 1118 条　收养关系解除后，经养父母抚养的成年养子女，对缺乏劳动能力又缺乏生活来源的养父母，应当给付生活费。因养子女成年后虐待、遗弃养父母而解除收养关系的，养父母可以要求养子女补偿收养期间支出的抚养费。

生父母要求解除收养关系的，养父母可以要求生父母适当补偿收养期间支出的抚养费；但是，因养父母虐待、遗弃养子女而解除收养关系的除外。

第三节　典型、疑难问题解析

一、收养与代为抚养的区别

收养是指自然人根据法律规定的条件、程序领养他人的子女为自己的子女，创设拟制血亲亲子关系的民事法律行为；代为抚养则是指生父母因无经济能力、患有严重疾病、丧失民事行为能力、死亡等特殊原因不能或不宜直接抚养子女，而将子女委托他人代为照顾的代管行为。现实生活中收养与代为抚养的情形并不鲜见，二者从形式上看也主要都是为了对未成年人的抚养。但从上述作为法律概念的角度来看，收养与代为抚养具有本质性的区别，具体可从以下四个方面予以区分：

第一，目的不同。收养的目的有多种，包括但不限于延续血统、继承家产、同情未成年人遭遇等，但追求的结果均系让本没有血亲关系的收养人与被收养人之间建立法律拟制的亲子关系。与此相对应，生父母作为送养人，其目的则是终止其与子女之间的权利义务关系。而代为抚养的目的则相对单一，生父母与代为抚养人均系从保障被抚养人的基本生存环境和维护被抚养人的合法权益角度出发，并不追求建立或消灭亲子关系的结果。

第二，成立要件不同。收养为要式的法律行为。收养关系的成立存在收养登记、收养公告、收养协议、收养公证、收养评估等多个形式要件。其中收养登记是收养关系的成立要件，不依法办理收养登记手续的，收养关系无效，即自始不发生法律效力。而代为抚养关系的成立则没有特别的成立和生效要件，也不需要履行特定的法律程序，只要未成年子女的父母与代为抚养人均自愿并达成一致意见且代为抚养人实施了大众通常理解的抚养行为即可成立并生效。

第三，主体范围不同。《民法典》第1107条规定，代为抚养人仅限生父母的亲属、朋友，被抚养人限于孤儿或者生父母无力抚养的子女。而我国规定的收养人、被收养人的范围并不限于此，收养人只要是符合《民法典》关于收养人条件的民事主体即可,被收养人除孤儿或者生父母无力抚养的子女外,还包括查不到生父母的未成年人。

第四,法律后果不同。收养关系的成立使得收养人与被收养人之间产生法律上的拟制血亲的亲子关系,这种拟制血亲的亲子关系与自然血亲的亲子关系享有同样的权利义务。这就意味着它会涉及对未成年人的抚养教育、对收养人老年的赡养扶助以及家庭财产继承等一系列民事法律关系。同时,收养关系受法律保护,收养关系依法成立后当事人一方意欲解除的,须采取协议解除或诉讼解除的方式,否则合法成立的收养关系继续存在且有效。而代为抚养并不会发生上述法律效果。因抚养权为未成年人父母所享有的法定权利,故代为抚养人不会因其与被抚养人共同生活或对被抚养人照顾更多而获得被抚养人的抚养权。正因如此,被抚养人的亲生父母随时可以解除代为抚养的委托关系。

案例 32　赵某等诉刘某戊、刘某甲等法定继承纠纷案[①]

基本案情

赵某、刘某丙诉称,被继承人刘某乙与刘某甲之父刘某丁、刘某戊、刘某己、刘某庚是同胞兄弟姐妹关系。赵某与刘某乙是夫妻关系,婚后生育一女刘某丙。后赵某与刘某乙离婚,刘某乙再婚并生育一女刘某辛。刘某丁去世后,刘某甲追随其奶奶丁某搬至赵某与刘某乙共同所有的位于某村的房屋居住。刘某乙于 2019 年 9 月去世,其母丁某于 2021 年 6 月去世。赵某、刘某丙与刘某戊、刘某己、刘某庚对刘某乙的遗产分割产生争议,为此诉至法院,要求依法分割刘某乙遗留的位于某村的房屋一套以及经法院确认的债权一份。

刘某戊、刘某己、刘某庚辩称,法院查明上述位于某村的房屋应该是谁的,就认可是谁的,按照法律规定办。

刘某甲述称,其与刘某乙之间长期以父子相称,双方之间构成收养关系。上述位于某村的房屋已经由赵某、刘某乙在离婚协议中写明赠与刘某甲,该

[①] 摘自《收养关系与代为抚养关系在司法实践中的区分认定》,载微信公众号"山东高法"2023 年 4 月 14 日,https://mp.weixin.qq.com/s/HEArwPKpDHmHZyhHVnMWqg,2024 年 4 月 22 日访问。本案例为山东法院民法典适用典型案例 117。

协议已于当地民政局留存备案，该房屋的所有权属于刘某甲，不应作为刘某乙的遗产予以分割。

山东省桓台县人民法院经审理查明：被继承人刘某乙与刘某甲之父刘某丁以及刘某戊、刘某己、刘某庚是同胞姐弟关系，五人之父早年去世。赵某与刘某乙系夫妻关系，1986年生育一女刘某丙。赵某与刘某乙于1986年建造了涉案的位于某村的房屋。刘某甲之父刘某丁婚后于1991年6月20日生育刘某甲。后刘某丁去世，刘某甲随其奶奶丁某搬至上述房屋，与赵某、刘某乙、刘某丙一家三口同住在该房屋院内。刘某乙于2019年9月去世，其母丁某于2021年6月去世。

刘某乙与他人于2000年3月12日生育一女刘某辛。2004年3月9日，刘某乙与赵某协议离婚，《离婚协议书》载明："1.子女安排：女儿刘某丙由赵某抚养，上学费用由刘某乙管，每月15日刘某乙给刘某丙500元一直到参加工作；2.财产处理：位于某小区住房归赵某和刘某丙所有，位于另一小区的楼房归刘某乙所有，位于某村的房子由刘某甲所有。"2011年7月20日，刘某乙与赵某复婚，次日即2011年7月21日两人再次离婚，《离婚协议书》载明："1.子女安排：女儿刘某丙已自立；2.财产处理：（1）位于某小区住房一套归女方所有；男方随时协助女方办理产权变更登记手续，办理产权变更登记手续所需的费用由女方承担；（2）婚姻关系存续期间无共同债权债务。"

赵某、刘某丙向法庭提交某村集体土地使用权登记审核公告明细表，证实在2015年涉案房屋的土地确权时，刘某乙将其与赵某共建、共有涉案房产土地使用权确认到刘某乙名下。

刘某甲向法庭提交刘某乙为户主的常住人口登记卡，显示刘某乙为父、刘某甲为子，刘某甲系"2016年1月27日因投靠亲属迁入本址"。公安机关出具证明一份，载明刘某甲与刘某乙是父子关系。后公安机关又向法院出具关于刘某乙与刘某甲关系证明的情况说明一份，载明："公安机关通过查询系统及历史户籍档案后，出具了亲属关系证明，此证明仅能证明同户人员与户主间的亲属关系，并不能证明是不是生物学亲生关系。"

赵某、刘某丙向法庭提交居民户口本、独生子女证，其中居民户口本显示1998年8月19日、2005年3月25日两次户口登记，刘某乙、赵某和婚生女刘某丙的户口登记在一个户口本上，且只有一家三口人，并无刘某甲；独生子女证显示 2013 年 10 月 21 日某镇政府向刘某丙发放该证，刘某丙是刘某乙、赵某夫妇的独生女，刘某乙与赵某未生育、未收养其他子女。

裁判结果

山东省桓台县人民法院于 2021 年 11 月 30 日作出（2021）鲁 0321 民初 3781 号民事判决：(1) 位于某村的房屋由赵某享有二分之一份额，刘某丙享有六十分之十一份额，刘某辛享有六十分之十一份额，刘某戊、刘某己、刘某庚及刘某甲各享有三十分之一份额；(2) 生效民事判决确认的债权，刘某丙享有三十分之十一份额，刘某辛享有三十分之十一份额，刘某戊、刘某己、刘某庚及刘某甲各享有十五分之一份额；(3) 驳回第三人刘某甲的诉讼请求。一审宣判后，各方当事人均未提出上诉，一审判决已发生法律效力。

典型意义

本案主要涉及收养关系与代为抚养关系的区分认定问题。具体到本案中，刘某甲是刘某乙同胞兄弟的亲生子，在刘某甲生父早逝、母亲改嫁后，刘某乙将刘某甲接到家中长期共同生活，虽然刘某甲述称其与刘某乙以父子相称，但结合庭审调查以及本案现有证据，刘某乙与赵某夫妇作为刘某甲的叔婶，其对刘某甲仅是代为抚养，自始至终并无收养刘某甲的意思表示，且刘某乙与赵某婚后育有独生女，并不符合当时《收养法》的收养条件，双方亦未办理收养登记手续。因此，本案应当依法认定刘某甲与刘某乙之间不存在收养关系，双方之间仅构成代为抚养关系。在此情况下，刘某甲无权参与对刘某乙名下遗产的直接分配，但其作为刘某丁的继承人，可以代位继承丁某的部分遗产。本案案情虽不复杂，却是婚姻家庭纠纷审理实践中的一个缩影。当事人之间因为无法正确区分代为抚养与收养而提起的法定继承纠纷、抚养权纠纷、确认收养关系纠纷等案件时有发生。对此，收养行为与代为抚养行为的成立可能会面临潜在的风险，但收养与代为抚养背后都表达了成年人妥善照顾未成年人的意愿，成年人无一例外都应当担负起照顾未成年人的责任，为未成年人创造一个温暖幸福的成长环境。这也是践行社会主义核心价值观从而维护社会和谐稳定的一大善举。

二、收养关系被认定无效后，收养人能否主张为抚养孩子所支出的费用

《民法典》第 1118 条仅规定了收养关系解除后，养父母可以要求补偿的情形，但对于收养关系被确认无效后，抚养孩子所支出的费用是否支持并无法律规定。对此问题，笔者认为，应该根据公平原则及权利义务相一致原则进行综合考虑，因被收养人系无民事行为能力或限制民事行为能力人，无完全的责任能力，故，确定送养人为补偿义务人，对于收养人的补偿标准，可参考离婚时子女抚养费的考量标准。

第八章　监护权纠纷

监护权纠纷是指因行使监护权而发生的民事争议，主要是监护人认为其依法行使的监护权被他人侵害时所引发的纠纷。《民法典》第34条第1款至第3款规定："监护人的职责是代理被监护人实施民事法律行为，保护被监护人的人身权利、财产权利以及其他合法权益等。监护人依法履行监护职责产生的权利，受法律保护。监护人不履行监护职责或者侵害被监护人合法权益的，应当承担法律责任。"以上即为监护人的职责，其中一些也是监护人的权利，如管理和保护被监护人的财产，代理被监护人进行民事活动等。实践中，往往会出现没有监护权的人越过监护权人从事这些行为，可能形成对监护权的侵犯；也有可能出现监护人不履行监护职责，或者侵害了被监护人的合法权益的情形。因此形成纠纷，诉至法院的，均可以确定为监护权纠纷。

需要注意的是，监护权纠纷与监护人责任纠纷、监护权特别程序案件具有重要区别。就监护权纠纷与监护人责任纠纷比较而言，监护人责任是监护人基于监护关系的存在而承担的特殊主体责任，二者的法律基础不同，监护权纠纷是由监护权本身产生的争议，而监护人责任纠纷并不涉及监护权本身，其是在监护关系存在的情况下，关于是否由监护人承担侵权责任的问题。就监护权纠纷与监护权特别程序案件比较而言，首先，监护权纠纷包括监护权被侵害以及监护人怠于或不当行使监护权引发的纠纷，而监护权特别程序案件则适用于对担任监护人有争议、监护人变更以及撤销、恢复监护人资格等几种特定情形引发的纠纷；其次，监护权纠纷属于诉讼案件，适用普通民事诉讼程序审理，而监护权特别程序案件属于非讼案件，适用特别程序审理。

第一节 监护权纠纷案件的裁判规则

监护权的中心内容是监护职责，其主要包括：（1）保护被监护人人身权利，保障他们的身体健康与人身安全，防止其人身受到侵害；照顾好被监护人的生活，善尽相应赡养、抚养方面的义务，对未成年人加以管理和教育。（2）保护好被监护人财产权利与合法权益。监护人对被监护人财产应妥善保管、保护，对被监护人应得的合法收益与经营性财产，如衍生利息也应尽到保护义务。（3）监护人要正确代被监护人实施民事行为，行为以被监护人的名义来进行，行为后果由被监护人承担。（4）被监护人合法权益受到损害或发生冲突时，监护人要及时出面维护被监护人的利益，通过协商、行政、诉讼等手段加以妥善解决。（5）监护人在履行对他人的看护职责时，其行为受法律保护，任何单位和个人都不能非法干涉。监护人的履职行为应当认真、高效，不能不作为或借机侵害被监护人的权益，如虐待、遗弃、侵吞财产等，否则也要承担法律责任。

一、一般裁判规则

1. 监护人不履行监护职责或侵害被监护人合法权益的，应当根据不同案件事实承担相应的法律责任：（1）如造成被监护人财产损失的，应当赔偿损失，该请求权基础系基于侵权责任的法律规定；（2）对于侵害被监护人利益或不履行监护职责的监护人，人民法院可以根据有关人员或组织的申请，撤销监护人的资格，另行指定他人担任监护人，该类案件属于监护权特别程序案件；（3）虐待、遗弃被监护人，情节恶劣构成犯罪的，应承担刑事责任，此种情况下属于刑事案件；（4）如果意定监护人违反协议约定的监护职责，还可能承担违约责任，该请求权基础系基于合同编的法律规定。

2. 侵害监护权的行为，主要包括非法使被监护人脱离监护，或者妨害监护人履行监护职责。当监护权受到侵害或妨害时，监护人有权请求停止侵害、排除妨碍。

案例 33　赵某诉尚某 1 监护权纠纷案 ①

基本案情

1995 年赵某与尚某 1、张某某夫妇之女尚某 2 结婚，1996 年 10 月 20 日生育一女赵某 1。2000 年 9 月 19 日，尚某 2 病逝，赵某 1 随尚某 1、张某某二人共同生活。同年 9 月 28 日，赵某向尚某 1、张某某二人出具了代为看护孩子的委托书。载明"同意孩子先暂由岳父、岳母抚养，我每月给抚养费三百元整。允许我自由探望，待孩子到 16 周岁成人后，其家庭归属，由孩子自行选择决定"。因抚养赵某 1 问题双方当事人发生矛盾，2001 年 4 月，赵某诉至法院要求尚某 1、张某某归还赵某 1，恢复其抚养权。同年 5 月 10 日金昌市金川区人民法院作出判决，确认赵某对赵某 1 具有法定监护权。同年 7 月 11 日，赵某向法院申请强制执行，但尚某 1、张某某以赵某 1 由他们监护抚养更有利于其健康成长为由未履行。原审法院以孩子不能被作为强制执行的对象为由，作出（2001）金执字第 346 号民事裁定，终结执行程序。之后，赵某再未给付过赵某 1 抚养费。2014 年 1 月 16 日，尚某 1、张某某起诉要求赵某支付抚养赵某 1 的各项垫付费用共计 246930.68 元，金昌市金川区人民法院作出（2014）金民一初字第 40 号民事判决，判决赵某给付尚某 1、张某某为抚养赵某 1 垫付的抚养费 143179.81 元、医药费 7720.34 元，共计 150900.15 元。宣判后，赵某不服，提起上诉，金昌市中级人民法院作出（2014）金中民一终字第 93 号民事判决：驳回上诉，维持原判。金昌市金川区人民法院一审认为，赵某的妻子病逝后，赵某书面委托尚某 1、张某某抚养赵某 1，并承诺由其承担抚养费。后双方当事人因抚养问题协商未果，赵某提起恢复监护权的诉讼，本院作出的生效判决认定赵某具有法定的监护权。因其二人拒不履行生效判决，经法院多次执行，其二人均拒绝将赵某 1 交由赵某监护抚养，客观上阻碍和侵害了赵某的监护权。该侵权行为直接造成赵某与赵某 1 父女亲情疏离，对赵某的精神造成了伤害，故二人应赔偿对赵某的精神损害。赵某给付赵某 1 生活垫付费用一案，虽与本案的监护权不属同一法律关系而得以支持，但不能以此认定赵某放弃了对赵某 1 的监护权。一审法院后判决：

---

① 摘自甘肃省高级人民法院（2016）甘民再 40 号民事判决书。

(1) 确认尚某1、张某某拒绝将赵某1交由赵某监护抚养的行为侵害了赵某的监护权；(2) 尚某1、张某某赔偿赵某精神损害抚慰金50000元，于判决生效后10日内履行。

尚某1、张某某不服一审判决，向金昌市中级人民法院提起上诉，二审法院认为，赵某作为赵某1的父亲，对赵某1负有法定的抚养义务，但赵某即使在委托抚养期间也不履行抚养义务，直到赵某1成年后，在人民法院的判决后才承担支付抚养费的义务，因此，赵某对其与赵某1父女感情疏远负有主要责任。尚某1、张某某抚养赵某1的行为本身并无过错，故，赵某要求二人赔偿对其精神损害抚慰金的诉讼请求，不予支持。尚某1、张某某的上诉理由成立，应予以支持。一审认定基本事实清楚，但适用法律不当，予以纠正。二审法院判决：(1) 撤销金昌市金川区人民法院（2015）金民一初字第1266号民事判决；(2) 驳回赵某的诉讼请求。

后赵某不服二审判决，向甘肃省高级人民法院申请再审，并称二审判决认定事实不清，适用法律错误，无法律依据，缺乏公正性。本案由于尚某1、张某某夫妇的阻碍导致我无法履行抚养义务，使我与赵某1的父女感情疏远，二人的侵权行为严重损害了我的合法权益。请求撤销二审判决，依法再审改判。被申请人尚某1、张某某辩称：二审判决认定事实清楚，判决正确，若不是我方主张赵某1的抚养费，赵某才不会主张所谓的监护权。请求维持二审判决，驳回赵某的再审申请。

裁判结果

未成年人的父母是未成年人的监护人。自2000年9月28日尚某1、张某某受托对赵某1行使监护权至委托抚养关系解除后，赵某1与其二人共同生活十四年之久，其间，赵某未支付过抚养费，其行为是导致赵某1与其感情疏离的重要原因，赵某对造成父女感情疏远负有责任。对于本案应否赔偿精神损害抚慰金的问题，尚某1、张某某的行为侵害了赵某的监护权，使赵某对女儿的法定监护权受到了侵害，造成父女关系受损，赵某也因此遭受了精神痛苦，尚某1、张某某对损害事实和损害后果有过错，但其二人将赵某1抚养成人的十四余年间，所倾注的大量心血，从社会层面、家庭层面、公民个人层面而言，赵某也已得到了相应的补偿。鉴于二人现已年老体迈，衡平其二人的过错程度,在充分考虑现实情况的基础上,让其二人承担对赵某的精神损害抚慰金不符合公正、法治的社会主义核心价值观,应免除侵权人精神损害的赔偿责任。金昌市中级人民法院(2016)甘03民终21号民事判决认定事实清楚,判决结果并无不当。后甘肃省高级人民法院判决维持二审判决。

典型意义

监护权是基于特定的身份关系而产生的权利,为未成年子女的父母所固有,实质是一种义务。父母与未成年子女之间存在的特殊身份关系及血缘关系,使得双方建立非同寻常的亲情,在感情上相互依赖。抚养义务与监护权二者是既相互独立又紧密联系的法律关系,父母对子女的抚养义务,不因监护人资格受阻而免除。维护未成年人合法权益是处理监护权纠纷的一项重要原则。

案例 34 许某与吴某等监护权纠纷案 [①]

基本案情

章某某系两被告之子,2000 年与许某举行结婚仪式,于 2002 年 7 月 24 日生育一子章甲。章某某于 2007 年 4 月 11 日在上海打工期间受伤,经医院抢救无效死亡。雇主于 2007 年 4 月 14 日一次性赔偿因章某某死亡的各项费用 32 万元。后许某与章某、吴某对赔偿费用达成协议,约定:"……四、章甲的份额暂由吴某保管,视章甲的生活环境而定……七、注:增加条款 1. 章甲抚养费 130000 元……如其母亲两年内没有改嫁,按每年 1 万元支付存于吴某处的款项。赔付所得人:章甲:130000 元(注:存单与密码由吴某保管)……2007 年 6 月 1 日。"现章甲随许某生活。2007 年 7 月 10 日,许某请求宿豫区人民法院确认其对章甲的法定监护权。2007 年 11 月 9 日,许某再次请求判令两被告交出章甲名下的财产(银行存单)并由原告行使监管权。

原告许某诉称:原告丈夫章某某在上海打工时因劳动事故而身亡,就其

[①] 摘自吴卫义、张寅:《法院审理婚姻家庭案件观点集成》,中国法制出版社 2012 年版,第 116~120 页。

身后的财产分割，原、被告签署了协议书，但被告未按协议履行，不告诉章甲名下的存款数额，也不告诉存款的地点和密码，现请求法院判令两被告交出章甲名下的财产（银行存单）并由原告行使监管权。被告吴某、章某辩称：没有保管章甲的赔偿款。

裁判结果

一审法院经审理认为，未成年人之父母是未成年人当然的监护人。其监护人资格从未成年人出生时当然取得，不需任何程序和手续。本案中，许某是章甲的监护人，其与吴某、章某签订的协议中，对涉及章甲财产抚养费处分的条款并未侵犯章甲的权利，该条款合法有效，现许某主张变更该条款，由其自行行使财产的监管权证据不足，法律依据不充分，不予支持。一审法院判决驳回原告许某的诉讼请求。

宣判后，许某不服一审判决，向某市中级人民法院提起上诉称：上诉人是在受欺骗的情况下作出"存单与密码由吴某保管"的约定，该约定并非上诉人的真实意思表示。被上诉人不告诉上诉人存款的密码，也不告诉存款的地点和数额，致使上诉人对章甲的财产没有监督和管理的权利，损害了上诉人监护权的行使。请求二审撤销一审判决，依法改判被上诉人交出章甲名下的存款单由上诉人监管。吴某、章某答辩称：一审判决正确，请求维持。

二审中另查明：章甲的130000元赔偿款（抚养费）原以章甲的名义存入银行，现已被吴某改存在其名下。

某市中级人民法院经审理认为，上诉人作为章甲的母亲，依据法律规定，是章甲的法定监护人，作为法定监护人，上诉人当然享有对未成年子女章甲的财产进行管理的权利。虽然上诉人与被上诉人吴某以协议的方式约定章甲的财产暂由吴某保管，但此种约定的法律性质属于上诉人暂时将对章甲财产的管理权委托给吴某。上诉人作为委托人，有权随时终止委托关系而无须征得吴某的同意。况且，协议也只是约定章甲的财产暂由吴某保管，视章甲的生活环境而定，现章甲随上诉人生活，而吴某并不配合上诉人对章甲的财产进行管理（擅自将章甲的存单改存为自己的名字），根据章甲日常生活、学习的需要，章甲的财产由吴某保管对章甲的健康成长并无益处。鉴于章甲的

130000元赔偿款现已改存在吴某的名下，吴某应直接将该款交由上诉人进行管理。综上，上诉人要求对章甲的财产进行管理的上诉理由成立，予以支持。一审判决不当，应予纠正。二审法院后判决如下：撤销一审法院民事判决；吴某于本判决生效后十日内将属于章甲所有的130000元赔偿款交由许某管理。

典型意义

监护人应当履行监护职责，保护被监护人人身、财产及其他合法权益，除为被监护人的利益外，不得处理被监护人的财产。监护人可以将监护职责部分或全部委托给他人。据此，未成年人的法定监护人具有为被监护人利益而对其财产进行管理的自主权利，其他非监护人不享有该权利，也不能干涉监护人行使该权利。未成年人的法定监护人有权将对未成年人的财产管理权委托他人行使，该委托行为的设立和撤销均不需取得未成年人其他近亲属的同意。父母系未成年人的法定监护人，父母可以将对未成年人财产的管理权委托给未成年人的其他近亲属，父母也有权终止委托关系，而无须征得其他近亲属的同意。

案例35　吴某某与秦某1监护权纠纷案[①]

基本案情

2020年3月5日，吴某某与秦某1签订《离婚协议书》，约定：儿子秦某2跟随秦某1生活，由秦某1负担抚养费等费用；吴某某与秦某1共同出资购买的房屋归秦某2所有，房屋按揭款由秦某1负责偿还；若秦某1在秦某2成年之前私自卖掉该房屋，则应将房款按比例分配给吴某某、秦某2和已成年的女儿大秦。2021年1月26日，吴某某与秦某1经法院主持调解，变更秦某2由吴某某直接抚养。此后，因秦某1未按时支付房屋按揭款，银行将秦某1、吴某某诉至法院，并获得胜诉。法院在该案执行过程中依法拍卖了该房屋，

[①] 摘自《「小案大道理」父母离婚后谁来管理未成年子女的财产？》，载微信公众号"重庆大足法院"2023年3月21日，https://mp.weixin.qq.com/s/BitBAB945bK8rhraBwR8hA，2024年5月5日访问。

执行完毕后剩余 28 万余元。

案件审理过程中，秦某 1、吴某某及大秦均认可案涉 28 万余元归秦某 2 所有，但对该笔款项应由谁代为管理协商不一致。

裁判结果

法院经审理认为，父母与子女间的关系，不因父母离婚而消除。子女无论由父或者母直接抚养，父母双方均是未成年子女的监护人，均有管理未成年人财产的法定职责。离婚后，未成年子女的财产应当由父母共同监护。由父或母一方直接管理未成年子女的财产的，另一方有权对财产使用情况进行监督。父母双方对未成年子女的财产由谁直接管理协议不成的，人民法院应当结合财产的性质和双方的具体情况，按照最有利于未成年子女的原则判决。法院遂结合秦某 2 由吴某某直接抚养及秦某 2 更愿意由吴某某代其管理财产的事实，从有利于充分听取被监护人意见、方便为被监护人利益处分财产和规避任何一方管理全部财产所存在的风险等保护被监护人权益的角度考虑，作出前述判决。宣判后，当事人未提起上诉，判决已发生效力。

典型意义

该案系《民法典》实施以来，以判决方式结案的涉未成年人财产管理的监护权纠纷。离婚后，未成年子女无论由父或者母直接抚养，父母双方均是子女的监护人，均负有妥善管理未成年人财产的法定职责。对未成年人财产的管理分为直接管理和间接管理，间接管理一方有权对财产使用情况进行监督。本案判决既充分尊重了具有一定辨认能力的未成年子女的意愿，又可以适当分散父母一方因管理不当带来的风险，还体现了人民法院对非直接抚养一方监护权的平等保护，有助于引导离婚后的父母妥善处理其与子女之间的人身、财产关系，共同保护未成年子女的财产权益，共同促进未成年子女身心健康发展。

二、特殊裁判规则

1. 对"最有利于被监护人的原则"的理解应包括，处理涉及未成年人事务时，应遵循未成年人本位，从其根本利益、长远利益出发分析与解决问题；将未成年人视为一个独立法律个体加以理解，抛弃家庭"附属物"理念；当未成年人利益与他人利益冲突时，优先保护未成年人利益；保障未成年人表达利益诉求的权利，确保他们利益诉求的制度回应。

2. 对监护职责中"尊重被监护人的真实意愿"的理解：第一，尊重被监护人的处分权，允许被监护人作出与其年龄、智力相当的行为，如离婚纠纷中听取孩子对抚养权的看法；第二，尊重被监护人表达出来的意愿，对被监护人有能力独立处理的事务，包括实施与其认知水平、判断能力、行为能力相符的行为特别是日常生活中的行为应当予以尊重。

3. 在监护人财产代管上有两点需注意：第一，只有为了被监护人的利益，监护人才能处分被监护人财产。对被监护人用来居住的不动产，因关系到被监护人的生存权，处理上要更加谨慎。第二，监护人除为维护被监护人利益外，不得处分被监护人的财产这一条，是对监护人职权的有效限制，保障了被监护人基本的生存权，进而保护了其人身权益。

4.《民法典》仅对监护职责作出基础性、原则性规定。结合《未成年人保护法》规定，可将未成年人人身监护职责概括为：（1）照料日常生活；（2）教育；（3）保护身心健康；（4）指定住所；（5）医疗决定权。对于前3项内容，已经基本达成共识，法院在未成年人监护案件中基本都会涵盖以上内容。但对于第4项和第5项内容，《民法典》及其他相关法律并未明确规定。指定未成年人的住所，要求未成年人居住在便于监护人履行监护职责的地方，这是监护人开展监护活动的前提，未成年人不得随意离开监护人指定的住所或居所。因此，监护人应当有权指定未成年人的住所，以便于其履行监护职责，人民法院可以根据个案具体情况要求监护人与被监护人共同居住。此外，根据《民法典》第1219条第1款规定，需要实施手术、特殊检查、特殊治疗的，医务人员应当及时向患者具体说明医疗风险、替代医疗方案等情况，并取得其明确同意。由于未成年人不具有完全民事行为能力，不具备作出是否同意治疗方案决定的认知能力，需要由监护人代其作出决定，监护人应当完全从有利于未成年人的角度，作出医疗决定。

案例36 某镇人民政府诉未成年人父母监护权纠纷案[①]

基本案情

被告吴某系其女吴某某的法定监护人，吴某某属义务教育适龄少年，在接受义务教育期间，暑假结束后未按期返校继续接受教育。随后，某镇人民政府向吴某送达了《责令送被监护人接受义务教育通知书》，吴某接到通知书后仍未按期送被监护人到校接受教育。某镇人民政府向法院提起诉讼，要求被告吴某将吴某某送到学校读书。

裁判结果

经法院主持调解，双方当事人自愿达成调解，被告吴某自愿在7日内将吴某某劝返学校读书。

典型意义

公民有受教育的权利和义务。根据《未成年人保护法》等法律规定，父母或者其他监护人应当尊重未成年人受教育的权利，必须使适龄未成年人按照规定接受义务教育，不得使在校接受义务教育的未成年人辍学。家长不按时送子女入学、对子女中途辍学不采取积极措施，导致子女辍学或阻碍子女接受义务教育的行为属违法行为。人民法院通过对此类案件的审判，依法保护了未成年人的受教育权。

案例37 张某诉刘某、李某监护权纠纷案[②]

基本案情

刘某系李某母亲。张某与李某于2019年5月20日登记结婚，2020年11

[①] 摘自《云南高院发布8起典型案例！事关未成年人权益司法保护》之案例五，载微信公众号"云南法制报"2023年6月2日，https://mp.weixin.qq.com/s/X39VEp6wwmGxEuuDb4PfWA，2024年4月22日访问。

[②] 摘自《张某诉李某、刘某监护权纠纷案——婚姻关系存续期间一方抢夺、藏匿未成年子女，另一方请求行为人承担停止侵害、排除妨碍等民事责任的，人民法院应当依法予以支持》，载人民法院案例库，2024年5月5日访问。

月 1 日生育一女，取名李某某。张某与李某婚后在 A 市某某社区居住，张某结束产假上班后，孩子由刘某照顾。2021 年 7 月 7 日，刘某将孩子带回 B 市某乡某村。现由李某及刘某抚养。张某提起离婚诉讼，诉讼期间双方亲属又因孩子的抚养问题发生冲突并报警。张某遂以监护权纠纷诉至法院，请求判令刘某、李某将孩子送回，并由张某依法继续行使对孩子的监护权。

裁判结果

法院经审理认为，从保护未成年人角度与保障妇女权益角度看，被上诉人李某未经夫妻双方协商一致擅自将婚生女带走藏匿的行为应受到否定性评价；为了最大限度地保护未成年子女的利益，参照《民法典》第 1084 条的处理原则，对于婚姻关系存续期间夫妻双方分居后子女抚养争议亦采该原则作为处理依据，审理法院依法判决李某、刘某在指定期限内将张某与李某的婚生女送交张某，由张某直接抚养；同时，为保障李某的合法权益，判决中对李某的探望权也作出了处理。

典型意义

以往类似案例多为在离婚纠纷中由法院裁判离婚后婚生子女抚养权的归属，本案则是对于婚姻关系存续期间发生的监护权纠纷进行处理，通过释法明理引导当事人认识到合法合理行使监护权应当以最大限度地保障未成年人权益为出发点，切忌以爱的名义损害未成年人的身心健康成长。同时，通过对婚姻家事纠纷中较为常见的"抢孩子"现象作出法律上的否定性评价，引导公众在处理家事问题时，即使夫妻情感波动或破裂期间，夫妻双方也应依据"最有利于未成年人"之原则行使监护权，以最大限度地保障未成年人的合法权益。

三、规范指引

法律

《民法典》

第 34 条 监护人的职责是代理被监护人实施民事法律行为，保护被监护人的人身权利、财产权利以及其他合法权益等。

监护人依法履行监护职责产生的权利，受法律保护。

监护人不履行监护职责或者侵害被监护人合法权益的，应当承担法律责任。

因发生突发事件等紧急情况，监护人暂时无法履行监护职责，被监护人的生活处于无人照料状态的，被监护人住所地的居民委员会、村民委员会或者民政部门应当为被监护人安排必要的临时生活照料措施。

第 35 条　监护人应当按照最有利于被监护人的原则履行监护职责。监护人除为维护被监护人利益外，不得处分被监护人的财产。

未成年人的监护人履行监护职责，在作出与被监护人利益有关的决定时，应当根据被监护人的年龄和智力状况，尊重被监护人的真实意愿。

成年人的监护人履行监护职责，应当最大程度地尊重被监护人的真实意愿，保障并协助被监护人实施与其智力、精神健康状况相适应的民事法律行为。对被监护人有能力独立处理的事务，监护人不得干涉。

《未成年人保护法》

第 7 条　未成年人的父母或者其他监护人依法对未成年人承担监护职责。

国家采取措施指导、支持、帮助和监督未成年人的父母或者其他监护人履行监护职责。

第 16 条　未成年人的父母或者其他监护人应当履行下列监护职责：

（一）为未成年人提供生活、健康、安全等方面的保障；

（二）关注未成年人的生理、心理状况和情感需求；

（三）教育和引导未成年人遵纪守法、勤俭节约，养成良好的思想品德和行为习惯；

（四）对未成年人进行安全教育，提高未成年人的自我保护意识和能力；

（五）尊重未成年人受教育的权利，保障适龄未成年人依法接受并完成义务教育；

（六）保障未成年人休息、娱乐和体育锻炼的时间，引导未成年人进行有益身心健康的活动；

（七）妥善管理和保护未成年人的财产；

（八）依法代理未成年人实施民事法律行为；

（九）预防和制止未成年人的不良行为和违法犯罪行为，并进行合理管教；

（十）其他应当履行的监护职责。

第 17 条 未成年人的父母或者其他监护人不得实施下列行为：

（一）虐待、遗弃、非法送养未成年人或者对未成年人实施家庭暴力；

（二）放任、教唆或者利用未成年人实施违法犯罪行为；

（三）放任、唆使未成年人参与邪教、迷信活动或者接受恐怖主义、分裂主义、极端主义等侵害；

（四）放任、唆使未成年人吸烟（含电子烟，下同）、饮酒、赌博、流浪乞讨或者欺凌他人；

（五）放任或者迫使应当接受义务教育的未成年人失学、辍学；

（六）放任未成年人沉迷网络，接触危害或者可能影响其身心健康的图书、报刊、电影、广播电视节目、音像制品、电子出版物和网络信息等；

（七）放任未成年人进入营业性娱乐场所、酒吧、互联网上网服务营业场所等不适宜未成年人活动的场所；

（八）允许或者迫使未成年人从事国家规定以外的劳动；

（九）允许、迫使未成年人结婚或者为未成年人订立婚约；

（十）违法处分、侵吞未成年人的财产或者利用未成年人牟取不正当利益；

（十一）其他侵犯未成年人身心健康、财产权益或者不依法履行未成年人保护义务的行为。

第 18 条 未成年人的父母或者其他监护人应当为未成年人提供安全的家庭生活环境，及时排除引发触电、烫伤、跌落等伤害的安全隐患；采取配备儿童安全座椅、教育未成年人遵守交通规则等措施，防止未成年人受到交通事故的伤害；提高户外安全保护意识，避免未成年人发生溺水、动物伤害等事故。

第 19 条 未成年人的父母或者其他监护人应当根据未成年人的年龄和智力发展状况，在作出与未成年人权益有关的决定前，听取未成年人的意见，充分考虑其真实意愿。

第 20 条 未成年人的父母或者其他监护人发现未成年人身心健康受到侵害、疑似受到侵害或者其他合法权益受到侵犯的，应当及时了解情况并采取保护措施；情况严重的，应当立即向公安、民政、教育等部门报告。

第 21 条 未成年人的父母或者其他监护人不得使未满八周岁或者由于身体、心理原因需要特别照顾的未成年人处于无人看护状态，或者将其交由无民事行为能力、限制民事行为能力、患有严重传染性疾病或者其他不适宜的人员临时照护。

未成年人的父母或者其他监护人不得使未满十六周岁的未成年人脱离监护单独生活。

第 22 条 未成年人的父母或者其他监护人因外出务工等原因在一定期限内不能完全履行监护职责的，应当委托具有照护能力的完全民事行为能力人代为照护；无正当理由的，不得委托他人代为照护。

未成年人的父母或者其他监护人在确定被委托人时，应当综合考虑其道德品质、家庭状况、身心健康状况、与未成年人生活情感上的联系等情况，并听取有表达意愿能力未成年人的意见。

具有下列情形之一的，不得作为被委托人：

（一）曾实施性侵害、虐待、遗弃、拐卖、暴力伤害等违法犯罪行为；

（二）有吸毒、酗酒、赌博等恶习；

（三）曾拒不履行或者长期怠于履行监护、照护职责；

（四）其他不适宜担任被委托人的情形。

《预防未成年人犯罪法》

第 16 条 未成年人的父母或者其他监护人对未成年人的预防犯罪教育负有直接责任，应当依法履行监护职责，树立优良家风，培养未成年人良好品行；发现未成年人心理或者行为异常的，应当及时了解情况并进行教育、引导和劝诫，不得拒绝或者怠于履行监护职责。

第 61 条 公安机关、人民检察院、人民法院在办理案件过程中发现实施严重不良行为的未成年人的父母或者其他监护人不依法履行监护职责的，应当予以训诫，并可以责令其接受家庭教育指导。

第二节 典型、疑难问题解析

一、监护权受侵害的救济方式有哪些，是否可主张精神损害赔偿

监护人依法履行监护职责的权利，称为监护权。监护权受法律保护，任何单位和个人都不得非法干涉或侵犯。侵害监护权的行为样态，主要包括非法使被监护人脱离监护，或者妨害监护人履行监护职责。当监护权受到侵害或妨害时，监护人有权请求停止侵害、排除妨碍。根据《最高人民法院关于确定民事侵权精神损害赔偿责任若干问题的解释》第2条的规定，非法使被监护人脱离监护，导致亲子关系或者近亲属间的亲属关系遭受严重损害，监护人向人民法院起诉请求赔偿精神损害的，人民法院应当依法予以受理。监护人与被监护人无亲属关系的，不得请求精神损害赔偿。

二、监护与抚养的联系及区别

司法实践中常常发生将监护权与抚养权混淆的情形。监护权不同于抚养权。首先，监护权是法律赋予的权利，除有特殊事由，如实施严重侵犯被监护人人身健康的、实施严重侵害被监护人合法权益的、怠于履行监护职责或无法履行监护职责且拒绝将全部或部分监护职责委托他人，导致被监护人处于危困状态的，人民法院可以撤销监护人资格，未成年父母的监护权一般不轻易变动；而抚养权一般由双方协商或由法院裁判决定，拥有抚养权的一方，不能单方取消另一方对子女的监护权利，也不能单方阻止另一方对子女的探望权，根据《民法典》的相关规定，抚养权在严格意义上分为直接抚养权与间接抚养权，夫妻离婚后，子女一般仅随具有直接抚养权的一方生活，而具有间接抚养权的一方则需要给付相应的抚养费。其次，监护权是法定的，具有公法上的义务属性，而抚养权来自亲属血缘，无强制性。最后，父母对子女具有抚养权的同时一定具有监护权，但具有监护权却不一定同时具有抚

养权。

    抚养权归于一方后，另一方对子女的监护权仍然存在，其依旧具有相应的权利义务，也应履行监护职责。例如，夫妻离婚后，未成年子女侵害他人权益的，同该子女共同生活的一方应当承担民事责任；如果独立承担民事责任确有困难的，可责令未与该子女共同生活的一方共同承担民事责任。

第九章　探望权纠纷

探望权，又称探视权、会面交往权，是指父母离婚后，不直接抚养子女的一方依法享有对未与之共同生活的子女进行探视、联系、短期共同生活、会面、交往的权利。夫妻关系存续期间，父母共同对子女进行抚养教育。离婚后，不直接抚养子女的一方，只能通过支付抚养费和定期或不定期对子女进行探望的方式，对子女的生活、教育、健康等予以关注，弥补非探望期间对子女陪伴的缺失，增进亲情交流。事实上，直接抚养子女一方的抚养权和不直接抚养子女一方的探望权，共同构成了离婚后父母对子女亲权的主要内容。探望权的设置、亲权的行使，都是为了保障子女的健康成长。

第一节　探望权纠纷案件的裁判规则

探望权纠纷中的主要争议问题在于探望的主体、探望的方式、中止探望的情形等。

一、一般裁判规则

1. 在探望权行使的权利主体上，《民法典》第1086条将其限制为"不直接抚养子女的父或者母"，这是因为，作为一项权利，探望权是亲权的一项重要内容，而亲权的主体就是父母。特殊情况下，其他主体也能够行使探望权，具体见后文论述。

2. 在探望的方式上，法院首先应当尊重当事人的协议，协议不成的，由法院进行判决。探望的方式分为看望式探望和逗留式探望。看望式探望是指非与未成年子女共同生活的一方到对方家中，或者一方指定的或双方约定的地点进行探望，如定期或不定期地见面、共同进餐、共同游戏娱乐等。这种探望方式持续的时间较短，方式灵活，且并未脱离直接抚养子女一方的监护范围，更加容易被当事人接受，执行起来更为便捷。但是，比起逗留式探望，看望式探望的权利人与子女的联系和沟通相对而言则不够密切。逗留式探望是指在当事人约定的或者判决确定的探望时间内，由探望人领走并按时送回被探望子女，如短期和子女居住生活在一起等。这种方式探望的时间较长，使得探望权人可以与子女进行更加深入的互动和交流。实践中，在探望方式的选择上，应当结合父母的居住地点、工作性质、生理心理健康状况、个人品行、生活习惯以及子女的生活学习情况、主观意愿、与探望权人亲密程度等情况来综合确定。

3. 关于中止探望，根据《民法典婚姻家庭编司法解释（一）》的相关规定，申请主体为未成年子女、直接抚养子女的父或母以及其他对未成年子女负担抚养、保护教育义务的法定监护人；申请的条件为当事人在履行生效判决、裁定或者调解书的过程中，即存在在先的生效裁判文书对探望时间方式予以了规定；决定中止探望的主体在法院，且法院出具的文书为裁定书。

案例 38　赵某诉刘某探望权纠纷案[①]

基本案情

原告赵某向淄博市临淄区人民法院起诉称：2019 年 9 月，原、被告经临淄区人民法院判决离婚。离婚后，原告依照判决履行支付抚养费的义务。但是，被告一直拒绝原告会见其子赵甲。两年多来，原告无法见到自己的亲生骨肉，精神非常痛苦。被告的行为也剥夺了儿子与父亲相处享受父爱的权利，损害了亲权，对孩子的成长也不利。为此，原告起诉至法院。请求：（1）依法判令被告协助原告行使探视权，具体方案为：①每周探望孩子一次，周五下午由原告或原告的父母到托儿所或学校将孩子赵甲接回原告住处，周一早上由原告或原告父母送孩子赵甲到托儿所或学校，下午放学后由被告接

[①] 摘自《法院如何以裁判的方式确定探望权的行使》，载微信公众号"山东高法" 2022 年 7 月 22 日，https://mp.weixin.qq.com/s/IAtfgVqnTklSR0G5DlaemA，2024 年 4 月 22 日访问。

回；②每年暑假由原告与孩子赵甲连续共同生活 20 天，寒假共同生活 10 天；③春节、中秋节、劳动节、国庆节、元旦、清明节、端午节由原告、被告轮流抚养。（2）无论孩子赵甲在何地或被告的住处更改，被告应通知原告孩子的详细住所和学校地址。（3）本案诉讼费用由被告承担。

被告刘某辩称：原告所诉与事实不符，其不存在不让原告行使探视权的情形，故不同意原告的诉讼请求。原告每次探望孩子都是与其父母及其他近亲属一起，每次都不欢而散，甚至报警。探望权是亲权的组成部分，亲权是指父母对未成年子女在人身和财产方面的管教与保护的权利和义务，是一种身份权。探望权主体不能突破亲权的主体范围，祖父母、外祖父母等其他近亲属并非探望权主体。被告同意原告在不将赵甲接回去居住的情况下每月探望两次，每次半天。

淄博市临淄区人民法院经审理查明：原、被告于 2016 年 1 月 6 日登记结婚，并于 2016 年 12 月 21 日生育一子，取名赵甲。被告刘某以双方婚后感情不和，夫妻感情破裂为由，向本院提起离婚诉讼。本院于 2019 年 9 月 24 日判决双方离婚，婚生子赵甲由刘某抚养，赵某每月支付抚养费 700 元，自判决生效之日起至婚生子赵甲年满十八周岁止。后原告要求行使对婚生子的探望权向本院起诉。为此，形成诉讼。

裁判结果

淄博市临淄区人民法院一审判决：（1）原告赵某自 2021 年 6 月起，于每月的第一个、第三个星期六对婚生子赵甲行使探望权，被告刘某予以协助。（2）原告赵某在婚生子赵甲暑假期间，与其连续共同生活二十天。在赵甲寒假期间，与其连续共同生活十天。在上述时间内，被告刘某予以协助。（3）若婚生子赵甲变更住所地及学校，被告刘某在变更后五日内告知原告赵某。（4）驳回原告赵某的其他诉讼请求。宣判后，被告刘某不服，向淄博市中级人民法院提起上诉。淄博市中级人民法院二审判决：驳回上诉，维持原判。

典型意义

当父母双方不能就探望权的行使通过协商达成一致意见，需要由法院以裁判的方式确定探望权如何行使时，必须遵循子女利益最大化的基本原则，以子女本位为出发点进行裁判。具体遵循以下三个原则：有利于子女健康成长；尊重子女本人意愿；兼顾有利于探望权实现并适当考虑父母行使探望权的便利性。

案例39　刘某、邓某1探望权纠纷案①

基本案情

邓某1向一审法院起诉请求：刘某协助邓某1每月探视女儿邓某一次，具体探视时间与方式为：每月第一周周六上午9时邓某1从刘某住所接走女儿邓某，当日晚上9时将其送回刘某住所；本案诉讼费用由刘某承担。一审法院判决如下：邓某1有权探望女儿邓某，刘某应予以协助，具体探视方式为邓某1于每月第一周周六上午9时至刘某住所接走女儿邓某，直至当日晚上9时再将其送回刘某住所，一审案件受理费100元，由邓某1负担。

宣判后，刘某不服，上诉请求：撤销一审判决；驳回邓某1的全部诉讼请求；邓某1承担本案的全部诉讼费。上诉主要理由：（1）邓某1对邓某进行探望将干扰邓某的正常生活秩序，不利于邓某的身心健康和现有的生活。邓某1在女儿邓某8个月大的时候就搬离两人住处，此后再也没有见过女儿，邓某对邓某1已经没有记忆。刘某与邓某1于××××年××月××日登记结婚，××××年××月××日生育女儿邓某。双方自2014年6月起开始分居，邓某1搬离两人住处独自生活。同年11月，邓某1第一次起诉离婚，法院判不离后，2016年5月邓某1再次起诉离婚。广州市中级人民法院于2017年4月18日作出（2017）粤01民终1829号民事判决，准予双方离婚，婚生女儿由刘某携带抚养，邓某1应每月向刘某支付女儿的抚养费2000元。刘某于同年5月另租房屋居住。（2）邓某1在拿到离婚判决书后，通过极端手段逼迫刘某及其幼女在一周内搬离原住处。邓某1不顾幼女身心健康，多次教唆他人上门恐吓、威胁、强行拆卸住家水电，带领多人到其住处闹事，并去刘某工作单位大闹，逼迫刘某及幼女即刻搬离，丝毫不顾及幼女日后

---

① 摘自广东省广州市中级人民法院（2021）粤01民终16265号民事判决书。

生活问题，造成幼小的邓某缺乏安全感，刘某也于离婚的次月搬离原住处，且在邓某1斜对面的园区租房居住。双方在2017年5月15日至2019年6月14日分别居住在某小区不同园区，同期女儿则在园区幼儿园就读，其间邓某1从来没有要求看望过女儿。（3）刘某已于2020年年初重组家庭，现任丈夫对邓某视如己出，邓某一直认为继父就是自己的生父，若邓某1频繁探望，对邓某的身心健康发展不利。（4）邓某周末均有课外兴趣班，不方便邓某1频繁探望。邓某1一直在广东某金属有限公司工作，有稳定收入，却拒不支付女儿的抚养费，刘某需每年向法院申请强制执行才能拿到抚养费。

被上诉人邓某1辩称，刘某的上诉主张无事实和法律依据，应依法驳回全部上诉请求。原因：（1）刘某上诉的目的是拖延邓某1对女儿邓某的探视。关于邓某1主张的探视方式，一审判决从有利于未成年人身心健康成长、保持未成年人相对稳定生活规律出发，结合本案实际情况作出的判决是正确的，应当予以维持。刘某上诉称邓某1的探视将干扰邓某的正常生活秩序，不利于邓某的身心健康和现有的生活，没有任何事实与法律依据。（2）刘某在本案中存在恶意拖延、阻碍邓某1探望女儿邓某的情形。自刘某与邓某1因离婚纠纷诉诸法律后，刘某一直以女儿邓某作为要挟，阻止邓某1进行探望，邓某1至今不知道女儿的住所和学校等情况。（3）邓某有知道自己亲生父亲为邓某1的权利，邓某1与女儿邓某的血缘关系不应当被人为曲解。刘某陈述的邓某已有继父不需要生父探视，是对邓某实施了错误的教育方式，其目的是人为地让邓某对生父邓某1产生怨恨，从而让邓某拒绝邓某1的探视。邓某1认为父母间的感情纠葛不应由小孩来承担后果，这对小孩不公平。（4）邓某1探视女儿邓某是法定权利，刘某有协助义务。根据《民法典》第1086条之规定，邓某1作为不直接抚养女儿邓某的一方，依法享有探视的权利，刘某有协助的义务。

裁判结果

法院经审理后认为，刘某、邓某1双方争议的焦点是邓某1是否享有对女儿邓某的探望权及探望方案问题。根据我国民法典相关规定，离婚后，不直接抚养子女的父或者母，有探望子女的权利，另一方有协助的义务。行使探望权利的方式、时间由当事人协议，协议不成的，由人民法院判决。故，本案中，双方离婚后，邓某1作为不直接抚养女儿邓某的一方，依法享有探望邓某的权利，刘某有协助的义务。现双方就该事项无法达成一致意见，对此本院认为，离婚后，对女儿的探望权是邓某1享有的法定权利，探望权是一项基础的也是极其重要的亲权派生权利，对培养维系正常的父母子女关系不可或缺，非经法院依法裁判，任何人无权予以限制、阻碍或剥夺他方对该项权利的行使。骨肉亲情血浓于水，难以割舍，难以磨灭。子女有权知道自己的亲生父母，并接受其抚养、教育。再婚组建新家庭和抚养费支付问题均不应当成为另一方探望自己子女的阻碍。刘某所述其现任丈夫视邓某为己出，邓某一直视继父为亲生父亲，这也是本院想看到也是所期待的结果。刘某担心因邓某1的探视，会破坏这种关系，虽然情感上也能理解，但本院希望刘某能明白，父母子女的亲缘关系是不可能人为阻断的，不想让女儿知道自己亲生父亲的想法或者做法都是十分危险和不可取的，不仅不利于未成年人正确世界观、人生观、价值观的塑造和形成，也会让未成年人一直生活在困惑的环境之中，长大成年后，更可能会导致对自己的父母产生误解甚至发生冲突。而邓某1作为孩子的亲生父亲，应该珍惜每一次探视女儿的机会，并注意方式方法，循序渐进地培养父女感情，减少因父母离异给女儿造成的伤害。一、二审期间，刘某均未提交任何证据证实邓某1对邓某进行探望，不利于邓某身心健康。一审法院结合双方的诉辩意见、邓某的抚养情况等，确定的探视方案，已充分考量了孩子的现实生活、学习情况，有助于实现未成年人利益最大化，促成邓某身心健康成长，并无不当之处，本院予以维持。刘某上诉坚持主张邓某1不应探视女儿，该请求明显不利于父女亲情关系的培养与维系，从长远来看，也不利于邓某身心健康。其该项请求不仅缺乏事实与法律依据，也与情理不符，本院不予采纳。

综上所述，刘某的上诉请求不能成立，应予驳回；一审判决认定事实清楚，适用法律正确，应予维持。后二审法院判决：驳回上诉，维持原判。

典型意义

探望权是一项基础的也是极其重要的亲权派生权利，对培养、维系正常的父母子女关系不可或缺，非经法院依法裁判，任何人无权予以限制、阻碍或剥夺他方对该项权利的行使。再婚组建新家庭和抚养费支付问题均不应成为另一方探望自己子女的阻碍。不直接抚养子女一方主张行使探望权的，直接抚养子女一方应有协助义务。

二、特殊裁判规则

1. 在探望主体死亡或者丧失行为能力的情况下，祖父母、外祖父母可否代替子女对孙子女、外孙子女进行探望未有明确法律规定，此时法官可综合考虑影响孙子女、外孙子女的身心健康成长的各种因素，作出是否支持祖父母、外祖父母进行探望的判决。《第八次全国法院民事商事审判工作会议（民事部分）纪要》第3条亦规定："祖父母、外祖父母对父母已经死亡或父母无力抚养的未成年孙子女、外孙子女尽了抚养义务，其定期探望孙子女、外孙子女的权利应当得到尊重，并有权通过诉讼方式获得司法保护。"

2. 有关中止或恢复探望的诉讼，不应作为新的独立的诉讼来对待，而是在履行有关生效法律文书的过程中发生的事情，应将其纳入执行程序中予以解决。探望权是父母基于对子女的亲权而享有的一项法定权利，探望的中止，并不是对探望权进行实质性的处分，对当事人而言也并非探望权最终被剥夺，只是暂时性地对权利的行使状况加以限制，待中止探望的情形消失后，当事人仍能依法行使探望权。由于决定中止、恢复探望不仅关系到当事人权利的行使问题，也与未成年子女的健康成长密切相关，所以法官应当对此类问题慎重对待，在充分听取双方意见、认真开展调查研究的基础上作出决定。一方向法院提出中止探望请求的，法院应当听取另一方的意见并查明真实情况，再作出是否中止探望的裁定。同样，探望权人向法院请求恢复探望的，法院也要征求另一方当事人的意见，并切实查清不利于子女健康成长的情形是否确已消失，再决定是否应当恢复探望。

3. 关于中止探望的情形，法律、司法解释并未对什么才是构成"不利于子女身心健康"的情形作出具体规定，《未成年人保护法》第17条规定："未成年人的父母或者其他监护人不得实施下列行为：（一）虐待、遗弃、非法送养未成年人或者对未成年人实施家庭暴力；（二）放任、教唆或者利用未成年人实施违法犯罪行为；（三）放任、唆使未成年人参与邪教、迷信活动或者接受恐怖主义、分裂主义、极端主义等侵害；（四）放任、唆使未成年人吸烟（含电子烟，下同）、饮酒、赌博、流浪乞讨或者欺凌他人；（五）放任或者迫使应当接受义务教育的未成年人失学、辍学；（六）放任未成年人沉迷网络，接触危害或者可能影响其身心健康的图书、报刊、电影、广播电视节目、音像制品、电子出版物和网络信息等；（七）放任未成年人进入营业性娱乐场所、酒吧、互联网上网服务营业场所等不适宜未成年人活动的场所；（八）允许或者迫使未成年人从事国家规定以外的劳动；（九）允许、迫使未成年人结婚或者为未成年人订立婚约；（十）违法处分、侵吞未成年人的财产或者利用未成年人牟取不正当利益；（十一）其他侵犯未成年人身心健康、财产权益或者不依法履行未成年人保护义务的行为。"法院在审判实践中，可结合上述法律规定，并根据个案具体情况、父母实施不利于子女身心健康行为的严重程度，在全面听取各方意见的基础上综合判断。

案例 40 马某 1、段某某诉于某某探望权纠纷案①

基本案情

原告马某 1、段某某系马某 2 父母。被告于某某与马某 2 原系夫妻关系，两人于 2018 年 2 月 14 日办理结婚登记，2019 年 6 月 30 日生育女儿马某。2019 年 8 月 14 日，马某 2 在工作时因电击意外去世。目前，马某一直随被告于某某共同生活。原告因探望孙女马某与被告发生矛盾，协商未果，现诉至法院，请求判令：每周五下午六点原告从被告处将马某接走，周日下午六点被告将马某从原告处接回；寒暑假由原告陪伴马某。

裁判结果

生效裁判认为，马某 1、段某某夫妇老年痛失独子，要求探望孙女是人之常情，符合《民法典》立法精神。马某 1、段某某夫妇探望孙女，既可缓解老人丧子之痛，也能使孙女从老人处得到关爱，有利于其健康成长。我

---

① 摘自《人民法院贯彻实施民法典典型案例（第二批）》之案例十一，载最高人民法院网站，https：//www.court.gov.cn/zixun/xiangqing/386521.html，2024 年 4 月 24 日访问。

国祖孙三代之间的关系十分密切，一概否定（外）祖父母对（外）孙子女的探望权不符合公序良俗。因此，对于马某1、段某某要求探望孙女的诉求，人民法院予以支持。遵循有利于未成年人成长的原则，综合考虑马某的年龄、居住情况及双方家庭关系等因素，判决：马某1、段某某对马某享有探望权，每月探望两次，每次不超过五个小时，于某某可在场陪同或予以协助。

典型意义

近年来，（外）祖父母起诉要求探视（外）孙子女的案件不断增多，突出反映了社会生活对保障"隔代探望权"的司法需求。民法典虽未对隔代探望权作出规定，但《民法典》第10条明确了处理民事纠纷的依据。按照我国风俗习惯，隔代近亲属探望（外）孙子女符合社会广泛认可的人伦情理，不违背公序良俗。本案依法支持原告探望孙女的诉讼请求，符合民法典立法目的和弘扬社会主义核心价值观的要求，对保障未成年人身心健康成长和维护老年人合法权益具有积极意义。

案例41　文某甲诉文某探望权纠纷案[①]

基本案情

文某与温某原系夫妻关系，2014年9月3日生育文某甲。2016年3月，文某与温某协议离婚并办理离婚登记，离婚协议书约定文某甲由温某抚养，文某无须支付抚养费、有探望权。离婚后，文某甲和温某在石家庄生活，文某在成都工作、生活，后再婚并育有一女。离婚后，文某因探望文某甲与温某产生纠纷。2020年，文某曾向文某甲住所地法院提起探望权纠纷诉讼，法院生效判决确认文某每月及长假期间可探望文某甲并确定了具体履行方式，温某应予以配合。但在此后探望过程中，文某与温某就探望具体事宜产生矛盾，且双方之间仍存在财产、抚养费等纠纷并已进入诉讼阶段，文某2021年

[①] 摘自《成都法院2023年度未成年人权益司法保护典型案例》之案例五，载微信公众号"蓉城少家审判"2023年6月1日，https://mp.weixin.qq.com/s/NrPdAEqAr_OEUp3bXt-Svg，2024年5月5日访问。

9月以后未再到石家庄探望文某甲。文某甲以父亲一年多未对其进行探望，父爱严重缺失为由提起诉讼，要求文某对其进行探望。

裁判结果

法院生效裁判认为，本案的争议焦点在于文某甲是否有权要求其父亲来探望自己。首先，离婚后不直接承担抚养义务一方具有继续养育、照顾未成年子女的法定义务，探望作为其履行对未成年子女的抚养、教育、保护义务的实现方式，对父母一方来说具有权利与义务双重属性的特征，不直接抚养子女的父或母不得拒绝探望子女。其次，未成年子女享有要求父母对其进行探望的权利。因此，未成年人不应仅被视为探望行为指向的对象，亦应是探望权的权利主体，在父母长期怠于探望或者父母明确拒绝探望使得被探望权无法实现时，未成年人有权表达并直接提出探望请求，人民法院应当予以支持。最后，从有利于未成年人利益最大化的立法本意出发，探望权的设立目的是最大限度地保护离异家庭中未成年子女的利益，若仅将探望视为父母一方享有的单向权利、将子女视为被探望对象，则在子女长期未得到父母探望时，亦无法通过合法途径提出探望请求，当未成年子女双向情感交流抚慰的渴望得不到满足时，其利益将陷入被忽视甚至被侵害的境地，显然不符合未成年人利益最大化原则的内在要求。综上，法院对文某甲要求其父对其探望的请求予以支持。

成都高新技术产业开发区人民法院于2022年11月25日作出（2022）川0191民初5479号民事判决：（1）被告文某自本判决生效当月起每月到原告文某甲居住地探望一次，探望时间为2天，具体探望时间由被告文某与原告文某甲的法定代理人温某自行协商，被告文某探望原告文某甲时，原告文某甲的法定代理人温某予以配合和协助；（2）被告文某自本判决生效之日起每周通过网络、电话等方式与原告文某甲进行沟通交流，时间不少于一个小时，原告文某甲的法定代理人温某予以配合和协助；（3）被告文某自本判决生效当年起每年寒假和暑假与原告文某甲共同居住各7天，由原告文某甲的法定代理人温某送其至被告文某居住地，被告文某在探望结束后送原告文某甲回到其居住地；（4）驳回原告文某甲的其他诉讼请求。

典型意义

在现行法律未有明文规定的情况下，司法实践中对于未成年人要求未一同生活的父母履行探望义务持两种观点：一种是从文义解释的角度理解《民法典》第1086条的规定，认为只有不直接抚养子女的父或母享有探望权，未成年子女不享有探望权。另一种是从立法解释的角度来看，认为支持未成年人享有探望权符合保护未成年人利益最大化的立法本意和基本原则。从立法价值和保障未成年人权利来看，第二种观点更具合理性。立法机关设立探望权是为了最大限度地保护离异家庭中未成年子女的利益，有效弥补因父母婚姻关系终止、家庭成员变更以及亲情陪伴缺失等给未成年子女造成的不利影响。探望权既是权利也是义务，未直接抚养未成年人的父或母享有探望子女的权利，也具有探望未成年子女的义务，未成年人可依法主张未直接抚养的父或母履行探望义务。

本案确定的裁判规则，一方面充分将社会主义核心价值观融入司法裁判释法说理，明确了未成年人享有探望权，对类案审理具有重要参考价值；另一方面为父母与未成年人双向探望提供有力司法保障，使家庭的情感认同、家长的言传身教、家风的浸润熏陶在少年儿童心中生根发芽，对家庭成员在家庭和社会生活中践行和谐、友善的社会主义核心价值观起到了重要作用。

三、规范指引

1. 法律

《民法典》

第1086条 离婚后，不直接抚养子女的父或者母，有探望子女的权利，另一方有协助的义务。

行使探望权利的方式、时间由当事人协议；协议不成的，由人民法院判决。

父或者母探望子女，不利于子女身心健康的，由人民法院依法中止探望；中止的事由消失后，应当恢复探望。

《未成年人保护法》

第 24 条 未成年人的父母离婚时，应当妥善处理未成年子女的抚养、教育、探望、财产等事宜，听取有表达意愿能力未成年人的意见。不得以抢夺、藏匿未成年子女等方式争夺抚养权。

未成年人的父母离婚后，不直接抚养未成年子女的一方应当依照协议、人民法院判决或者调解确定的时间和方式，在不影响未成年人学习、生活的情况下探望未成年子女，直接抚养的一方应当配合，但被人民法院依法中止探望权的除外。

第 109 条 人民法院审理离婚、抚养、收养、监护、探望等案件涉及未成年人的，可以自行或者委托社会组织对未成年人的相关情况进行社会调查。

2. 司法解释

《民法典婚姻家庭编司法解释（一）》

第 65 条 人民法院作出的生效的离婚判决中未涉及探望权，当事人就探望权问题单独提起诉讼的，人民法院应予受理。

第 66 条 当事人在履行生效判决、裁定或者调解书的过程中，一方请求中止探望的，人民法院在征询双方当事人意见后，认为需要中止探望的，依法作出裁定；中止探望的情形消失后，人民法院应当根据当事人的请求书面通知其恢复探望。

第 67 条 未成年子女、直接抚养子女的父或者母以及其他对未成年子女负担抚养、教育、保护义务的法定监护人，有权向人民法院提出中止探望的请求。

第 68 条 对于拒不协助另一方行使探望权的有关个人或者组织，可以由人民法院依法采取拘留、罚款等强制措施，但是不能对子女的人身、探望行为进行强制执行。

3. 规范性文件

《第八次全国法院民事商事审判工作会议（民事部分）纪要》

2. 离婚后，不直接抚养未成年子女的父母一方提出探望未成年子女诉讼请求的，应当向双方当事人释明探望权的适当行使对未成年子女健康成长、人格塑造的重要意义，并根据未成年子女的年龄、智力和认知水平，在有利于未成年子女成长和尊重其意愿的前提下，保障当事人依法行使探望权。

3. 祖父母、外祖父母对父母已经死亡或父母无力抚养的未成年孙子女、外孙子女尽了抚养义务,其定期探望孙子女、外孙子女的权利应当得到尊重,并有权通过诉讼方式获得司法保护。

第二节 典型、疑难问题解析

一、主张在婚姻关系存续期间探望子女的应如何处理

《民事案件案由规定》在婚姻家庭纠纷部分规定了"探望权纠纷",但对于婚内探望权争议是否直接适用该案由,各法院之间却有不同意见。法院在受理该类案件时,通常以下三种方式来处理:一是以"探望权纠纷"为案由受理并审理案件;二是以原告尚未与配偶离婚,不具有提起探望权诉讼纠纷的起诉条件为由,裁定不予受理;三是以"侵权责任纠纷"或"监护权纠纷"为案由审理案件,即配偶另一方侵害其监护权。

对此问题,笔者认为,一方面,虽然我国的立法体系以及教学是程序法与实体法相分离的方式,但是作为一个系统中的法律规定,实体法的落实离不开程序法的实施,程序法的实施亦离不开实体法的相关规定。因此,通过体系解释的方法,并结合已失效《婚姻法》、现行《民法典》及相关司法解释的规定,《民事案件案由规定》中"27. 探望权纠纷"的"探望权"应指的是离婚后,未直接抚养子女的一方的探望权,因此,对于婚内探望权的直接民事案由,我国法律并未予以规定。另一方面,对于"监护权纠纷"案由的适用,是较为适当的一个选择。侵权对象是指物权、人格权、身份权、知识产权等绝对权。之所以将侵权的对象限定为绝对权,是因为实施侵权行为的主体可以是任何人。而将如此强的法律责任加于一个"路人"身上,便要求每个人都能知道侵权的对象为何,即该权利是公开的,个人才能有所注意和防范,而绝对权则满足这一要件,故"侵权责任纠纷"的案由适用在监护权被侵害的条件下。监护权、探望权或抚养权等亲权是父母对孩子的天然权利,即身份权,因此,将该类案件定性为"监护权纠纷"比较合适。

二、当探望权与子女意愿发生冲突时应如何处理

对此问题有三种观点：第一种观点认为探望权是法律赋予父母的权利，且子女不一定能表达真实意愿，故不用考虑子女的意愿；第二种观点认为要完全尊重子女的意愿，若子女不愿意见父母，应当中止探望；第三种观点认为要结合具体案情，考虑子女的年龄、认知能力、生活环境等可能会影响其判断或表达的因素，对意见进行征求但不等于一定按照意见进行判决。

对此，笔者赞成第三种观点，探望权设立初衷在于最大化保护子女利益，当子女不愿见父或母时，若一味强调父或母的探望权而对子女意志不加理会，势必会使子女受到伤害，当探望权与子女利益和意愿发生冲突时，法院应遵循子女利益最大化的基本原则，以子女本位为出发点进行裁判。同时，子女的意愿应作为重要的参考因素，而非唯一因素，具体裁判时还要综合其他因素进行判断。

第十章　亲子关系纠纷

亲子关系,又称为父母子女关系,亲为父母,子为子女。亲子关系根据其产生根据的不同,可分为自然血亲的亲子关系和法律拟制的亲子关系,前者基于子女出生的事实产生,后者基于法律的认可而设定,包括养父母养子女关系和形成抚养教育关系的继父母继子女关系。就亲子关系产生的争议,主要分为两种:确认尚未形成的亲子关系和否认已经形成的亲子关系。对于法律拟制的亲子关系,其成立与否主要依赖于是否符合法律规定的成立要件,如收养关系是否成立,要看是否进行了收养登记;继父母继子女之间是否成立拟制血亲关系,要看是否形成了抚养教育关系。对于自然血亲的亲子关系,其成立与否主要依赖于双方当事人之间是否存在血缘关系。实践中,因母亲可由子女出生的事实加以确定,故是否存在血缘关系,主要是确定子女的生父。

从科学技术的角度讲,生父只能通过血缘关系确定,血缘关系的判断方法,随着科技进步在不断改善。现在人们已经可用 DNA 进行亲子鉴定,否认亲子关系的准确率几乎能达到 100%,肯定亲子关系的准确率达到 99.9%,人民法院在审判实践中已经将其作为判断亲子关系是否存在的重要证据。审判实践中,很多情况是当事人一方不配合,导致无法采集检材。同时,亲子鉴定对于一个家庭的维系、亲情的延续具有重要影响,人民法院在选择适用这一方法时要格外慎重。故,在亲子关系纠纷案件处理中,既要合理依靠鉴定程序查明案件事实,也要依法适用证据规则作出判断,以达到法律效果和社会效果的统一。

第一节　亲子关系纠纷案件的裁判规则

涉及亲子关系纠纷的法律规定主要为《民法典》第 1073 条及《民法典婚姻家庭编司法解释（一）》第 39 条，处理具体案件时应结合民法典、民事诉讼法及民事证据规则的相关规定。

一、一般裁判规则

1. 亲子关系纠纷的提起主体

根据《民法典》第 1073 条规定，有资格提起确认亲子关系诉讼的主体包括：父、母、父和母、成年子女。父亲提起亲子关系确认之诉，主要是指生父自愿认可亲子关系，但相对方予以否认的情形。母亲提起亲子关系确认之诉，主要是指生父不愿意认可亲子关系，生母以生父为被告提起诉讼，请求法院确认子女和生父之间存在亲子关系的情形。父和母提起亲子关系确认之诉，主要是指子女被抱错或者被社会福利机构领养，或者和父母离散，母亲或父亲起诉请求确认自己和子女之间存在亲子关系的情形。成年子女提起亲子关系确认之诉，主要是指以生父或者生母为被告，请求确认亲子关系的情形，也包括弃婴或者父母离散的子女以生父或生母为被告提起的诉讼。本条规定的原告范围中只包括成年子女，不包括未成年子女，这主要是考虑到未成年子女缺乏民事行为能力和诉讼行为能力，其要确认亲子关系，可以由母亲或父亲作为原告提出。考虑到亲子关系的确认或者否认对一个家庭及其相关亲属所可能造成的颠覆性后果，本条规定将提起亲子关系确认诉讼的主体限制为父、母和成年子女，除此之外，其他人均不能作为原告提起亲子关系确认之诉。

我国法律没有规定亲属法，也没有规定婚生子女认定的规则，但在司法实践中，一般仍将在父母婚姻关系存续期间出生的子女推定为婚生子女，该做法也成为婚生推定。请求否认亲子关系，即原告向法院起诉，请求确认自己和子女之间不存在亲子关系，类似于婚生子女否认制度。《民法典》第 1073 条规定，有资格提起否认亲子关系诉讼的主体仅包括父和母，将成年子女和其他主体都排除在外。之所以如此规定，是在立法中考虑到如果允许成年子女提起亲子关系否认之诉，可能会导致其逃避对父母的赡养义务的不利后果。

2. 身份关系不适用自认规则

在诉讼中，自认是指一方当事人对于己不利事实的承认。在通常情况下，对一方当事人自认的事实，另一方当事人无须举证证明。但《民事诉讼法司法解释》第92条及《民事诉讼证据规定》第8条均规定，对于涉及身份关系的事实，不适用自认的规定；自认的事实与查明的事实不符的，人民法院不予确认。亲子关系异议之诉中，无论是确认亲子关系，还是否认亲子关系，均涉及身份关系，在这类诉讼中，一般不适用自认的规则。确认或者否认亲子关系，均应有相关的证据予以佐证。

3. 提起亲子关系确认或否认之诉应当有正当理由

亲子关系的确认或否认对子女来说，不仅涉及一系列权利义务的产生、消灭，更涉及人身关系的重大改变，还直接影响家庭和社会的稳定，故亲子关系确认或者否认之诉不能随意提起，必须要有正当的理由并附上相应的证据材料。具体来说，请求确认亲子关系，应当提供亲子鉴定报告等可证明血缘关系存在的证据。请求否认亲子关系，一般应当提供证据证明存在以下情形之一：一是夫妻在妻受胎期间没有同居的事实；二是夫有生理缺陷或没有生育能力，包括时间不能、空间不能、生理不能等；三是子女和其他人存在血缘关系。

4. 关于亲子鉴定的间接强制规则

司法实践中，存在大量当事人因各种原因而拒不配合亲子鉴定的情况，故《民法典婚姻家庭编司法解释（一）》第39条规定了启动亲子鉴定的间接强制方式，即相对人无正当理由拒绝配合法院进行亲子鉴定时，法院可以据此推定不利于相对人的事实。同时也要注意到，亲子鉴定对于一个家庭的维系、亲情的延续具有重要影响，人民法院在选择适用这一方法时要格外慎重，应当将鉴定的过程、结论的意义向当事人作适当的释明。如果当事人提供的证据足以证明其主张，则没有必要做亲子鉴定。此外，一方当事人已经举出相关证据，令人相信其主张可能成立，另一方虽加以反驳，但又没有任何相反的证据支持其观点，则人民法院应当考虑支持当事人提出的进行亲子鉴定的申请。但如果提出否认亲子关系一方只有怀疑，而没有相关的证据令人相信其主张可能成立，只是希望通过亲子鉴定证实或者否认其怀疑，则受诉法院不宜轻易支持其关于进行亲子鉴定的申请，而应当向当事人释明亲子鉴定可能给其婚姻家庭和配偶、子女带来的伤害，对于确实没有证据的，应当驳回其诉讼请求。

案例42　王某某与殷某某确认亲子关系纠纷案[①]

基本案情

原告王某某之母王某与被告殷某某曾系恋人关系，2021年2月1日王某某出生。王某某于2021年5月31日因病住院，支付医疗费3500元；后又于同年6月30日再次因病住院，支付医疗费5000元，两次共计支付医疗费8500元。王某某作为原告，王某作为法定代理人向本院提起诉讼，请求：（1）依法确认原告王某某与被告殷某某存在亲生父女关系；（2）依法判令被告殷某某自原告王某某出生之日起每月支付抚养费1200元；（3）要求被告殷某某承担原告王某某住院期间的医疗费4250元及鉴定费3600元；（4）诉讼费用由被告殷某某负担。殷某某辩称，其与王某谈恋爱时间很短，否认王某某是自己的亲生子女。

本案审理过程中，经王某某申请，委托某司法鉴定所对王某某与殷某某亲子关系进行了鉴定，该所作出［2021］物鉴字第××号司法鉴定意见书。鉴定意见为："依据现有资料和DNA分析结果，在不考虑同卵多胞胎、近亲属和外源干扰的情况下，支持殷某某是王某某的生物学父亲。"王某某支出鉴定费3600元。

裁判结果

高密市人民法院经审理认为，根据青岛某司法鉴定所作出的［2021］物鉴字第××号司法鉴定意见书，对于王某某主张确认其与殷某某存在亲生父女

[①] 摘自《【高法案例】与法"童"行"未"爱护航——高密法院未成年人司法保护典型案例》之案例二，载微信公众号"高密法院"2023年5月30日，https://mp.weixin.qq.com/s/nbBjzLHw8BWrkJV1jo4vIg，2024年4月24日访问。

关系的诉讼请求，本院予以支持，对于殷某某的辩称理由，本院不予采信。《民法典》第26条第1款规定"父母对未成年子女负有抚养、教育和保护的义务"，第1067条第1款规定"父母不履行抚养义务的，未成年子女或者不能独立生活的成年子女，有要求父母给付抚养费的权利"，第1071第2款规定"不直接抚养非婚生子女的生父或者生母，应当负担未成年子女或者不能独立生活的成年子女的抚养费"。本案中，殷某某作为王某某的父亲，有抚养王某某的义务，故对于王某某主张殷某某支付抚养费的诉讼请求，本院予以支持。结合城镇居民人均消费支出情况以及王某某日常的生活，本院酌情确定殷某某自2021年2月1日起每月支付王某某抚养费1100元至18周岁止。关于王某某主张由殷某某承担其住院期间医疗费4250元的诉讼请求，本院认为，父母应当使患病的未成年子女及时得到治疗，对于王某某两次住院支出医疗费8500元，应当由其母亲王某、殷某某各承担1/2，因此对王某某的该项诉讼请求，本院予以支持。对于王某某主张由殷某某承担鉴定费3600元的诉讼请求，符合法律规定，本院予以支持。

后法院判决如下：（1）确认原告王某某与被告殷某某存在亲生父女关系；（2）被告殷某某支付原告王某某医疗费4250元、鉴定费3600元，共计7850元，于本判决生效之日起十日内付清；（3）自2021年2月起至原告王某某18周岁止，被告殷某某每月承担抚养费1100元，于每月25日之前付清。

典型意义

亲子关系的确认既关系着人类伦理秩序的维护和未成年人权益的保护，也影响到未成年人的更名、抚养、入学等学习、生活的方方面面。目前司法实践中，亲子关系确认之诉多数发生在存在恋爱关系的男女之间，女方提出的多为单方证据，如子女出生时的住院病历等，往往达不到法律规定的"必要证据"的证明标准，法官亦面对"必要证据"与"反驳证据"证明力难以把握的困境，男方拒绝亲子鉴定的理由多种多样，如"对方的怀疑是对自己人格的侮辱""会影响现有家庭的和谐"等。亲子关系推定的出台为解决亲子关系认定难题提供了理论支持，也在一定程度上消除了司法实践中的裁判标准不统一问题，但在个案中却无法在情理上使得被确认亲子关系的另一方完全认同和信服，亲子关系推定的法律效果和社会效果在某种程度上并不能实现完全的统一，从这个角度上说亲子关系鉴定具有很大的优越性。亲子鉴定不仅可以最大限度地接近案件真实，还是亲子关系确认最直接、最有效的方式。具体到本案来说，原告提起诉讼后，被告殷某某抵触情绪大，一是担心影响其家庭，二是从内心认为王某某不可能是其女儿，因此拒绝做亲子鉴定。在双方当事人提交的证据证明力较弱且不能达到适用亲子关系推定规则的情况下，亲子关系鉴定成为解决案件争议与分歧的关键。承办法官从消除殷某某的顾虑，引导殷某某积极配合亲子关系鉴定方面着手，与殷某某进行了多次沟通，法官不仅在法律层面上向殷某某解释新颁布的《民法典》《民法典婚姻家庭编司法解释（一）》关于亲子关系推定的法律知识，更从父女亲情、亲子鉴定的科学性方面对其进行劝导，同时引导他耐心地与家属沟通，以获得家庭的理解和支持。经过努力，殷某某最终同意配合亲子鉴定，随后法官及时作出判决，保证了该案审判工作的顺利进行，有效化解了矛盾。从这个案例来看，在审理涉及未成年案件过程中，法官不仅应全面准确地理解法律条文的内涵与外延，更需要根据具体案情，从法律效果和社会效果相统一的角度出发，找到当事人法律知识的盲区，消除当事人心理上的顾虑，释明法理与讲通情理双管齐下，在司法实践中诠释社会主义核心价值观，切实保障未成年人的合法权益。

案例43　刘某与李某离婚纠纷案[①]

基本案情

刘某与李某于2009年5月15日在民政局登记结婚，于2011年10月12日生育男孩刘某一。后双方因家庭事务产生矛盾，于2020年3月分居。分居生活期间男孩刘某一随刘某生活。2022年4月2日，刘某向本院提起离婚诉讼。诉讼过程中，刘某向本院递交亲子鉴定申请书，申请对刘某与刘某一是否存在亲子关系进行鉴定。本院委托司法鉴定中心进行鉴定并出具鉴定意见：依据现有资料和DNA分析结果，排除刘某为刘某一的生物学父亲。后，司法

[①] 摘自《【"沂"案说法】一方不同意亲子鉴定不影响亲子关系的推定》，载微信公众号"沂南法院"2023年5月17日，https://mp.weixin.qq.com/s/oqBxlaVYiTh009eJ7x9hWg，2024年4月24日访问。

鉴定中心作出关于撤回刘某与刘某一司法鉴定意见书的情况说明，载明："该案件属于重新鉴定案件，但鉴定实施中没有副高以上职称司法鉴定人参与，违反了《司法鉴定程序通则》第32条第2款的规定。为保障诉讼活动顺利进行，特申请撤回该案司法鉴定意见书，并退回鉴定费用。"后，刘某申请对刘某一与刘某、李某间是否存在亲子关系进行鉴定，本院重新委托其他司法鉴定中心进行鉴定，后司法鉴定中心作出终止鉴定函，载明："李某拒绝配合采集血样进行亲子鉴定，本鉴定中心决定，终止本次鉴定。"庭审中，刘某表示如果需要，将继续申请亲子鉴定。李某不同意继续做亲子鉴定。

裁判结果

本案中，经法院委托，司法鉴定中心作出鉴定意见书。后，司法鉴定中心以发现该案件属于重新鉴定案件，鉴定实施中没有副高以上职称司法鉴定人参与为由，申请撤回上述鉴定意见书。本院经审理认为，虽然该鉴定意见书存在瑕疵，但鉴定内容在一定程度上能够证明刘某与刘某一之间不具有亲子关系，李某没有相反证据又不同意继续进行亲子鉴定，故可以推定刘某与刘某一之间不具有亲子关系。法院最终判决刘某与李某离婚，刘某一由李某抚养，并由李某返还刘某对刘某一的抚养费，李某支付刘某精神损害抚慰金。

典型意义

在离婚案件中，亲子关系的确认或否认，对一个家庭以及父母、子女来说，不仅涉及一系列权利义务的产生、消灭，更是人身关系的重大改变，直接影响家庭和睦、社会和谐。人民法院在审查此类案件证据时，务必慎之又慎，严格依据证据规则对当事人提交的证据审核和认定。对提起亲子关系诉讼的一方当事人来说，其提供的证据可能不够充分，但必须能够形成合理证据链证明当事人之间可能存在或者不存在亲子关系。亲子鉴定报告是重要的证据，对于亲子关系的认定、法官自由心证的形成都将产生重要影响。如当事人双方均配合，提供检材做亲子鉴定，则亲子鉴定报告基本对亲子关系的认定形成决定性作用。而实践中，很多情况是对方当事人并不配合提供检材，法院又不宜强制当事人进行鉴定，在此种情形下导致案件审理缺少亲子鉴定报告作为定案证据，此时就可以依据《民法典婚姻家庭编司法解释（一）》第39条第1款规定进行推定认定。

二、特殊裁判规则

1. 亲子鉴定不是必须采用的方法。现代科学技术使亲子鉴定成为人民法院判断亲子关系的一个有效的方法，但不是唯一的方法。根据《民事诉讼法》第66条的规定，民事证据包括当事人陈述、书证、物证、视听资料、电子数据、证人证言、鉴定意见、勘验笔录等，采用亲子鉴定方法所作的鉴定意见只是证据的一种。在亲子关系异议之诉中，如果当事人就其主张提交的证据足以满足法官对此问题作出判断的条件，自然无须再进行亲子鉴定。如果一方当事人举证证明其主张成立，但另一方当事人表示反对，一方或者双方所举证据尚不足以让裁判者对需要裁决的事项作出确认，在此种情形下需要借助科学的办法对当事人与子女是否具有亲子关系进行鉴定。关于鉴定的发起及进行，鉴定报告的审查、重新鉴定、补充鉴定、鉴定人出庭作证等程序性问题，我国《民事诉讼法》及相关司法解释已经作出了较为详细、具体的规定，在实践中应当根据这些规定采取鉴定措施。

2. 我国法律虽然确立了亲子关系确认不利推定规定，但亲子关系否认涵盖个人隐私、家庭和谐、抚养关系等多重内容，并非当然适用，而是限定了前提条件。该前提条件即儿童利益保护最大原则。也就是说，基于未成年子女最大利益原则，在亲子关系否认之诉中，应当以未成年子女身心健康为核心，首先维护未成年子女的人身财产权益，保证子女的抚养权、受保护权、受教育权、继承权等权益。即亲子关系否认之诉应始终坚持以维护家庭内部和谐为宗旨，在子女最大利益原则的基础上，以保护妇女、老年人以及未成年人为主要考量。也就是说，法律上亲子关系的推定规则适用，旨在通过明确亲子关系，使不确定的父母子女之间的权利义务得以明确，从而保护子女的合法权益并平衡相关权利义务，更好地维护家庭关系的稳定。一方为争取孩子的抚养权，单方提供孩子与他人的亲子鉴定报告诉请否认对方与孩子的亲子关系，明显会引发矛盾，损害子女的人身权利，不利于维护家庭的稳定，与《民法典婚姻家庭编司法解释（一）》第39条第1款规定之精神相悖。因而，对方不认可亲子鉴定报告，并拒绝做亲子鉴定的，不能适用该推定规则。

3. 现实生活中，血缘关系与法律上亲子关系的不一致经常出现，很多时候会出现生父提起非婚生子女认领之诉。非婚生子女认领之诉既有出于抚育未成年子女的迫切需要，由该子女的母亲代子女主张子女的生父共同负担抚养责任，也有未成年子女的父母主张与别人收养的子女具有亲子关系，或者是曾经遗弃自己未成年子女的父母来确认亲子关系。对于提起非婚生子女认领之诉的当事人的主张是否予以支持，不能简单地认为当事人提供了必要的证据、对方当事人没有证据亦拒绝做亲子鉴定，就一概要适用本条规定认定主张确认亲子关系一方的请求成立。应当根据案件的具体情况，决定是否需要推定亲子关系成立，支持原告的诉讼请求。对于有迫切抚育需要的未成年人，则应果断适用《民法典婚姻家庭编司法解释（一）》第 39 条第 2 款之规定，判决确认亲子关系，以保护未成年人的合法权益。对于请求认领已经跟随母亲另组家庭生活的未成年人为其婚生子女的当事人，人民法院在具备本条第 2 款条件的情况下，还应权衡支持其诉讼请求对未成年子女的影响，该子女是否已经被继父通过法律程序收养、子女是否因年幼适宜随母亲生活以及主张认领非婚生子女的一方是否曾因虐待、遗弃子女被判刑等情况，这些均应成为人民法院综合考量是否适用本条支持其主张的因素。这就是要牢牢把握子女利益最大化原则，在审理涉及亲子关系的婚姻家庭类案件中始终要考虑平衡各方当事人利益的一个原则。同时，还要考虑《民法典》已施行，将 8 周岁以上的未成年人规定为限制民事行为能力人，可以进行与其年龄、智力相适应的民事活动，其他民事活动由其法定代理人代理。对于 8 周岁以上的未成年人，不能简单强制其做亲子鉴定，要充分考虑其对事情的理解程度，通过监护人做好工作，避免极端事件的发生。

案例 44　刘某诉张某否认亲子关系纠纷案[①]

基本案情

刘某主张其在婚姻关系存续期间与他人生育一子。因其丈夫张某将小孩

[①] 摘自《全国法院优案评析 | 否认亲子关系推定规则的适用》，载微信公众号"中国应用法学"2023 年 5 月 4 日，https://mp.weixin.qq.com/s/BjOk3Zroy2N_ dZdbIpESvw，2024 年 4 月 24 日访问。

接走并藏起来，不让其见小孩，对小孩漠不关心，导致小孩日渐消瘦，对小孩的心理健康及安全造成极大的影响，特诉请确认小孩与张某不具有血缘关系并将小孩的监护权判给其所有。刘某为支持其诉请提交了一份司法鉴定意见书，证明该小孩经过司法鉴定与案外人刘某1具有血缘关系，与张某没有血缘关系。张某辩称，孩子的出生证和户口簿均表明其系小孩的父亲。若小孩与其无血缘关系，刘某早就该明示，双方婚后一直共同生活，并未分开。监护权与抚养权是建立在离婚基础上的，刘某在未离婚前就请求确认监护权归属有违法律规定，而且就算离婚，父母仍是子女的监护人，何况现在双方还是夫妻，刘某无权请求法院指定或确认监护权。依照《民法典婚姻家庭编司法解释（一）》第39条第1款的规定，刘某主张确认其与婚生子不具有血统关系，应提供必要的证据来证明，但刘某未能提供必要证据。亲子鉴定法律无强制规定要求其必须配合，其无法定义务配合刘某共同来做有损子女成长之事。综上，请求法院从有利于子女健康成长的角度驳回刘某的诉请。

法院经审理查明：原告刘某、被告张某于2015年办理婚姻登记手续，刘某于2018年生育一男孩。2021年1月，刘某向法院起诉离婚，法院驳回其诉讼请求。婚生小孩的出生医学证明和户籍证明均登记张某系小孩的父亲，该小孩曾在张某家中生活，由张某父母照顾抚养，并就读幼儿园。自2021年11月22日起该小孩在刘某处抚养。

裁判结果

法院审理后认为：亲子关系的确认和否认，对子女而言，不仅涉及一系列权利义务的产生、消灭，更涉及亲子身份关系的安定、婚姻家庭的和谐稳定，对未成年人的健康成长有重大影响。本案纠纷发生在刘某与张某婚姻关系存续期间，刘某以双方感情破裂、张某照顾不好小孩、为了小孩的健康成长为由提起本案诉讼，但其未提供证据证明张某存在虐待小孩及不利于小孩健康成长的行为，且小孩现在刘某处抚养，也不存在剥夺刘某抚养小孩权利的情形，其提起本案诉讼的目的不具有正当性。《民法典婚姻家庭编司法解释（一）》第39条第1款规定，父或者母向人民法院起诉请求否认亲子关系，并已提供必要证据予以证明，另一方没有相反证据又拒绝做亲子鉴定的，人民法院可以认定否认亲子关系一方的主张成立。该推定规则并非对所有的亲子关系异议之诉均"应当"适用。刘某虽然提供了亲子鉴定意见书，但该鉴定书真实性无法确认，且无其他证据予以佐证，其不具备提供了必要证据这一推定前提。再则法律不强制当事人必须进行亲子鉴定，本案不能以张某不同意做亲子鉴定就当然适用《民法典婚姻家庭编司法解释（一）》第39条第1款之规定。

江西省遂川县人民法院于2021年10月26日作出（2021）赣0827民初2417号民事判决：驳回原告刘某的全部诉讼请求。

江西省吉安市中级人民法院于2021年12月31日作出（2021）赣08民终2727号民事判决：驳回上诉，维持原判。

典型意义

婚姻关系存续期间孕育的子女，推定丈夫为该子女的父亲，是亲子关系认定中的基本原则。父或母虽有权提起否认之诉，但应当有正当理由。一方以无法证明真实性的单方亲子鉴定报告请求否认子女与对方的亲子关系，对方不认可该证据，又拒绝做亲子鉴定的，不能适用《民法典婚姻家庭编司法解释（一）》第39条第1款规定。

三、规范指引

1. 法律

《民法典》

第1073条　对亲子关系有异议且有正当理由的，父或者母可以向人民法院提起诉讼，请求确认或者否认亲子关系。

对亲子关系有异议且有正当理由的，成年子女可以向人民法院提起诉讼，请求确认亲子关系。

2. 司法解释

《民法典婚姻家庭编司法解释（一）》

第39条　父或者母向人民法院起诉请求否认亲子关系，并已提供必要证据予以证明，另一方没有相反证据又拒绝做亲子鉴定的，人民法院可以认定否认亲子关系一方的主张成立。

父或者母以及成年子女起诉请求确认亲子关系，并提供必要证据予以证明，另一方没有相反证据又拒绝做亲子鉴定的，人民法院可以认定确认亲子关系一方的主张成立。

第二节　典型、疑难问题解析

一、单方亲子鉴定报告的效力应如何认定

亲子鉴定是亲子关系诉讼中最重要也是最直接的证据，现在 DNA 亲子鉴定准确率几近 100%，是认定亲子关系最有力的证据。

现实生活中，部分亲子鉴定机构的具体运行并不规范，其一般只对鉴定样本作出的鉴定结果负责，而对鉴定样本的来源不负责任，导致亲子鉴定造假问题时有发生。例如，某司法鉴定中心未审查委托人、被鉴定人身份信息及鉴定材料的真实性、合法性，出具了错误的亲子鉴定结论。又如，某司法鉴定所接受中介人邮寄的血样，同样未审查检材来源的真实性和合法性，便作出了与客观事实不一致的鉴定结论。由此可见，实践中，亲子鉴定极易存在鉴定者为了得到自己想要的鉴定结果，故意采集他人的亲子鉴定样本，鉴定机构为了尊重被鉴定者的隐私，往往不询问被鉴定人样本采集来源，致使出现错误的鉴定结论。因而，亲子鉴定结论如果要作为司法认定证据使用，应当经过严格合法的程序，由双方认可的鉴定机构予以鉴定。但考虑到亲子鉴定涉及当事人的基本权利和隐私权，不宜强制，采取的是自愿原则。即当前法律并没有明确规定，夫妻双方有配合进行亲子鉴定的义务，对于原告提供的单方亲子鉴定报告，对方不认可，并拒绝进行亲子鉴定的，法院不能强迫对方到鉴定机构进行亲子鉴定。也就是说，单方亲子鉴定报告在对方当事人不认可的情况下，不能单独作为定案依据。

二、对非法代孕所生子女适用何种亲子关系认定规则

在人工生殖技术介入之前的自然生育中,客观血缘的存在是传统亲子关系认定规则的首要依据。"分娩者为母"、婚生推定及一定条件下的否定规则,加上非婚生子女认领规则,可以解决绝大多数子女的父母确认问题。而在非法代孕语境下,生育与性行为发生分离,使得分娩与血缘也在一定程度上发生分离,可能产生血缘的、分娩的及出生后养育的三种不同类型的"母亲"。谁的母亲角色能够得到法律认可?这更多是一种价值选择。

非法代孕语境下,男女双方甚至一方的生育意愿,客观上主导了子女从受精卵到分娩出生的全程。这种意愿往往也决定了子女抚养的实际状况,即通常还是意愿父母在实际抚养孩子。代孕子女是某些主体生育意愿的直接受体,这些子女自其出生即为独立的法律主体,他们的利益不应忽视。

关于亲子关系的确定,《民法典》主要规定在第 1073 条。然而,此规定似未能解决人工授精、非法代孕等新型、非传统型生育模式下的问题。准确而言,《民法典》第 1073 条只是对亲子关系有异议情形的救济,并没有确定什么情形才算存在法律上的亲子关系。无法解答在非法代孕语境下,到底以意愿自治、妊娠分娩还是以基因来源来确定法律上的父母。

《民法典》已适度限制了亲子关系确认以及否认的主体范围,即仅限于"父或母"及能行使确认权的成年子女。然在非法代孕语境下,父或母的指向不明,相关的主体可能包括基因的父亲及母亲、孕育的母亲以及她可能存在的法律上的丈夫、有意愿生育且实际抚养子女的父亲及母亲。到底谁,在怎样的情形下才算有正当理由,从而具有提起亲子关系确认或否认的诉讼主体资格?这些疑问可能衍生相关权利主张,产生各种诉讼类型,是否都有纳入民事诉讼范围的必要,值得探讨。

《民法典》第 1073 条没有明确一个用于解决非法代孕亲子关系在内的亲子关系确定的一般规则,给实践留下了可发展的空间。

依据《民法典婚姻家庭编司法解释(一)》第 39 条的规定,亲子鉴定看似提起亲子关系确认或否认的必要证据,但在该条的实践中,强调人民法院系"可以"推定请求确认亲子关系存在或不存在一方的主张成立,而非"应

当"推定。这表明真实的血缘关系也并非亲子关系成立的唯一要素，亲子身份的安定，家庭、婚姻的和谐稳定和儿童利益最大化也是应遵循的原则。同时，我国是联合国《儿童权利公约》的签署国，儿童利益最大在国际社会获得普遍认可与接受。亲子关系的确认是典型的涉儿童事务，在制定相关政策时理应考虑该原则，把儿童视为独立权利个体，让儿童权利成为成人权利的边界。

我国禁止代孕，选择"分娩者为母"以及婚生推定作为非法代孕子女亲子关系确认的一般规则是静态的，可能只关注于子女出生时的亲子关系确认，却忽略了相关主体的后续行为以及他们对出生后作为独立权利个体的子女可能带来的影响。子女出生后，子女而非父母的权利应当得到优先的考虑，因此，亲子关系确认规则在子女出生后因儿童权利诉求的变化也应当有相应的考量。

"分娩者为母"规则表明人们对孕育之苦、分娩之痛的感恩。然在非法代孕语境下，一方面，代孕者可能并不情愿法律去感恩这种付出；另一方面，她们可能也事实上放弃或者出卖了这种付出。对子女而言，孕母的不情愿与对子女的放弃无疑是一种伤害，也给亲子关系的异常与变动带来隐患。因此，即便代孕者被确定为代孕子女的生母，其向意愿父母"交付"子女后，再行主张身份利益的权利应当受到严格限制。规则上，可考虑设计一个期限，明确代孕者在事实放弃对代孕子女的抚养达到一定时限时，将不再享有对代孕子女的身份权利，从而使代孕子女的亲子关系尽快稳定下来。意愿父母虽然选择了违法的代孕，但出于对儿童利益最大原则的坚持，对未成年子女长期抚养的事实理应成为亲子关系确认的考量因素。可能的难题在于，多长时间的抚养才足够？这可与孕母的失权期限结合考量，保障不出现责任真空；同时，为了防止意愿父母事后因为缺乏与子女间的基因联系而作出对子女不利的行为，相关部门应当积极实施对此类父母的监督。

但随着保护未成年子女利益理念的发展，各国的亲子关系否认制度都逐渐从侧重追求血缘真实向一定程度上维护身份的安定发展。比如，规定父亲身份的撤销只能在较短的撤销期间行使，以使亲子关系不至于长期处于不稳定状态。在非法代孕语境下，真实血缘联系本身已不是意愿父母所首要追求的，那么，基于儿童利益的考量，社会关系的稳定更应得到有力的维护。目前，法律虽未明确意愿父母不得行使亲子关系否定的权利，但从诚实信用的普遍正义观来说，意愿父母一旦不可逆地主导、推动了子女出生，无论其以何种方式获得亲子关系，其都不得轻易主张撤销。

案例45　陈某与罗某甲、谢某某监护权纠纷案[①]

基本案情

陈某与罗某是夫妻关系，两人非法购买卵子并寻求非法代孕。2011年2月，代孕子女出生。陈某通过非法手段为代孕子女办理了出生证明和户籍申报。2014年2月，罗某去世。此后，孩子由陈某单独抚养。罗某父母罗某甲、谢某某于2014年12月29日起诉陈某，其认为陈某与代孕子女无血缘关系，亦无法律拟制的亲子关系。而罗某是代孕子女的生父，故其请求法院判决代孕子女由其抚养。

裁判结果

一审法院认为，陈某与代孕子女无基因遗传关系，故其非生物学上的"基因母亲"；陈某亦非孕育分娩的"子宫母亲"，亦无法将代孕子女视为婚生子女；从拟制血亲的角度判断，陈某与代孕子女间并未形成法定的收养关系。此外，代孕行为本身不具有合法性。在生父去世、"基因母亲"和"子宫母亲"无法查明的情况下，本着保护未成年人的合法权益的立场，代孕子女的祖父母请求获得监护权于法有据。一审法院支持了原告的诉讼请求。

二审法院认为，代孕子女是罗某与陈某在婚姻关系存续期间，罗某与他人以非法代孕方式所生子女，属于缔结婚姻关系后夫妻一方的非婚生子女。此外，代孕子女出生后一直由陈某抚养，时间长达五年。故，陈某与代孕子女基于"抚养教育"的事实形成了拟制父母子女关系中的继父母子女关系。故，陈某作为继母，其监护权优于祖父母的监护权。同时，基于儿童最大利益原则考虑，由陈某继续抚养子女更有利于未成年人的成长。因此，二审法院判决陈某拥有孩子的监护权。

[①] 摘自上海市第一中级人民法院（2015）沪一中少民终字第56号民事判决书。

典型意义

非法代孕所引发的亲子关系的认定成为焦点问题。本案以慎重的态度，本着"未成年人利益最大化原则"对代孕子女与无血缘关系一方的继父母子女关系予以认定。

第十一章　分家析产纠纷、继承纠纷

在处理涉未成年人的分家析产纠纷、继承纠纷案件中的关键在于保护未成年人的财产权益。未成年人作为具有独立人格的法律主体，其财产权是人格独立的基础和最明显的表象。界定未成年人财产的范围，特别是将其与家庭共有财产区分开来，是未成年人财产监护制度存在的前提和基础。

我国法律虽未直接规定未成年人财产的内容和范围，但《民法典》第13条规定："自然人从出生时起到死亡时止，具有民事权利能力，依法享有民事权利，承担民事义务。"《民法典》第14条规定："自然人的民事权利能力一律平等。"《民法典》第35条中使用了"被监护人的财产"的表述，《未成年人保护法》第16条第7项、第8项和第17条第10项从监护人的职责角度要求妥善管理和保护未成年人的财产。《民法典》第1188条第2款还规定："有财产的无民事行为能力人、限制民事行为能力人造成他人损害的，从本人财产中支付赔偿费用；不足部分，由监护人赔偿。"上述条款实质上承认了未成年人可以拥有自己的财产，由此可以看出，我国法律对未成年人财产权益持肯定态度。

第一节　涉未成年人财产权益的分家析产、继承纠纷的裁判规则

根据《民法典》第266条规定，未成年人的合法财产包括其合法收入、房屋、生活用品、生产工具、原材料等不动产和动产，在分家析产、继承诉讼实务中常见的财产还包括拆迁安置利益、股权、现金、豪车、古玩、首饰等。未成年人是这些财产权益的所有人，其相应权益根据《民法典》第267条规定受到法律的保护，禁止任何组织或个人侵占、哄抢、破坏。随着当下

社会生活的多样化，未成年子女个人财产的来源也存在多种途径，以取得财产是否有偿来划分，归属于未成年人的个人财产主要应包括未成年人无偿获得的财产（包括继承、受遗赠、赠与）、有偿取得的财产（参与演出、比赛等所获报酬或奖励，以及依靠从事文学创作或发明创造获得的知识产权中的财产性权利）以及通过其他方式（如被侵权获得的赔偿、拆迁安置等）取得的财产。

一、一般裁判规则

1. 未成年子女享有接受赠与的权利。赠与人将自己的财产无偿赠与未成年子女，受赠人表示接受赠与，继而成为赠与财产的所有权人。但需要注意的是，根据《民法典》第 19 条的规定，八周岁以上的未成年人为限制民事行为能力人，实施民事法律行为由其法定代理人代理或者经其法定代理人同意、追认；但是，可以独立实施纯获利益的民事法律行为或者与其年龄、智力相适应的民事法律行为。另，根据《民法典》第 23 条的规定，无民事行为能力人、限制民事行为能力人的监护人是其法定代理人。也就是说，一般情况下，八周岁以上的未成年子女仅可独立实施纯获利益的民事法律行为或者与其年龄、智力相适应的民事法律行为，如可以独立表示接受书本、乐器、玩具模型、电话手表、压岁钱等财产的赠与。但如果是接受房产、股权等重大财产的赠与，因与其年龄、智力不相适应，则需依照法律规定由其监护人代为接受赠与及办理相关手续等。

2. 《未成年人保护法》第 107 条规定，人民法院审理继承案件，应当依法保护未成年人的继承权和受遗赠权。财产继承权是指公民依照法律规定或者被继承人生前立下的合法有效的遗嘱而承受被继承人遗产的权利。在法定继承中，未成年子女作为继承人，与成年人同样享有平等继承权；在遗嘱继承中，如未成年子女作为继承人时，既缺乏劳动能力又没有生活来源，则遗嘱应根据《民法典》第 1141 条规定保留该未成年子女必要的遗产份额。除此之外，未成年子女也可以作为受遗赠人来接受遗赠，其可根据《民法典》第 1124 条规定，在知道受遗赠后六十日内，作出接受的表示。但值得注意的是，同样受身为无民事行为能力人或限制民事行为能力人的局限，如未成年子女需作出接受遗赠的表示时，应由其监护人代为接受遗赠。在处理继承纠纷案件时，应当注意保护未成年人的继承权：（1）在法定继承中，依法对未成年人的继承份额予以特殊照顾；（2）在遗嘱继承中，依法保护未成年人的继承权，对于以遗嘱剥夺未成年法定继承人应当继承的遗产份额的，应当宣告遗嘱无效或部分无效；（3）依法保护胎儿的继承权，在遗产分割时，应当保留胎儿的继承份额；（4）以强制力确保未成年人的合法继承权，对于侵犯未成年人继承权的行为，应当在查清事实的基础上，正确适用法律，依法作出判决，在其他当事人不履行判决内容的情况下，人民法院可依申请依法强制执行，确保未成年人合法继承权的享有和实现；（5）父母离婚后，未成年子女仍然依法享有对父母双方的遗产继承权，且该继承权的实现受到法律保护。

3. 在征收、腾退安置中，各地的安置政策通常以户为单位、以人口来计算征收、腾退安置的财产权益，上述财产权益不仅包括安置费用，还有购买经济适用房的资格等。在此情况下，未成年人作为家庭成员之一所获得的财产份额以及财产权益，应为其个人财产。

案例46　某银行与伏某、张某、沈某被继承人债务清偿纠纷案 [①]

基本案情

2018年，被继承人张某某以个人名义与某银行签订了金融借款合同，借款550000元，以其名下个人房产提供抵押担保，后办理了抵押登记。2019年，张某某因病去世。2020年，因借款到期后未能全额还本付息，某银行将张某某的继承人伏某（张某某之妻）、张某（张某某与伏某之婚生女，张某某去世时为5周岁）、沈某（张某某之母）诉至法院，要求在涉案房产担保范围内享有优先受偿权，伏某、张某、沈某在继承的其他财产范围内对张某某欠付债务承担清偿责任。

裁判结果

法院生效裁判认为，张某某与原告某银行签订的金融借款合同真实合法

[①] 摘自《天津法院发布保护未成年人合法权益典型案例》之案例五，载天津法院网站，https://tjfy.tjcourt.gov.cn/article/detail/2022/06/id/6729531.shtml，2024年4月24日访问。

有效，故张某某的继承人对其所欠某银行的债务应在继承遗产的范围内清偿。但鉴于张某系未成年人，根据查明的被继承人的遗产情况、伏某的收入能力及从有利于保障张某受教育及生活来源的实际情况考虑，认定在张某某的遗产中优先为张某留存自张某某死亡至张某成年的生活费用 151000 元，剩余遗产再行负担债务。

典型意义

本案是人民法院依法审理被继承人债务清偿纠纷案件，为未成年人保留必要遗产，保障未成年人权益的典型案例。《民法典》第 1159 条规定，"分割遗产，应当清偿被继承人依法应当缴纳的税款和债务；但是，应当为缺乏劳动能力又没有生活来源的继承人保留必要的遗产"。该条确立了遗产必留份制度，系为维护继承人生存权，为其生活需要保留必不可少的财产。本案中，被继承人张某某欠付银行贷款，且该债务设立了抵押登记，由于被抵押房屋价值并不高，如果优先偿还债务后剩余的金额极少，且被继承人张某某其他遗产价值亦较低，张某作为未成年人缺乏劳动能力，虽有母亲抚养，但其母亲收入有限，如上述房屋被执行后，母女俩生活将难以为继。经综合考量上述案件情况，法院依法认定优先给张某留存必要的遗产，剩余抵押房产变现价款再行清偿欠付银行债务。案件裁判结果依法维护了未成年人的生存权益，实现了法律效果和社会效果的统一。

案例 47　陈某甲诉刘某甲、王某、武某、刘某乙、刘某丙被继承人债务清偿纠纷案

——诉讼主体竞合下未成年人的诉讼参与与继承地位认定[1]

基本案情

原告陈某甲诉称：原告与被继承人刘某丁系同居关系，双方曾于 2016 年 1 月 12 日育有非婚生女儿刘某丙。同居期间，刘某丁向原告借款 765400 元。

---

[1] 摘自上海市闵行区人民法院（2018）沪 0112 民初 29372 号民事判决书，载人民法院案例库，https://rmfyalk.court.gov.cn/dist/view/content.html?id=fzXYxstGmrrBBAOZnOM5kgFfNlPMc3%252BlfdRM3V01c7E%253D&lib=ck&qw=（2018）%20%E6%B2%AA%200112%20%E6%B0%91%E5%88%9D%2029372%20%E5%8F%B7，2024 年 4 月 22 日访问。

2018年9月21日，刘某丁突然死亡，被告刘某甲、王某作为刘某丁的父母，被告武某作为刘某丁的配偶，被告刘某乙、刘某丙作为刘某丁的子女，均系刘某丁的第一顺序法定继承人，应承担刘某丁债务的清偿责任，故诉至法院，主张债权。陈某乙被临时指定为未成年人刘某丙的法定代理人。陈某乙代刘某丙书面辩称，对原告所述无异议，如刘某丁有可继承的遗产，则在刘某丙应继承的份额内，同意偿还刘某丁对原告的欠款。被告刘某甲、武某、刘某乙、王某未作答辩。

法院经审理查明：原告与刘某丁于2015年相识，于2016年1月生育刘某丙，自此至2018年双方处于同居状态，同居期间，刘某丁向原告借款共计765400元。刘某丁于2018年9月21日报死亡。陈某甲生育刘某丙时，刘某丁曾以夫妻关系签署手术知情同意书、以家属身份确认剖宫产。刘某丙的出生医学证明载明，父亲刘某丁、母亲陈某甲。刘某丙出生后长期跟随陈某乙（陈某甲之父）夫妻生活。刘某丁生前在平安养老保险股份有限公司上海分公司投保有团体人身保险，理赔申请资格中载明，刘某丁与刘某丙系父女关系，陈某甲作为刘某丙的法定代理人，代为参与刘某丁的保险金分配，代为与武某确认保险金分配比例并代为领取保险金。另查明，刘某丁与被告武某系夫妻关系，于2013年10月11日登记结婚，双方育有一子即本案被告刘某乙。被告刘某甲与王某分别系刘某丁的父母。

裁判结果

法院经审理认为：（1）关于诉讼主体竞合下未成年人的诉讼参与。本案中，陈某甲身兼原告及被告刘某丙法定代理人的双重身份，诉讼主体出现竞合，在原告表示不愿意放弃对该未成年人主张权利的情况下，若机械地适用《民事诉讼法》的相关规定，认定母亲陈某甲为该未成年人的法定代理人参与诉讼，将使母亲身兼原告、被告双重身份，诉讼地位冲突，违背了当事人对抗的基本诉讼原理，也可能损害该未成年人的合法权益。对于如何及时、有效维护该未成年人的利益，审判实践中有撤销或变更监护、委托监护、指定代理等做法。鉴于本案不涉及监护人明显不履行监护职责或实施严重侵害被监护人合法权益的行为，故本案不适用撤销或变更监护、委托监护的做法，采用在诉讼中临时指定法定代理人的方案解决诉讼主体竞合问题更为合理。

同时，因刘某丙的祖父母刘某甲、王某同为本案被告，经公告送达传票未到庭应诉，无法有效保护未成年人的权益，反观陈某乙夫妇（刘某丙外祖父母），长期与刘某丙共同居住生活，陈某乙亦愿意在本案中作为刘某丙的指定法定代理人参加诉讼，且为完全民事行为能力人，故法院临时指定陈某乙作为刘某丙在本案中的法定代理人参与诉讼，维护其合法权益。案件审理过程中，陈某乙通过书面形式，表达愿意临时作为刘某丙的法定代理人参与案件诉讼，并对本案发表了相关意见。

（2）关于非婚生子女继承地位的认定，根据法律规定，身份关系不适用于自认。当被继承人死亡难以进行亲子鉴定且亲缘关系鉴定结论无法得出明确、排他的指向性意见时，如何确认刘某丙的继承人地位，法院应当对此主动审查。结合本案证据，刘某丙的出生医学证明上明确载明，其母亲为陈某甲、父亲为刘某丁。出生医学证明是由医院出具的具有一定证明力的书面材料，一般而言，出生医学证明能够较为全面真实地反映父母信息，但审判实践中，也曾发现因医院管理不规范、审查不严谨等导致出生医学证明所记载的内容难以反映真实信息的情况。本案法院经过进一步调查发现，医院留档的剖宫术前告知书等书面材料中均有刘某丁作为家属或配偶签署的多份材料，并附有刘某丁提供的身份证复印件，能够对出生医学证明进行充分佐证。此外，陈某甲作为刘某丙的法定代理人，曾参与确认刘某丁的保险金的分配方案，并代为领取了刘某丁的相应保险金。法院通过上述相互印证的材料，结合原告与刘某丁的同居事实进行综合判断，认定原告的举证已达到使法院认定亲子关系成立的合理确信，故认定刘某丙作为刘某丁的非婚生女儿，与刘某丁的婚生子女享有同等的继承地位，作为刘某丁的第一顺位继承人，对刘某丁的遗产享有法定继承权。

上海市闵行区人民法院于2019年8月29日作出（2018）沪0112民初29372号民事判决：（1）被告刘某甲、王某、武某、刘某乙、刘某丙于本判决生效之日起十日内在继承刘某丁遗产实际价值范围内归还原告陈某甲借款本金765400元；（2）被告刘某甲、王某、武某、刘某乙、刘某丙于本判决生效之日起十日内在继承刘某丁遗产实际价值范围内归还原告陈某甲逾期还款利息52863元。宣判后，双方未提出上诉，判决已发生法律效力。

典型意义

（1）在未成年人的法定代理人出现诉讼主体竞合、诉讼地位冲突、直接代理可能损害未成年人合法权益的情形下，宜采用在诉讼中指定临时法定代理人的方案解决诉讼主体竞合问题，并实际参与诉讼。

（2）在亲子关系或亲缘关系难以直接确认的情况下，对非婚生子女继承权的保护可通过其提供的证据材料及效力层级来推定。常见材料效力层级为：公权力机关出具的证明（户籍证明）优于社会团体依职权制作的书证（出生证）优于原始存档书证（自书信息），以此确认非婚生子女的继承地位，同等保护非婚生子女的继承权。

二、特殊裁判规则

1. 实践中，父母将自己名下财产转移、登记在未成年子女名下情况并不少见，有些赠与是出于传承目的，也有些赠与是出于代持产权的需求，更有些赠与意在避免自身资产被执行等。因此，对于未成年人名下财产范围的认定还需根据案件的实际情况进行具体且多方面的辨析，不可一味地套用上述法律规定。

2. 法律规定未成年人作为被监护人拥有独立的财产，且与监护人的财产相区别，其财产权利监护人亦要予以保护。非为维护被监护人利益，监护人不得处分其财产；如果监护人严重侵害了被监护人的财产权益，应承担相应的法律责任。所谓维护被监护人利益，一般指监护人为了未成年人教育、健康的支出（如支付学费、花钱治病等），为未成年人支付侵权赔偿款或是改善未成年人生活居住环境等情况下处置未成年人财产的情形。在认定维护被监护人利益时，监护人必须拿出充分证据，如购买了学区房，需提供学区房买卖合同或购买凭证；如未成年人需要手术治疗或住院治疗，需提供医疗费发票、医疗机构诊断证明等。

案例 48　张小某与张某某等继承纠纷案①

基本案情

原告张小某（10 周岁）系被继承人程某某的孙女。被告张某某等系程某某的子女、孙子女，均为程某某的法定继承人。程某某生前留下遗嘱，载明其名下两套房产由张小某和程某某的两名子女共同继承，房本上写三人名字。程某某于 2015 年病故后，原、被告就遗嘱的履行发生争议，经多次协商未果，原告遂诉至法院，要求按照遗嘱分割被继承人名下遗产。被告辩称，张小某作为被遗赠人，其法定代理人未在指定受遗赠后两个月内作出接受遗赠的表示，视为放弃遗赠，被继承人的遗产应该按照法定继承分割。庭审中，三位遗嘱继承人表示同意按份共有两套房屋。

裁判结果

法院经审理认为，公民可以依照法律规定立遗嘱处分个人财产。被继承人程某某所立遗嘱系其真实意思表示，内容不违反法律规定，该遗嘱有效。张小某作为未成年人，根据法律规定，赠与人明确表示将赠与物赠给未成年人个人的，应当认定该赠与物为未成年人的个人财产。法定代理人一般不能代理被代理人放弃受遗赠权。法定代理人在知晓遗赠事实时不作表示的，不能视为未成年孙子女已放弃受遗赠权。庭审中，三位继承人表示同意按份共有两套房屋，法院予以照准。综上，法院判决：遗嘱指定的三位继承人按份共有两套涉案房屋，每人所占份额为三分之一，相关税费按比例承担。

典型意义

本案系人民法院依法行使审判权，保护未成年人受遗赠权的典型案例。在我国，遗产继承的方式包括四种：法定继承、遗嘱继承、遗赠和遗赠扶养协议，其中遗嘱继承和遗赠的效力优先于法定继承。遗嘱继承是在法定继承人中确定继承人，从法定继承人之外的人中选定继承人的为遗赠。未成年人

---

① 摘自《依法保护未成年人合法权益案例七：张小某与张某某等继承纠纷案》，载微信公众号"天津高法" 2020 年 6 月 4 日，https：//mp.weixin.qq.com/s/U2ugWInY6Dy5FpFB1RPVNw，2022 年 5 月 5 日访问。

受其年龄、智力或者精神状态的限制，无法独立行使接受或放弃受遗赠权。为给予未成年人特殊保护，《民通意见》第 129 条规定："赠与人明确表示将赠与物赠给未成年人个人的，应当认定该赠与物为未成年人的个人财产。"上述规定中的"赠与"包括遗赠行为。对未成年孙子女的法定代理人而言，根据《最高人民法院关于贯彻执行〈中华人民共和国继承法〉若干问题的意见》第 8 条的规定："法定代理人代理被代理人行使继承权、受遗赠权，不得损害被代理人的利益。法定代理人一般不能代理被代理人放弃继承权、受遗赠权。明显损害被代理人利益的，应认定其代理行为无效。"本案中，被继承人程某某无其他债务，遗赠对于未成年人张小某是纯获利益的行为，即使其法定代理人代其作出了放弃遗赠权的表示，该行为亦不能发生法律效力，不能对继承产生影响。根据举重以明轻的释法规则，法定代理人在知晓遗赠事实时不做表示的，更不能视为未成年孙子女已放弃受遗赠权。本案中，法院通过对法律规定的准确分析与适用，依法合理分割被继承人的遗产，有效维护了未成年人的财产权益。

案例 49　金小某、黄某诉金某等人分家析产纠纷案[①]

基本案情

金 1 某与吕某系夫妻关系，金某系金 1 某、吕某之子。黄某与金某原系夫妻关系，二人共育有一女金小某。人民法院作出民事调解书，准予黄某与金某离婚，婚生女金小某由黄某抚养。2007 年 10 月 28 日，拆迁人某物流基地开发中心（甲方）与被拆迁人吕某（乙方）签署《北京市集体土地房屋拆迁货币补偿协议书》，该协议书显示乙方的家庭人口为吕某、黄某、金某、金小某、金 1 某。后，金某一方使用拆迁补偿及优惠安置面积购买回迁房三套。黄某、金小某诉至法院要求判令其中一套回迁房归黄某、金小某所有。涉案房屋由吕某、金 1 某出资购买，享有所有权，与黄某、金小某无关。

裁判结果

一审法院判决确认涉诉房屋归黄某、金小某所有，黄某、金小某给付金

[①] 摘自《典型案例四则》之案例四，载微信公众号"北京市第三中级人民法院"2018 年 5 月 29 日，https://mp.weixin.qq.com/s/aTdJghBnw-zva9Cu6IRc5g，2024 年 4 月 24 日访问。

某、金1某、吕某该房屋折价款461969.09元。宣判后,金某、金1某、吕某不服提出上诉。

二审法院经审理认为本案的争议焦点为:涉诉房屋的所有权归属以及相应的补偿数额。首先,因涉案房屋拆迁,金某、金1某、吕某、黄某、金小某每人各享有45平方米优惠价购房指标与9平方米调剂价购房指标,在购买三套回迁房中共同使用了上述优惠价购房指标共计270平方米、调剂价购房指标共计27平方米,且无证据表明上述每人45平方米的优惠价购房指标仅在一套房屋中使用,综合考虑针对2号院的《北京市集体土地房屋拆迁货币补偿协议书》中显示的家庭人口包含金某、金1某、吕某、黄某、金小某五人,拆迁补偿款均汇入吕某账户等事实,购买涉诉房屋并未区分使用优惠购房面积,涉诉房屋为金某、金1某、吕某、黄某、金小某共同共有。其次,黄某与金某已离婚,金某、金1某、吕某、黄某、金小某已经丧失共同共有涉诉房屋的基础,故,黄某、金小某主张分割涉诉房屋于法有据。一审法院综合考虑三套回迁房屋情况,以完整发挥房屋效能、方便各方日后居住使用为原则,确认涉诉房屋归黄某、金小某所有,于法有据,并无不当。最后,因黄某、金小某同意给付金某、金1某、吕某房屋补偿款461969.09元,法院对此不持异议。涉诉房屋判归黄某、金小某后,各方就黄某、金小某应付的购房款以及黄某、金小某应得的拆迁补偿款可重新结算,黄某、金小某同意支付的上述款项可予以冲抵。后,北京市第三中级人民法院判决:驳回上诉,维持原判。

典型意义

涉未成年人分家析产纠纷中,既要注意保护好未成年人财产权益,也要根据财产的数量、形态等情况,最大限度地发挥财物的效能和考虑继承人的实际需要,兼顾各继承人的利益。

三、规范指引

1. 法律

《民法典》

第16条 涉及遗产继承、接受赠与等胎儿利益保护的,胎儿视为具有民事权利能力。但是，胎儿娩出时为死体的，其民事权利能力自始不存在。

第19条 八周岁以上的未成年人为限制民事行为能力人，实施民事法律行为由其法定代理人代理或者经其法定代理人同意、追认；但是，可以独立实施纯获利益的民事法律行为或者与其年龄、智力相适应的民事法律行为。

第20条 不满八周岁的未成年人为无民事行为能力人，由其法定代理人代理实施民事法律行为。

第21条 不能辨认自己行为的成年人为无民事行为能力人，由其法定代理人代理实施民事法律行为。

八周岁以上的未成年人不能辨认自己行为的，适用前款规定。

第22条 不能完全辨认自己行为的成年人为限制民事行为能力人，实施民事法律行为由其法定代理人代理或者经其法定代理人同意、追认；但是，可以独立实施纯获利益的民事法律行为或者与其智力、精神健康状况相适应的民事法律行为。

第23条 无民事行为能力人、限制民事行为能力人的监护人是其法定代理人。

第35条 监护人应当按照最有利于被监护人的原则履行监护职责。监护人除为维护被监护人利益外，不得处分被监护人的财产。

未成年人的监护人履行监护职责，在作出与被监护人利益有关的决定时，应当根据被监护人的年龄和智力状况，尊重被监护人的真实意愿。

成年人的监护人履行监护职责，应当最大程度地尊重被监护人的真实意愿，保障并协助被监护人实施与其智力、精神健康状况相适应的民事法律行为。对被监护人有能力独立处理的事务，监护人不得干涉。

第1127条 遗产按照下列顺序继承：

（一）第一顺序：配偶、子女、父母；

（二）第二顺序：兄弟姐妹、祖父母、外祖父母。

继承开始后，由第一顺序继承人继承，第二顺序继承人不继承；没有第一顺序继承人继承的，由第二顺序继承人继承。

本编所称子女，包括婚生子女、非婚生子女、养子女和有扶养关系的继子女。

本编所称父母，包括生父母、养父母和有扶养关系的继父母。

本编所称兄弟姐妹，包括同父母的兄弟姐妹、同父异母或者同母异父的兄弟姐妹、养兄弟姐妹、有扶养关系的继兄弟姐妹。

第1141条　遗嘱应当为缺乏劳动能力又没有生活来源的继承人保留必要的遗产份额。

第1143条　无民事行为能力人或者限制民事行为能力人所立的遗嘱无效。

遗嘱必须表示遗嘱人的真实意思，受欺诈、胁迫所立的遗嘱无效。

伪造的遗嘱无效。

遗嘱被篡改的，篡改的内容无效。

第1155条　遗产分割时，应当保留胎儿的继承份额。胎儿娩出时是死体的，保留的份额按照法定继承办理。

第1156条　遗产分割应当有利于生产和生活需要，不损害遗产的效用。

不宜分割的遗产，可以采取折价、适当补偿或者共有等方法处理。

第1159条　分割遗产，应当清偿被继承人依法应当缴纳的税款和债务；但是，应当为缺乏劳动能力又没有生活来源的继承人保留必要的遗产。

《未成年人保护法》

第107条　人民法院审理继承案件，应当依法保护未成年人的继承权和受遗赠权。

人民法院审理离婚案件，涉及未成年子女抚养问题的，应当尊重已满八周岁未成年子女的真实意愿，根据双方具体情况，按照最有利于未成年子女的原则依法处理。

2. 司法解释

《民法典继承编司法解释（一）》

第9条　继承人伪造、篡改、隐匿或者销毁遗嘱，侵害了缺乏劳动能力又无生活来源的继承人的利益，并造成其生活困难的，应当认定为民法典第一千一百二十五条第一款第四项规定的"情节严重"。

第25条　遗嘱人未保留缺乏劳动能力又没有生活来源的继承人的遗产份额，遗产处理时，应当为该继承人留下必要的遗产，所剩余的部分，才可参照遗嘱确定的分配原则处理。

继承人是否缺乏劳动能力又没有生活来源，应当按遗嘱生效时该继承人的具体情况确定。

第28条 遗嘱人立遗嘱时必须具有完全民事行为能力。无民事行为能力人或者限制民事行为能力人所立的遗嘱，即使其本人后来具有完全民事行为能力，仍属无效遗嘱。遗嘱人立遗嘱时具有完全民事行为能力，后来成为无民事行为能力人或者限制民事行为能力人的，不影响遗嘱的效力。

第31条 应当为胎儿保留的遗产份额没有保留的，应从继承人所继承的遗产中扣回。

为胎儿保留的遗产份额，如胎儿出生后死亡的，由其继承人继承；如胎儿娩出时是死体的，由被继承人的继承人继承。

第42条 人民法院在分割遗产中的房屋、生产资料和特定职业所需要的财产时，应当依据有利于发挥其使用效益和继承人的实际需要，兼顾各继承人的利益进行处理。

第二节 典型、疑难问题解析

一、监护人滥用监护权处分未成年人财产应如何救济

笔者认为，《民法典》第35条属于管理性强制性规定，非效力性强制性规定，所以法律并未规定违反《民法典》第35条所实施的民事行为一律无效。实际上，基于监护人身份，父母有法定代理权，这使得交易相对人有理由相信父母是善意的，且可以代未成年人进行交易、处分未成年人的财产。如果要求相对人承担审查作为监护人的父母作出的监护行为是否符合被监护人利益，是赋予相对人过重审查义务的行为，除非有明确、必要的客观事实表明监护人不能代未成年人处分且相对人知情。

因此，对于监护人以未成年人的房产为自己债务设定抵押等处分未成年人财产的案件，即使监护人代被监护人订立抵押合同等处分行为确实损害了被监护人的利益，但为了保护交易安全，抵押合同依旧有效。而对于监护人

为自己获益转卖被监护人所有或共有的房产的案件，如果监护人将房屋出卖给第三方，且第三方具备已支付合理对价等善意要件，亦无证据证明该行为损害了被监护人的利益，则该房屋买卖合同一般被认定为有效。

也就是说，对于监护人的不当行为，一般优先保护外部交易安全，而后处理内部监护关系所带来的保护未成年人利益问题。对于父母这种滥用监护权处分自己名下房产的行为，未成年人仍须遵守父母所作出对交易相对人的处分约定后，再基于《民法典》第34条的规定向监护人主张相应的赔偿责任，以及基于《民法典》第36条的规定，撤销父母的监护人资格。

二、未成年的继子女对继父母财产是否有继承权

未成年继子女与继父母的关系和养子女与养父母的关系完全不同。收养一旦成立，养子女和生父母之间的自然血亲关系就被养子女与养父母之间的拟制血亲关系取代。养子女对生父母的财产没有继承权，但对养父母的财产有继承权。未成年继子女和继父母共同生活之后，两者之间只是一种姻亲关系，并没有产生拟制血亲关系。未成年继子女仍然对生父母的财产有继承权，对继父母的财产一般情况下没有继承权。但是继父母和未成年继子女形成了扶养关系的除外。那怎样判断双方形成了扶养关系呢？一般会考虑以下三个方面：

一是有明确的扶养意愿。继父母如果通过微信、邮件、信函或者其他书面、口头方式，明确表现出长期扶养未成年继子女的，则可以证明继父母有明确的扶养意愿。

二是有长期的扶养行为。可从两个方面来认定：一是扶养时间，扶养行为应当是长期存在的。父母与子女的感情建立过程应当是一个较长的时间，虽然法律对此并无明确规定，但一两年时间显然是不够的；二是具体的扶养行为，仅共同生活并不能简单地认定双方扶养关系的成立，其行为应该与生父母关系类似，如承担部分生活及学习费用、生活和学习中的照顾、思想上的交流和疏导等。

三是当事人的认可。比如，继父母与未成年继子女之间已相互明确表达了成立继父母子女关系的意思，或相互之间直接以父母、子女的名义称呼并往来。

第十二章　监护权特别程序案件

监护权特别程序案件，是指人民法院适用特别程序审理的涉及监护权确定、变更及撤销问题的案件，主要包括五类案由，分别为申请确定监护人案件、申请指定监护人案件、申请变更监护人案件、申请撤销监护人资格案件、申请恢复监护人资格案件。

特别程序属于非讼案件，其目的在于确认某种法律事实是否存在，权利状态的有无或者公民是否享有某种资格、能否行使某种权利，而并不解决纠纷。其特殊性表现在以下三个方面：在审判组织上，以独任制为原则、单一式合议制为例外；在审级制度上一审终审，不得上诉、不得再审，特别程序案件有自己独立的救济程序，即申请作出新判决或裁定、撤销原判决或裁定；在审限上，按特别程序审理的案件，除选民资格案件必须在选举日前审结且不得延长外，其他案件一般应在立案之日起 30 日内或公告期满后 30 内审结。

从整个监护制度的设计和衔接的角度观察，全面理解和把握变更监护制度，特别需要理顺法定监护、协议监护、指定监护、变更监护、撤销监护人资格、监护关系终止等制度之间的关系。《民法典》规定了法定监护，父母是未成年子女的当然监护人，只有未成年子女的父母已经死亡或者没有监护能力的，才由其他具有监护资格和监护能力的人按顺序担任监护人；无民事行为能力或者限制民事行为能力的成年人，由具有监护资格和监护能力的人按顺序担任监护人。协议监护是指除父母对子女法定监护职责外的情况，具有监护资格的人之间可以协议确定监护人，协议监护的效力优先于法定监护。如果有关当事人对法定监护确定的监护人等有争议，应当先按照《民法典》第 30 条的规定进行协商，协商不成的，通过指定监护解决，由被监护人住所地的居民委员会、村民委员会或者民政部门指定监护人，有关当事人对指定不服的，可以向人民法院申请指定监护人；有关当事人也可以直接向人民法院申请指定监护人。变更监护以存在既有监护人为前提，变更监护的三类情形如前所述。撤销监护人资格只针对《民法典》第 36 条规定的严重侵害被监护人合法权益的行为，撤销监护人资格后需同时指定新的监护人，对于撤销监护人资格的被监护人的父母或者子女，符合法律规定的条件，还可以恢复其监护资格。监护关系终止是根据《民法典》第 39 条的规定，监护关系向后消灭的情形，其中当事人对该条第 1 款第 2 项、第 4 项规定的应当终止监护关系的情形发生争议还涉及监护人的变更。监护关系终止后，被监护人仍需要监护的，应当依法另行确定监护人。

第一节　申请确定、指定监护人案件的裁判规则

"申请指定监护人"为《民事案件案由规定》2020 年新增加的案由，作为与"申请确定监护人"并列的第三级案由。

《民法典》第 31 条第 1 款规定："对监护人的确定有争议的，由被监护人住所地的居民委员会、村民委员会或者民政部门指定监护人，有关当事人对指定不服的，可以向人民法院申请指定监护人；有关当事人也可以直接向人民法院申请指定监护人。"该规定改变了《民法通则》和《民通意见》的相关规定，取消了向人民法院申请指定监护的前置程序，允许有关当事人直接向人民法院申请指定监护人。由此，可以确定两个案由的区别在于：当事人对监护人的确定有争议而直接向人民法院申请指定监护的，适用"申请指定监护人"案由；当事人对居民委员会、村民委员会或者民政部门指定监护不服而申请人民法院确定的，适用"申请确定监护人"案由。需要注意的是，根据《民事诉讼法司法解释》第 349 条规定，被指定的监护人不服居民委员会、村民委员会或者民政部门的指定，应当自接到通知之日起 30 日内向人民法院提出异议。对于当事人直接向人民法院申请指定监护人的案件，不适用上述规定。

一、一般裁判规则

监护，是指对无民事行为能力人和限制民事行为能力人的人身、财产及

其他合法民事权益,进行监督和保护的法律制度。监护人的确定顺序应当依照《民法典》规定进行设置,在未成年人方面,其第一顺位的监护人为父母,在父母不能担任监护人的情况下,则由孩子祖父母、外祖父母与兄姐等近亲属依次担任监护人,这是依据血缘关系亲疏作的排序;其他愿意担任监护人的个人或者组织须经被监护人住所地的居民委员会、村民委员会或者民政部门同意。基于父母与子女的直接血缘关系,在孩子未成年时,父母可通过遗嘱方式指定孩子监护人,此种遗嘱确定监护人的方式,只能由父母行使,其他人绝对不行。此外,依法具有监护资格的人之间可以协议确定监护人,但协议确定监护人应当尊重被监护人的真实意愿。

在监护缺失时,民政部门与村民委员会、居民委员会均可以担任监护人,但民政部门是排在村民委员会、居民委员会之前,加强了民政部门在不完全民事行为能力人保护方面的责任,其实质是强化了民政部门代表国家政府履行对被监护人国家监护的兜底责任。

监护要遵循两条原则:一是利益最大原则,即安排的监护人一定要将被监护人利益最大化;二是尊重最大原则,即在可能情况下,被谁监护最大限度地尊重被监护人意愿。这两点是判定监护权归属的根本标准,缺一不可。同时,监护权争议应由民政部门或村民委员会、居民委员会处理,当事人也可以直接向人民法院提出申请。在监护权争议期间,若被监护人权益处于无人看护状态,村民委员会、居民委员会与民政部门可充任临时监护人。监护人一旦确定,不经法院许可不能私自变更,即使私下变更,法院指定的监护人也要承担监护责任。

案例 50　吴某乙申请指定监护人案 [①]

基本案情

吴某 1 于 2006 年 7 月出生,系吴某甲和黄某某的婚生女。吴某 1 的父母、祖父母、外祖父均已去世,外祖母年事已高,无能力监护,同母异父之兄长虽成年,但能力有限,且未与吴某 1 共同生活。吴某 1 与吴某乙系姑侄关系,

---

[①] 摘自《广东法院贯彻实施民法典典型案例(第一批)》之案例七,载广东法院网站,https://www.gdcourts.gov.cn/gsxx/quanweifabu/anlihuicui/content/post_ 1047260.html,2024 年 4 月 26 日访问。

自吴某1的母亲2016年去世后,吴某1一直与吴某乙共同生活。吴某1的外祖母与兄长均同意指定吴某乙为吴某1的监护人,且经吴某1经常居住地的村民委员会同意。为此,吴某乙申请法院指定其为吴某1的监护人。

裁判结果

深圳市福田区人民法院生效判决认为,吴某1为限制民事行为能力人,为保护其合法权益,应为其指定监护人。根据《民法典》第31条规定,吴某乙可以直接向人民法院申请指定监护人。吴某1的父母、祖父母、外祖父均已去世,外祖母无能力监护,同母异父之兄长能力有限,对于指定吴某乙为监护人均无异议,且经吴某1经常居住地的村民委员会同意。吴某1一直与吴某乙共同生活,由其照顾,如确定吴某乙为监护人,将不改变吴某1的学习、生活环境,也更有利于吴某1的健康成长,为此,吴某乙担任监护人符合《民法典》第27条规定的监护资格和条件。2021年4月23日,判决指定吴某乙为吴某1的监护人。

典型意义

《民法典》取消了申请人民法院指定监护人的前置指定程序,规定当事人可以直接向人民法院申请确定监护人,且明确了其他愿意担任监护人的监护资格认定。人民法院按照最有利于被监护人的原则,依法确定其他愿意且有监护能力的亲属作为监护人,是真正落实《民法典》保障未成年人合法权益的有益实践做法。

案例51 王某申请指定监护人案[①]

基本案情

谢某与王某同居期间生育长子甲,甲系先天性肢体残疾儿童,双脚无法直立行走,自幼由祖父母照顾生活。2016年,谢某与王某办理结婚登记,次年生育长女乙。2019年,谢某与王某协议离婚,约定甲和乙由王某直接抚养。

---

① 摘自《权威发布!福建法院未成年人司法保护典型案例》之案例一,载微信公众号"福建高院"2023年6月1日,https://mp.weixin.qq.com/s/jRXlyWcIbe1RDQ48mb82hg,2024年4月24日访问。

2020年，甲祖父去世，祖母患病，无力照顾甲生活。后，因乡间流言，王某带甲进行DNA鉴定，鉴定结果排除王某与甲之间的生物学父子关系。王某诉至法院要求变更甲抚养权给谢某，后因谢某被诊断为智力残疾四级，不具备抚养能力，王某诉请法院为甲指定监护人。案件审理过程中，建瓯市人民法院依职权启动调查程序，经调查得知，甲的生父身份不明，甲的外祖母下落不明，外祖父年事已高并伴有身体残疾，经济状况较差，甲面临监护困境。

裁判结果

建瓯市人民法院经审理认为，鉴于甲的近亲属均不具备抚养、监护能力，且没有其他依法具有监护资格的人，依照《民法典》第32条规定，当没有依法具有监护资格的人担任监护人时，原则上应由民政部门担任。现建瓯市民政局愿意作为甲的监护人，谢某及甲所属村委会亦同意由建瓯市民政局担任甲的监护人，甲本人也愿意接受建瓯市民政局的监护。因此，从"最有利于未成年人"原则出发，建瓯市人民法院判决指定建瓯市民政局为甲的监护人。判决当日，建瓯市民政局与王某签订寄养协议，由王某及其母亲继续照顾甲的日常生活。

典型意义

《民法典》颁布实施后，未成年人监护制度形成了以家庭监护为基础、社会监护为补充、国家监护为兜底的多层次监护体系。国家监护制度作为未成年人权益保护的一项重要制度，在其他监护人缺位时，民政部门既要主动承担兜底监护的责任，同时也要确保监护效益最大化。本案的典型意义在于：一方面，随着社会各界和有关部门越来越关注"事实无人抚养儿童"的关爱保护工作，民政部门充分意识到自己是国家监护制度的落实主体，愿意承担"事实无人抚养儿童"的监护兜底责任，使国家监护制度得到有效落实。另一方面，人民法院通过促成签订寄养协议，协调寄养事宜，更深层次地兼顾未成年人情感、心理需求，为国家监护制度注入家庭温情，彰显司法人文关怀，为科学适用国家监护制度提供了可资借鉴的司法实践样本。

二、特殊裁判规则

1. 确定监护要尊重监护人真实意愿，特别是对民事行为能力逐步减弱的被监护人。监护人确定时，应结合多种情况综合考量判断，探求被监护人内心真实意愿，实现最有利于被监护人原则。在监护权确定产生争议时，除村民委员会、居民委员会与民政部门直接指定外，相关人员可直接起诉确定监护权。在监护权确定期间，村民委员会、居民委员会与民政部门可担任临时监护人。

2. 遗嘱确定监护人方式，只能由被监护人父母行使，其他近亲属均不可以；遗嘱内容与程序应当合法；父母订立遗嘱时须为完全民事行为能力人，遗嘱内容真实自愿，无欺诈、胁迫情形；遗嘱监护人的监护职责与一般监护人无异，指定监护人不愿意承担监护责任时，应当要求撤销或变更。

3. 需要提前协商确定监护人时，应当注意：第一，协商确定监护人须有书面材料，书面形式可以宽泛，如书面合同、授权委托书、信件、电子数据、公证文书等；第二，协商人已经成为丧失或部分丧失民事行为能力人之认定标准，可从心智丧失、识别与辨别能力不足等方面来判断，无法判断时由协商人的利害关系人或相关组织向人民法院依法申请认定。

案例 52　徐某申请指定监护人案[①]

基本案情

上海的徐女士多年来一直与儿子小陈相依为命，小陈的父亲陈某早年被确诊为双相情感障碍，经鉴定属于精神残疾一级，一直住院治疗，小陈的爷爷和父亲陈某的兄弟姐妹均已去世，小陈的奶奶早年间与爷爷离婚后便再无联系。独自抚养儿子的徐女士在 2020 年罹患癌症，病情危急。徐女士生前最大的牵挂就是尚未成年的儿子小陈，为了确保小陈能顺利长大，徐女士在去世前 6 天，在居委会工作人员与好友的共同见证下立下遗嘱，在遗嘱中指定自己的亲姐姐，也就是小陈的大姨，在徐女士去世后作为小陈的监护人，帮

[①]《上海市长宁区人民法院：他们，这样守护国家的孩子》，载微信公众号"上海高院"2023 年 12 月 3 日，https://mp.weixin.qq.com/s/sSH5xDLcfFBKsnGNCDQnXA，2024 年 4 月 24 日访问。

自己照顾小陈。2023年6月，小陈的大姨在徐女士去世后向法院提出申请，要求法院判决终止小陈父亲的监护权，并指定自己作为孩子的监护人。

裁判结果

该案的审理获得居委会、妇联、区检察院等多个部门的帮助，并经过主审法官多次调查走访，委托社工进行社会调查，最终法院作出判决：终止小陈父亲的监护人资格，指定小陈的大姨为其监护人；居委会在大姨担任监护人期间有指导帮助和监督的职责；长宁公证处将对所涉财产进行监管。

典型意义

本案系《民法典》施行后上海首例遗嘱指定监护的案例。《未成年人保护法》修改完成以后，在司法实践中，还没有出现相关判例引用这个法条，这一判决有利于未成年人利益的切实维护。

三、规范指引

1. 法律

《民法典》

第26条 父母对未成年子女负有抚养、教育和保护的义务。

成年子女对父母负有赡养、扶助和保护的义务。

第27条 父母是未成年子女的监护人。

未成年人的父母已经死亡或者没有监护能力的，由下列有监护能力的人按顺序担任监护人：

（一）祖父母、外祖父母；

（二）兄、姐；

（三）其他愿意担任监护人的个人或者组织，但是须经未成年人住所地的居民委员会、村民委员会或者民政部门同意。

第28条 无民事行为能力或者限制民事行为能力的成年人，由下列有监护能力的人按顺序担任监护人：

（一）配偶；

（二）父母、子女；

（三）其他近亲属；

（四）其他愿意担任监护人的个人或者组织，但是须经被监护人住所地的居民委员会、村民委员会或者民政部门同意。

第29条 被监护人的父母担任监护人的，可以通过遗嘱指定监护人。

第30条 依法具有监护资格的人之间可以协议确定监护人。协议确定监护人应当尊重被监护人的真实意愿。

第31条 对监护人的确定有争议的，由被监护人住所地的居民委员会、村民委员会或者民政部门指定监护人，有关当事人对指定不服的，可以向人民法院申请指定监护人；有关当事人也可以直接向人民法院申请指定监护人。

居民委员会、村民委员会、民政部门或者人民法院应当尊重被监护人的真实意愿，按照最有利于被监护人的原则在依法具有监护资格的人中指定监护人。

依据本条第一款规定指定监护人前，被监护人的人身权利、财产权利以及其他合法权益处于无人保护状态的，由被监护人住所地的居民委员会、村民委员会、法律规定的有关组织或者民政部门担任临时监护人。

监护人被指定后，不得擅自变更；擅自变更的，不免除被指定的监护人的责任。

第32条 没有依法具有监护资格的人的，监护人由民政部门担任，也可以由具备履行监护职责条件的被监护人住所地的居民委员会、村民委员会担任。

第33条 具有完全民事行为能力的成年人，可以与其近亲属、其他愿意担任监护人的个人或者组织事先协商，以书面形式确定自己的监护人，在自己丧失或者部分丧失民事行为能力时，由该监护人履行监护职责。

《未成年人保护法》

第22条 未成年人的父母或者其他监护人因外出务工等原因在一定期限内不能完全履行监护职责的，应当委托具有照护能力的完全民事行为能力人代为照护；无正当理由的，不得委托他人代为照护。

未成年人的父母或者其他监护人在确定被委托人时，应当综合考虑其道德品质、家庭状况、身心健康状况、与未成年人生活情感上的联系等情况，并听取有表达意愿能力未成年人的意见。

具有下列情形之一的，不得作为被委托人：

（一）曾实施性侵害、虐待、遗弃、拐卖、暴力伤害等违法犯罪行为；

（二）有吸毒、酗酒、赌博等恶习；

（三）曾拒不履行或者长期怠于履行监护、照护职责；

（四）其他不适宜担任被委托人的情形。

第 92 条　具有下列情形之一的，民政部门应当依法对未成年人进行临时监护：

（一）未成年人流浪乞讨或者身份不明，暂时查找不到父母或者其他监护人；

（二）监护人下落不明且无其他人可以担任监护人；

（三）监护人因自身客观原因或者因发生自然灾害、事故灾难、公共卫生事件等突发事件不能履行监护职责，导致未成年人监护缺失；

（四）监护人拒绝或者怠于履行监护职责，导致未成年人处于无人照料的状态；

（五）监护人教唆、利用未成年人实施违法犯罪行为，未成年人需要被带离安置；

（六）未成年人遭受监护人严重伤害或者面临人身安全威胁，需要被紧急安置；

（七）法律规定的其他情形。

第 93 条　对临时监护的未成年人，民政部门可以采取委托亲属抚养、家庭寄养等方式进行安置，也可以交由未成年人救助保护机构或者儿童福利机构进行收留、抚养。

临时监护期间，经民政部门评估，监护人重新具备履行监护职责条件的，民政部门可以将未成年人送回监护人抚养。

第 94 条　具有下列情形之一的，民政部门应当依法对未成年人进行长期监护：

（一）查找不到未成年人的父母或者其他监护人；

（二）监护人死亡或者被宣告死亡且无其他人可以担任监护人；

（三）监护人丧失监护能力且无其他人可以担任监护人；

(四）人民法院判决撤销监护人资格并指定由民政部门担任监护人；

(五）法律规定的其他情形。

第95条 民政部门进行收养评估后，可以依法将其长期监护的未成年人交由符合条件的申请人收养。收养关系成立后，民政部门与未成年人的监护关系终止。

2. 司法解释

《民法典总则编司法解释》

第6条 人民法院认定自然人的监护能力，应当根据其年龄、身心健康状况、经济条件等因素确定；认定有关组织的监护能力，应当根据其资质、信用、财产状况等因素确定。

第7条 担任监护人的被监护人父母通过遗嘱指定监护人，遗嘱生效时被指定的人不同意担任监护人的，人民法院应当适用民法典第二十七条、第二十八条的规定确定监护人。

未成年人由父母担任监护人，父母中的一方通过遗嘱指定监护人，另一方在遗嘱生效时有监护能力，有关当事人对监护人的确定有争议的，人民法院应当适用民法典第二十七条第一款的规定确定监护人。

第8条 未成年人的父母与其他依法具有监护资格的人订立协议，约定免除具有监护能力的父母的监护职责的，人民法院不予支持。协议约定在未成年人的父母丧失监护能力时由该具有监护资格的人担任监护人的，人民法院依法予以支持。

依法具有监护资格的人之间依据民法典第三十条的规定，约定由民法典第二十七条第二款、第二十八条规定的不同顺序的人共同担任监护人，或者由顺序在后的人担任监护人的，人民法院依法予以支持。

第9条 人民法院依据民法典第三十一条第二款、第三十六条第一款的规定指定监护人时，应当尊重被监护人的真实意愿，按照最有利于被监护人的原则指定，具体参考以下因素：

（一）与被监护人生活、情感联系的密切程度；

（二）依法具有监护资格的人的监护顺序；

（三）是否有不利于履行监护职责的违法犯罪等情形；

（四）依法具有监护资格的人的监护能力、意愿、品行等。

人民法院依法指定的监护人一般应当是一人，由数人共同担任监护人更有利于保护被监护人利益的，也可以是数人。

第二节　申请变更监护人及申请撤销、恢复监护人资格案件的裁判规则

申请变更监护人是指被申请人的监护人不能履行监护职责，或者不服有关组织指定的监护人且又未在法律规定期限内起诉的，其他有监护资格的人员或者有关组织向人民法院提出申请变更被申请人的监护人。申请撤销监护人资格是指监护人不履行监护职责，或者侵害被监护人的合法权益的，人民法院可以根据有关人员或有关组织的申请，撤销监护人资格。两者的主要区别是发生的事由不同，申请变更监护人的事由更广泛。申请变更监护人的事由也可以是监护人不履行监护职责，申请人同时要求撤销监护人资格并变更监护人。

申请恢复监护人资格，是指被监护人的父母或者子女被人民法院撤销监护人资格后，除对被监护人实施故意犯罪的外，确有悔改表现的，经其申请，人民法院可以在尊重被监护人真实意愿的前提下，视情况恢复其监护人资格，人民法院指定的监护人与被监护人的监护关系同时终止。

一、一般裁判规则

变更监护的主要事由有四类，分别为：(1) 现有的监护人丧失了监护能力；(2) 监护人有监护能力，但不履行监护的职责；(3) 监护人实施了不利于被监护人的行为；(4) 现有监护人去世或者被宣告死亡、失踪。申请变更监护人需要向法院提出申请，由被监护人住所地的人民法院管辖。申请人要向法院递交申请变更监护人的民事起诉状，同时提交证据证明原监护人不或不能履行监护职责、不再具备监护人资格，以及申请人如果作为监护人更有利于被监护人。法院会根据具体情形，从有利于被监护人的原则出发，依法作出裁决。一般而言，如果监护人系由具备监护资格的当事人协商确定，则当事人可经过重新协商而对监护人予以变更；如果当事人对变更监护人不能

达成协议，则可由人民法院进行裁决。

　　申请撤销监护人资格案件在实践中包含两种情形：一种是未成年人的法定监护人父母一方请求法院撤销另一方的监护人资格的；另一种是未成年人除父母以外的或无民事行为能力人、限制民事行为能力人的法定监护人、指定监护人资格的撤销。未成年人监护人资格的撤销，是指父母不在世或均丧失监护能力的法定监护人，以及有关组织指定的监护人或人民法院确定监护人资格的撤销。无民事行为能力人、限制民事行为能力人的监护人资格撤销，是指《民法典》第28条、第31条规定的法定监护人、有关组织的指定监护人及人民法院确定监护人资格的撤销。《民法典》第36条第1款规定了申请撤销监护人资格案件的适用情形：一是实施严重损害被监护人身心健康的行为，如性侵害、出卖、遗弃、虐待、暴力伤害被监护人等；二是怠于履行监护职责，或者无法履行监护职责且拒绝将监护职责部分或全部委托给他人，导致被监护人处于危困状态，如父母有吸毒、赌博等恶习，怠于履行监护职责，导致儿童面临严重危险，又如父母外出打工，也没有将监护职责委托给他人，留下年龄较小的儿童独立在家生活，处于危困状态等；三是兜底性规定，实施严重侵害被监护人合法权益的其他行为，即只要有严重侵害被监护人合法权益的行为，均可以撤销监护人资格，如教唆、利用未成年人实施违法犯罪行为等。

　　为了避免对被监护人造成二次侵害，必须严格限制申请恢复监护人资格的条件和程序。在提出申请的主体上，必须是被监护人的父母或者子女。对于确有悔改表现，人民法院应当"从严把握"，不能仅要求其具有悔改的意愿，而且必须具有悔改的行为。申请人应向法院递交书面申请与悔改证据，包括对行为危害性认识、悔改决心、接受教育情况、后续表现等。申请人还可提交亲属、相关组织出具的证明材料，加强其申请说服力。人民法院除审查证据外，还可委托相关组织实地了解申请人悔改情况，以确定是否准如所请。至于监护关系恢复中被监护人真实意愿查明，则由人民法院征求能直接表达意愿的被监护人，依据其意愿进行判断。监护人因对被监护人实施故意犯罪而被撤销监护人资格，意味着其监护资格永久丧失，无法再恢复；监护人对被监护人实施的故意犯罪行为包括故意伤害、遗弃、虐待、性侵、出卖等，只要故意实施这些行为，就构成故意犯罪。

案例 53 王某某申请变更监护人案[①]

基本案情

申请人王某某系王某父亲，王某与被申请人甘某（女）婚后生育子女王某一（哥）、王某二（妹）。2015年10月王某意外死亡。被申请人甘某拿到王某死亡赔偿金后将王某一和王某二带走，因其抚养两个孩子时力不从心，故，请求申请人王某某将王某一领回抚养。自2018年正月，申请人王某某将王某一领回至今，被申请人甘某对王某一一直没有履行其法定监护职责，现已失去联系。为此，王某某作为王某一的祖父向法院申请撤销甘某的监护人资格，并变更其为王某一的监护人。

裁判结果

陕西省柞水县人民法院经审理认为，监护人应当履行监护职责，保护被监护人的人身、财产及其他合法权益。被申请人甘某自2018年王某一同申请人王某某共同生活后就失去联系，未再尽到母亲应尽的责任和义务，甘某的行为已严重侵害了被监护人王某一的合法权益。被申请人甘某走后，王某一一直与其祖父王某某共同生活，由其抚养、照顾。现申请人王某某申请对王某一进行监护，自愿作为王某一的监护人，其村民委员会同意变更王某一的监护人为王某某。从王某一的利益出发，以有利于其生活、学习、健康成长为原则，对申请人王某某请求变更王某一的监护人，予以支持。

典型意义

父母作为未成年人的法定监护人，应当履行法定监护职责。本案中，被申请人作为未成年人的母亲，长期不履行对子女的监护职责，而由未成年人的祖父实际进行抚养、照顾等监护义务。将监护人变更为未成年人的祖父，不仅符合实际的监护情况，也符合包括被申请人在内的各方利害关系人的意愿，更符合未成年人保护的立法意旨。实践中，祖父母抚养孙子女等留守儿

[①] 摘自《【今日说法】什么情况下可以变更监护权？》，载微信公众号"柞水县人民法院"2023年3月6日，https://mp.weixin.qq.com/s/T1-sJJ0ME8zUbpAJncJWMg，2024年4月24日访问。

童的现象日益普遍,在作为法定监护人的父母不履行或者不能履行监护职责的情况下,赋予祖父母监护人身份,有利于稳定家庭关系及社会秩序,促进未成年人权益保障,这也是本案的典型意义所在。

案例54　某区民政局与陈某某申请变更监护人案[①]

基本案情

吴某,于2010年10月28日出生,2011年8月22日被收养。吴某为智力残疾三级,其养父母于2012年和2014年先后因病死亡,后由其养祖母陈某某作为监护人。除每月500余元农村养老保险及每年2000余元社区股份分红外,陈某某无其他经济收入来源,且陈某某年事已高并有疾病在身。吴某的外祖父母也年事已高亦无经济收入来源。自2018年起,陈某某多次向街道和区民政局申请将吴某送往儿童福利机构养育、照料。为妥善做好吴某的后期监护,广州市黄埔区民政局依照《民法典》相关规定向人民法院申请变更吴某的监护人为民政部门,广州市黄埔区人民检察院出庭支持民政部门的变更申请。

裁判结果

生效裁判认为,被监护人吴某为未成年人,且智力残疾三级,养父母均已去世,陈某某作为吴某的养祖母,年事已高并有疾病在身,经济状况较差,已无能力抚养吴某。鉴于陈某某已不适宜继续承担吴某的监护责任,而吴某的外祖父母同样不具备监护能力,且陈某某同意将吴某的监护权变更给广州市黄埔区民政局,将吴某的监护人由陈某某变更为广州市黄埔区民政局不仅符合法律规定,还可以为吴某提供更好的生活、教育环境,更有利于吴某的健康成长。故,判决自2021年7月23日起,吴某的监护人由陈某某变更为广州市黄埔区民政局。

典型意义

本案是人民法院、人民检察院和民政部门联动护航困境少年的典型范例。

[①] 摘自《人民法院贯彻实施民法典典型案例(第一批)》之案例一,载最高人民法院网站,https://www.court.gov.cn/zixun/xiangqing/347181.html,2024年4月24日访问。

《民法典》和《未成年人保护法》完善了公职监护人制度，明确规定在没有依法具有监护资格的人时，由民政部门承担未成年人的监护责任。审理法院以判决形式确定由民政部门担任监护人，为民政部门规范适用相关法律履行公职监护职责提供了司法实践样本，推动《民法典》确立的以家庭、社会和国家为一体的多元监护格局落实落地。

案例 55　某市民政局申请撤销罗某监护人资格案[1]

基本案情

被申请人罗某系吴某 1（11 岁）、吴某 2（10 岁）、吴某 3（8 岁）三姐弟的生母。罗某自三子女婴幼时期起既未履行抚养、教育义务，又未支付抚养费用，更不履行监护职责，且与他人另组建家庭并生育子女。罗某在知道三个孩子的父亲、祖父均去世，家中无其他近亲属照料、抚养孩子的情况下，仍不管不问，拒不履行监护职责达 6 年以上，导致三子女生活处于极其危困状态。为保障三姐弟的合法权益，某市民政局向人民法院申请撤销罗某对三姐弟的监护人资格，并指定该民政局为三姐弟的监护人。

裁判结果

生效裁判认为，被申请人罗某作为被监护人吴某 1、吴某 2、吴某 3 的生母及法定监护人，在三名被监护人年幼时离家出走，六年期间未履行对子女的抚养、照顾、教育等义务；在被监护人父亲去世，三名被监护人处于无人照看、生活危困的状况下，被申请人知情后仍怠于履行监护职责，导致三名未成年子女流离失所，其行为已严重侵害了三名被监护人的合法权益。人民法院根据某市民政局的申请，依法撤销了罗某的监护人资格。被监护人的祖父过世，祖母情况不明，外祖父母远在贵州且从未与三名被监护人共同生活，上述顺位亲属均不能或者不适合担任吴某 1、吴某 2、吴某 3 的监护人。考虑到现在的临时照料家庭能够为孩子们提供良好的成长环境和安定的生活保障，经人民法院与某市民政局沟通后，明确三名被监

---

[1] 摘自《人民法院贯彻实施民法典典型案例（第二批）》之案例一，载最高人民法院网站，https://www.court.gov.cn/zixun/xiangqing/386521.html，2024 年 4 月 24 日访问。

护人由某市民政局监护，便于其通过相应法定程序与"临时家庭"完善收养手续，将临时照料人转变为合法收养人，与三姐弟建立起完整的亲权法律关系。如此，三姐弟能获得良好的教育、感受家庭的温暖，三个临时照料家庭的父母也能享天伦之乐。故，判决自2022年5月27日起，吴某1、吴某2、吴某3的监护人由某市民政局担任。

典型意义

未成年人是祖国的未来和民族的希望，进一步加强未成年人司法保护是新时代对人民法院工作提出的更高要求。本案是人民法院准确适用《民法典》关于监护制度的规定，并主动延伸司法职能，与有关部门合力守护未成年人健康成长的典型案例。本案中，人民法院根据案件具体情况依法撤销了原监护人的监护资格，指定民政部门作为监护人，同时向民政部门发出司法建议书，协助其更好地履行监护职责，为被监护人的临时生活照料、确定收养关系、完善收养手续，以及后续的生活教育提供司法服务。

二、特殊裁判规则

1. 除《民法典》第36条第1款规定三种撤销监护人资格的情形外，《最高人民法院、最高人民检察院、公安部、民政部关于依法处理监护人侵害未成年人权益行为若干问题的意见》第35条以列举的方式规定了7类撤销监护人资格的情形，分别为：（1）性侵害、出卖、遗弃、虐待、暴力伤害未成年人，严重损害未成年人身心健康的；（2）将未成年人置于无人监管和照看的状态，导致未成年人面临死亡或者严重伤害危险，经教育不改的；（3）拒不履行监护职责长达六个月以上，导致未成年人流离失所或者生活无着的；（4）有吸毒、赌博、长期酗酒等恶习无法正确履行监护职责或者因服刑等原因无法履行监护职责，且拒绝将监护职责部分或者全部委托给他人，致使未成年人处于困境或者危险状态的；（5）胁迫、诱骗、利用未成年人乞讨，经公安机关和未成年人救助保护机构等部门三次以上批评教育拒不改正，严重影响未成年人正常生活和学习的；（6）教唆、利用未成年人实施违法犯罪行为，情节恶劣的；（7）有其他严重侵害未成年人合法权益行为的。

2. 监护权撤销申请的主体较为广泛，除个人外，村民委员会、居民委员会、学校、医疗机构、民政部门、妇联等均负有保护被监护人之特定职责的组织，也被赋予了监护人资格的申请撤销权，以达到监护问题及时披露，避免监护人滥用监护权的目的。同时，从《民法典》规定来看，民政部门是申请撤销监护人资格的兜底单位，相关个人与组织没有行使撤销权时，民政部门作为国家机关应当行使撤销权。在司法实践中，为方便个人与组织向人民法院提出撤销申请，人民检察院在必要时，应当书面告知未成年人及其临时监护人有权依法申请撤销监护人资格，对相关组织或人员未提出撤销申请时，应当书面建议当地民政部门或未成年人救助机构向人民法院申请撤销。

3. 监护人撤销资格应非常慎重，遵循"不得已而为之"原则，尽量让被监护人在家庭中生活。在司法实践中，撤销监护权案件主要集中在未成年人监护案件中。审判时应当注意两点：第一，为被监护人指定监护人时要听取被监护人的意见，依据监护能力、监护意愿来确定监护人，同时将不适任的监护人剔除监护范围。在没有亲友监护的前提下，民政部门作为兜底单位，应当承担监护人角色。第二，在申请人提交申请要求撤销监护人资格时，应当提交相关证据，如被监护人情况、监护存在问题、监护人悔过情况、监护人接受教育辅导情况、被监护人身心健康状况与调整监护意愿的内容。

4. 人民法院审理恢复监护人资格案件时，应按照变更监护关系的案件审理程序进行处理。申请恢复监护人资格的期间限制问题，在被监护人为成年人时，应当随时可以申请恢复监护人资格；在被监护人为未成年人时，则应当考虑具体情况，若不影响未成年人的正常生活、学习，可以允许随时更换。在民政部门担任未成年人监护人时，考虑到后续问题，应当对申请期限加以限制，以 1 年时间为期限比较合适。

案例 56　姜某某、孟某某与乔某甲申请变更监护人案[①]

基本案情

申请人姜某某、孟某某与被申请人乔某甲因申请变更监护人，向上海市

---

① 摘自《最高人民法院公报》2022 年第 9 期。

长宁区人民法院提起诉讼。申请人姜某某、孟某某称：被监护人乔某乙系两申请人的外孙女，乔某乙的母亲孟某于2010年9月3日病故，父亲乔某丙于2012年7月23日病故，乔某乙成为孤儿。2012年10月10日经过亲属协商，上海市新华路街道人民居民委员会指定乔某乙的叔叔乔某甲担任监护人。乔某乙已就读初三，有自己的判断能力，现在乔某乙本人要求两申请人担任监护人，两申请人尊重乔某乙的本人意愿，希望担任乔某乙的监护人。被申请人乔某甲表示同意变更监护人，乔某乙现已长大，应尊重其本人意愿。同时，将乔某乙本人的相关身份资料、动迁分得的房产资料、银行存折等一并移交给乔某乙（两申请人同时签收）。并表示经过结算，在乔某甲处还有属于乔某乙的300000元钱款，希望由案外人韩某某代为监管，该款不到万不得已不能动用。乔某甲另希望乔某乙能加强自我保护意识，在清明等重大节日能去祭扫自己的父母，尽到一个女儿应尽的义务。在乔某乙遇到困难时，乔家的亲属也愿意帮助她。

法院经审理查明，两申请人姜某某、孟某某系夫妻关系，系被监护人乔某乙的外祖父母。乔某乙于2002年5月15日出生，其母亲孟某于2010年9月3日病故，父亲乔某丙于2012年7月23日病故。经亲属间协商，上海市长宁区新华路街道人民居民委员会于2012年10月10日指定被申请人乔某甲（系乔某乙叔叔）担任监护人。自2012年10月起，乔某乙随乔某甲共同生活，直至2016年7月。自2016年8月起，乔某乙随两申请人共同生活。庭审中，被监护人乔某乙本人到庭，表示其愿意随两申请人姜某某、孟某某共同生活。两申请人姜某某、孟某某与被申请人乔某甲在庭审中对被监护人乔某乙的经济款项达成一致意见，乔某甲将300000元交付乔某乙，就此结清。申请人姜某某、孟某某与被申请人乔某甲一致表示，为保护未成年人的合法权益，希望属于被监护人乔某乙的300000元钱款由双方共同信任的案外人韩某某代为监管。法院对被监护人乔某乙进行了心理观护。根据社会观护员出具的心理观护报告，乔某乙身体健康，但性格较弱，其已走出父母早逝的阴影。申请人姜某某、孟某某与被申请人乔某甲之间的争执让乔某乙心灵受到不小冲击，望各方亲属能看在乔某乙年纪尚小、失去父母的情况下，减少争执，尽可能在乔某乙成长之路上给予帮助。

裁判结果

法院经审理认为，父母是未成年子女的法定监护人，现被监护人乔某乙的父母皆已过世，居民委员会指定被申请人乔某甲成为乔某乙的监护人，乔某甲尽到了监护责任。然乔某乙在生活中难免与乔某甲的亲属产生矛盾，其本人希望由申请人姜某某、孟某某担任监护人，现两申请人与被申请人达成一致意见，符合法律规定，予以准许。关于财产监管的问题，根据法律规定，监护人有管理和保护被监护人财产的义务。乔某甲作为原监护人从保护乔某乙的合法权益出发，提议由可信任的案外人暂时保管乔某乙的银行卡，符合情理。案外人韩某某也愿意承担监管义务，考虑到两申请人文化水平有限，年岁已高，乔某乙也系未成年，其心智尚未完全成熟，案涉钱款系已离世的父母留给乔某乙的最后财产，确需慎重保管和处理，本案两申请人亦同意将乔某乙钱款交由韩某某监管。综合本案案情和现实生活中的情况，法院具体考量如下：

首先，在我国将被监护人财产交第三方监管是有法律依据的。当前的司法实践中，财产形式的多样化、财产关系的复杂化、经济行为的丰富化对财产监护能力提出了更高要求。《民法通则》第18条，以及2017年10月1日起正式实施的《民法总则》第35条对被监护人的财产监护职责作了原则规定。《民通意见》第22条规定，"监护人可以将被监护人监护职责部分或者全部委托给他人"。《民法总则》第35条第1款明确规定："监护人应当按照最有利于被监护人的原则履行监护职责。监护人除为维护被监护人利益外，不得处分被监护人的财产。"

其次，关于第三方资质的问题。监管被监护人财产的主体范围可以是被监护人的近亲属、亲朋好友等合适成年人，或是公证机关，或是妇联、关工委、居民（村）委员会、民政等公益组织。本案中，两申请人姜某某、孟某某和被申请人乔某甲共同选定由被监护人乔某乙的表舅韩某某担任财产监管人。法院在听取两申请人和被申请人意见的基础上，听取了案外人韩某某本人意见，其表示乔某乙系孤儿，愿意承担监管责任，由其保管该款项的银行卡或存折。法院还委托社会观护员调查韩某某的经济状况、社会表现、有无不良记录等各方面情况，确保韩某某具有监管乔某乙财产的能力，并会为了乔某乙的利益最大化管理其财产。

再次,为保证未成年被监护人利益的最大化,法院还详细解释并听取了被监护人乔某乙对财产监管方式的意见。乔某乙表示对由表舅韩某其担任财产监管人无异议,没有抵触心理。

最后,在各方面条件均具备的情况下,法院组织两申请人姜某某、孟某某,被申请人乔某甲和案外人韩某某在法官见证下,签订了书面监管协议,明确了财产清单、监管方式、监管时间等具体内容,并由法院审核确认,以此规范财产监管人的行为,保障未成年被监护人的财产得到最好管理和维护。

法院于2017年4月12日判决如下:被监护人乔某乙的监护人变更为申请人姜某某、孟某某;被申请人乔某甲于本判决生效后十五日内将300000元交付被监护人乔某乙,该款的银行卡(存折)在乔某乙18周岁前由财产监管人韩某某负责代为保管。本判决为终审判决。

典型意义

在申请变更监护人、变更抚养关系等需要确认未成年人、无行为能力或者限制行为能力人的财产监管责任的案件中,如监护人因年龄、身体健康等原因导致财产监管能力不足,或者监护人与被监护人的财产利益存在冲突等情况,造成监护人无法有效管理被监护人财产,可能造成其财产利益受损的,为体现"最有利于被监护人"的法律原则,经监护人与第三方协商一致并听取被监护人的意见,经法院审查认定,可将被监护人的财产委托第三方监管。

三、规范指引

1. 法律

《民法典》

第34条 监护人的职责是代理被监护人实施民事法律行为,保护被监护人的人身权利、财产权利以及其他合法权益等。

监护人依法履行监护职责产生的权利,受法律保护。

监护人不履行监护职责或者侵害被监护人合法权益的，应当承担法律责任。

因发生突发事件等紧急情况，监护人暂时无法履行监护职责，被监护人的生活处于无人照料状态的，被监护人住所地的居民委员会、村民委员会或者民政部门应当为被监护人安排必要的临时生活照料措施。

第 35 条 监护人应当按照最有利于被监护人的原则履行监护职责。监护人除为维护被监护人利益外，不得处分被监护人的财产。

未成年人的监护人履行监护职责，在作出与被监护人利益有关的决定时，应当根据被监护人的年龄和智力状况，尊重被监护人的真实意愿。

成年人的监护人履行监护职责，应当最大程度地尊重被监护人的真实意愿，保障并协助被监护人实施与其智力、精神健康状况相适应的民事法律行为。对被监护人有能力独立处理的事务，监护人不得干涉。

第 36 条 监护人有下列情形之一的，人民法院根据有关个人或者组织的申请，撤销其监护人资格，安排必要的临时监护措施，并按照最有利于被监护人的原则依法指定监护人：

（一）实施严重损害被监护人身心健康的行为；

（二）怠于履行监护职责，或者无法履行监护职责且拒绝将监护职责部分或者全部委托给他人，导致被监护人处于危困状态；

（三）实施严重侵害被监护人合法权益的其他行为。

本条规定的有关个人、组织包括：其他依法具有监护资格的人，居民委员会、村民委员会、学校、医疗机构、妇女联合会、残疾人联合会、未成年人保护组织、依法设立的老年人组织、民政部门等。

前款规定的个人和民政部门以外的组织未及时向人民法院申请撤销监护人资格的，民政部门应当向人民法院申请。

第 37 条 依法负担被监护人抚养费、赡养费、扶养费的父母、子女、配偶等，被人民法院撤销监护人资格后，应当继续履行负担的义务。

第 38 条 被监护人的父母或者子女被人民法院撤销监护人资格后，除对被监护人实施故意犯罪的外，确有悔改表现的，经其申请，人民法院可以在尊重被监护人真实意愿的前提下，视情况恢复其监护人资格，人民法院指定的监护人与被监护人的监护关系同时终止。

第 39 条 有下列情形之一的，监护关系终止：

（一）被监护人取得或者恢复完全民事行为能力；

（二）监护人丧失监护能力；

（三）被监护人或者监护人死亡；

（四）人民法院认定监护关系终止的其他情形。

监护关系终止后，被监护人仍然需要监护的，应当依法另行确定监护人。

《未成年人保护法》

第 108 条 未成年人的父母或者其他监护人不依法履行监护职责或者严重侵犯被监护的未成年人合法权益的，人民法院可以根据有关人员或者单位的申请，依法作出人身安全保护令或者撤销监护人资格。

被撤销监护人资格的父母或者其他监护人应当依法继续负担抚养费用。

第 109 条 人民法院审理离婚、抚养、收养、监护、探望等案件涉及未成年人的，可以自行或者委托社会组织对未成年人的相关情况进行社会调查。

2. 司法解释

《民法典总则编司法解释》

第 10 条 有关当事人不服居民委员会、村民委员会或者民政部门的指定，在接到指定通知之日起三十日内向人民法院申请指定监护人的，人民法院经审理认为指定并无不当，依法裁定驳回申请；认为指定不当，依法判决撤销指定并另行指定监护人。

有关当事人在接到指定通知之日起三十日后提出申请的，人民法院应当按照变更监护关系处理。

第 11 条 具有完全民事行为能力的成年人与他人依据民法典第三十三条的规定订立书面协议事先确定自己的监护人后，协议的任何一方在该成年人丧失或者部分丧失民事行为能力前请求解除协议的，人民法院依法予以支持。该成年人丧失或者部分丧失民事行为能力后，协议确定的监护人无正当理由请求解除协议的，人民法院不予支持。

该成年人丧失或者部分丧失民事行为能力后，协议确定的监护人有民法典第三十六条第一款规定的情形之一，该条第二款规定的有关个人、组织申请撤销其监护人资格的，人民法院依法予以支持。

第 12 条 监护人、其他依法具有监护资格的人之间就监护人是否有民法典第三十九条第一款第二项、第四项规定的应当终止监护关系的情形发生争议，申请变更监护人的，人民法院应当依法受理。经审理认为理由成立的，人民法院依法予以支持。

被依法指定的监护人与其他具有监护资格的人之间协议变更监护人的，人民法院应当尊重被监护人的真实意愿，按照最有利于被监护人的原则作出裁判。

第 13 条　监护人因患病、外出务工等原因在一定期限内不能完全履行监护职责，将全部或者部分监护职责委托给他人，当事人主张受托人因此成为监护人的，人民法院不予支持。

3. 规范性文件

《最高人民法院 最高人民检察院 公安部 民政部关于依法处理监护人侵害未成年人权益行为若干问题的意见》

2. 处理监护侵害行为，应当遵循未成年人最大利益原则，充分考虑未成年人身心特点和人格尊严，给予未成年人特殊、优先保护。

3. 对于监护侵害行为，任何组织和个人都有权劝阻、制止或者举报。

公安机关应当采取措施，及时制止在工作中发现以及单位、个人举报的监护侵害行为，情况紧急时将未成年人带离监护人。

民政部门应当设立未成年人救助保护机构（包括救助管理站、未成年人救助保护中心），对因受到监护侵害进入机构的未成年人承担临时监护责任，必要时向人民法院申请撤销监护人资格。

人民法院应当依法受理人身安全保护裁定申请和撤销监护人资格案件并作出裁判。

人民检察院对公安机关、人民法院处理监护侵害行为的工作依法实行法律监督。

人民法院、人民检察院、公安机关设有办理未成年人案件专门工作机构的，应当优先由专门工作机构办理监护侵害案件。

4. 人民法院、人民检察院、公安机关、民政部门应当充分履行职责，加强指导和培训，提高保护未成年人的能力和水平；加强沟通协作，建立信息共享机制，实现未成年人行政保护和司法保护的有效衔接。

5. 人民法院、人民检察院、公安机关、民政部门应当加强与妇儿工委、教育部门、卫生部门、共青团、妇联、关工委、未成年人住所地村（居）民委员会等的联系和协作，积极引导、鼓励、支持法律服务机构、社会工作服务机构、公益慈善组织和志愿者等社会力量，共同做好受监护侵害的未成年人的保护工作。

……

27. 下列单位和人员（以下简称有关单位和人员）有权向人民法院申请撤销监护人资格：

（一）未成年人的其他监护人，祖父母、外祖父母、兄、姐，关系密切的其他亲属、朋友；

（二）未成年人住所地的村（居）民委员会，未成年人父、母所在单位；

（三）民政部门及其设立的未成年人救助保护机构；

（四）共青团、妇联、关工委、学校等团体和单位。

申请撤销监护人资格，一般由前款中负责临时照料未成年人的单位和人员提出，也可以由前款中其他单位和人员提出。

28. 有关单位和人员向人民法院申请撤销监护人资格的，应当提交相关证据。

有包含未成年人基本情况、监护存在问题、监护人悔过情况、监护人接受教育辅导情况、未成年人身心健康状况以及未成年人意愿等内容的调查评估报告的，应当一并提交。

29. 有关单位和人员向公安机关、人民检察院申请出具相关案件证明材料的，公安机关、人民检察院应当提供证明案件事实的基本材料或者书面说明。

30. 监护人因监护侵害行为被提起公诉的案件，人民检察院应当书面告知未成年人及其临时照料人有权依法申请撤销监护人资格。

对于监护侵害行为符合本意见第 35 条规定情形而相关单位和人员没有提起诉讼的，人民检察院应当书面建议当地民政部门或者未成年人救助保护机构向人民法院申请撤销监护人资格。

31. 申请撤销监护人资格案件，由未成年人住所地、监护人住所地或者侵害行为地基层人民法院管辖。

人民法院受理撤销监护人资格案件，不收取诉讼费用。

32. 人民法院审理撤销监护人资格案件，比照民事诉讼法规定的特别程序进行，在一个月内审理结案。有特殊情况需要延长的，由本院院长批准。

33. 人民法院应当全面审查调查评估报告等证据材料，听取被申请人、有表达能力的未成年人以及村（居）民委员会、学校、邻居等的意见。

34. 人民法院根据案件需要可以聘请适当的社会人士对未成年人进行社会观护，并可以引入心理疏导和测评机制，组织专业社会工作者、儿童心理问题专家等专业人员参与诉讼，为未成年人和被申请人提供心理辅导和测评服务。

35. 被申请人有下列情形之一的，人民法院可以判决撤销其监护人资格：

（一）性侵害、出卖、遗弃、虐待、暴力伤害未成年人，严重损害未成年人身心健康的；

（二）将未成年人置于无人监管和照看的状态，导致未成年人面临死亡或者严重伤害危险，经教育不改的；

（三）拒不履行监护职责长达六个月以上，导致未成年人流离失所或者生活无着的；

（四）有吸毒、赌博、长期酗酒等恶习无法正确履行监护职责或者因服刑等原因无法履行监护职责，且拒绝将监护职责部分或者全部委托给他人，致使未成年人处于困境或者危险状态的；

（五）胁迫、诱骗、利用未成年人乞讨，经公安机关和未成年人救助保护机构等部门三次以上批评教育拒不改正，严重影响未成年人正常生活和学习的；

（六）教唆、利用未成年人实施违法犯罪行为，情节恶劣的；

（七）有其他严重侵害未成年人合法权益行为的。

36. 判决撤销监护人资格，未成年人有其他监护人的，应当由其他监护人承担监护职责。其他监护人应当采取措施避免未成年人继续受到侵害。

没有其他监护人的，人民法院根据最有利于未成年人的原则，在民法通则第十六条第二款、第四款规定的人员和单位中指定监护人。指定个人担任监护人的，应当综合考虑其意愿、品行、身体状况、经济条件、与未成年人的生活情感联系以及有表达能力的未成年人的意愿等。

没有合适人员和其他单位担任监护人的，人民法院应当指定民政部门担任监护人，由其所属儿童福利机构收留抚养。

37. 判决不撤销监护人资格的，人民法院可以根据需要走访未成年人及其家庭，也可以向当地民政部门、辖区公安派出所、村（居）民委员会、共青团、妇联、未成年人所在学校、监护人所在单位等发出司法建议，加强对未成年人的保护和对监护人的监督指导。

38. 被撤销监护人资格的侵害人，自监护人资格被撤销之日起三个月至一年内，可以书面向人民法院申请恢复监护人资格，并应当提交相关证据。

人民法院应当将前款内容书面告知侵害人和其他监护人、指定监护人。

39. 人民法院审理申请恢复监护人资格案件，按照变更监护关系的案件审理程序进行。

人民法院应当征求未成年人现任监护人和有表达能力的未成年人的意见，并可以委托申请人住所地的未成年人救助保护机构或者其他未成年人保护组织，对申请人监护意愿、悔改表现、监护能力、身心状况、工作生活情况等进行调查，形成调查评估报告。

申请人正在服刑或者接受社区矫正的，人民法院应当征求刑罚执行机关或者社区矫正机构的意见。

40. 人民法院经审理认为申请人确有悔改表现并且适宜担任监护人的，可以判决恢复其监护人资格，原指定监护人的监护人资格终止。

申请人具有下列情形之一的，一般不得判决恢复其监护人资格：

（一）性侵害、出卖未成年人的；

（二）虐待、遗弃未成年人六个月以上、多次遗弃未成年人，并且造成重伤以上严重后果的；

（三）因监护侵害行为被判处五年有期徒刑以上刑罚的。

41. 撤销监护人资格诉讼终结后六个月内，未成年人及其现任监护人可以向人民法院申请人身安全保护裁定。

42. 被撤销监护人资格的父、母应当继续负担未成年人的抚养费用和因监护侵害行为产生的各项费用。相关单位和人员起诉的，人民法院应予支持。

第三节　典型、疑难问题解析

一、遗嘱指定监护是否与法定监护存在冲突，遗嘱指定监护与意定监护有何区别

遗嘱指定监护是指作为监护人的父母，生前通过订立遗嘱的形式为未成年子女或失去民事行为能力的成年子女指定监护人。所以，父母担心自己去世后子女无人照顾，可以提前通过遗嘱为孩子指定一个信赖的监护人。遗嘱指定监护应满足以下三个条件：

一是只能由父母行使；二是父母必须正在担任子女的监护人，如果父母因丧失监护能力或被撤销监护人资格的，就不能通过遗嘱指定监护人；三是只能以遗嘱方式进行，不能通过协议等其他方式进行。

关于遗嘱指定监护是否与法定监护存在冲突，具体需要区分不同的情况：（1）父母一方健在，且未丧失监护人资格与监护能力的，父母的法定监护权优先。父母任何一方不得通过遗嘱形式指定监护人，从而限制、剥夺另一方养育、保护子女的权利义务。（2）父母双方均已死亡或父母一方处于被剥夺监护人资格、丧失监护能力或不能履行监护职责的状态时，另一方以遗嘱形式指定监护人的。这种情况下，遗嘱指定的监护人就优先于父母以外的其他法定监护人。其他法定监护人主要指祖父母、外祖父母，兄、姐，其他愿意担任监护人的个人或组织。

意定监护指的是成年人在具备完全民事行为能力时，与近亲属、其他愿意担任监护人的个人或者组织事先协商好，以书面形式确定自己的监护人，该监护人在自己丧失或者部分丧失民事行为能力时，对自己履行监护职责。换句话说，就是提前给自己找一个监护人。意定监护在实践中比较多。遗嘱指定监护主要是被监护人的父母通过订立遗嘱的方式，为处于自己监护之下的子女（包括未成年子女或者丧失民事行为能力的成年子女）指定监护人。换句话说，就是提前为孩子找一个可靠、放心的监护人。遗嘱指定监护在实

践中比较少。

如果遗嘱指定的监护人在遗嘱生效后不愿意担任监护人，则可以拒绝。遗嘱是立遗嘱人根据自己的意愿单方订立的，属于单方法律行为，在立遗嘱人去世后遗嘱才开始生效。若被指定的监护人因各种情况不愿意履行监护职责，指定监护就不能成立，法院应当重新按照法定监护顺序确定监护人。

二、监护终止的情形与法律后果

当监护关系中出现了特定情况时，一段监护关系就没有必要再继续维持下去了，可能是被监护人不需要继续监护了，也可能是监护人产生了变更而由其他人继续担任监护人，这些监护关系中出现的特定情况，就是监护终止的情形。监护关系的终止可能因某一事件的出现而突然产生，也可能因一定事实的长期存在而自然终止。

监护关系终止的情形在社会生活中分为绝对终止和相对终止两项。从原因分析，前者主要有被监护人成年、结婚或法律禁令解除等从而具备了完全民事行为能力，自然监护关系没有继续的必要，或者被监护人死亡或宣告死亡、被人领养或收养从而亲权基础不复存在；后者则是现任监护人消失、辞职、死亡需要重新指定监护人，监护人受到法律禁令，监护人被依法撤除监护职务等。无论是绝对终止或相对终止，其终止的原因无法穷尽。鉴于此，我国《民法典》第 39 条依照终止原因，规定了四项终止的情形，供监护关系终止时参考。

人民法院认定监护关系终止的其他情形。在司法审判中，可能会遇到法律上没有规定的情形，此时监护关系终止情形的认定权赋予人民法院，由法官在自由裁量权的范围内综合具体案件实际情况来进行判断，以此全面完善保护被监护人利益，十分合理。

监护关系终止后的财产问题。监护人应当负有两项义务：第一，财产清算义务，即监护人应当在监护关系终止后会同监督机关对代管财产进行清算；第二，财产交还义务，对在清算后有剩余的财产，交还被监护人或新的监护人。审判实践中经常会遇到监护关系终止后，监护双方就财产问题发生纠纷，此时原监护人应当就财产问题进行清算，以明确监护时财产变更与现有财产状况，从而确定监护双方之间是否进行给付或偿还金钱及财产移交。监护人死亡时，清算责任由监护人的继承人承担，清算费用原则上由被监护人承担，监护人仅对因其过失造成的损失承担清偿责任。清算后剩余的财产，应当由新的监护人接手。

第十三章　申请人身安全保护令案件

人身安全保护令是由人民法院作出的，旨在保护家庭暴力受害人及其子女或特定亲属的人身安全，防止暴力发生或再次发生的特定法律文书。人身安全保护令案件不依附于离婚等民事诉讼程序，可单独立案，不需要缴纳诉讼费且无须申请人提供担保。

第一节　申请人身安全保护令案件的裁判规则

2016年实施的《反家庭暴力法》表明了国家禁止任何形式家庭暴力的鲜明态度；2021年实施的《民法典》再次强调禁止家庭暴力；《妇女权益保障法》《未成年人保护法》《老年人权益保障法》《残疾人保障法》等法律对依法保护弱势群体，防止对以上人群实施暴力也作出特别的保护性规定。

2022年，针对《反家庭暴力法》实施6年以来在审判实践中遇到的难点、堵点，最高人民法院出台《关于办理人身安全保护令案件适用法律若干问题的规定》（以下简称《办理人身安全保护令规定》），精准对标家庭暴力受害人寻求司法救助时面临的"急难愁盼"问题，进一步细化完善家庭暴力发现机制、证据收集机制、执行联动机制等，明确人身安全保护令案件的证据形式和证明标准，加大对违反人身安全保护令的惩罚力度。文件一经颁布，即得到社会各界广泛好评，在实践中取得了积极的效果，人身安全保护令签发率逐年提升，为预防家庭暴力的发生或者再次发生提供了制度保障。

一、一般裁判规则

从申请条件及申请主体上看,根据《反家庭暴力法》第 23 条的规定,当事人因遭受家庭暴力或者面临家庭暴力的现实危险,向人民法院申请人身安全保护令的,人民法院应当受理。当事人是无民事行为能力人、限制民事行为能力人,或者因受到强制、威吓等原因无法申请人身安全保护令的,其近亲属、公安机关、妇女联合会、居民委员会、村民委员会、救助管理机构可以代为申请。

对于什么是家庭暴力,根据《反家庭暴力法》第 2 条的规定,本法所称家庭暴力,是指家庭成员之间以殴打、捆绑、残害、限制人身自由以及经常性谩骂、恐吓等方式实施的身体、精神等侵害行为;根据《办理人身安全保护令规定》第 3 条的规定,家庭成员之间以冻饿或者经常性侮辱、诽谤、威胁、跟踪、骚扰等方式实施的身体或者精神侵害行为,应当认定为反家庭暴力法第 2 条规定的"家庭暴力"。

关于申请人身安全保护令的形式及管辖法院,根据《反家庭暴力法》第 24 条的规定,申请人身安全保护令应当以书面方式提出;书面申请确有困难的,可以口头申请,由人民法院记入笔录。根据《反家庭暴力法》第 25 条、第 28 条的规定,人身安全保护令案件由申请人或者被申请人居住地、家庭暴力发生地的基层人民法院管辖。人民法院受理申请后,应当在七十二小时内作出人身安全保护令或者驳回申请;情况紧急的,应当在二十四小时内作出。在救济措施上,根据《反家庭暴力法》第 31 条的规定,申请人对驳回申请不服或者被申请人对人身安全保护令不服的,可以自裁定生效之日起五日内向作出裁定的人民法院申请复议一次。人民法院依法作出人身安全保护令的,复议期间不停止人身安全保护令的执行。

在提交证据方面,根据《办理人身安全保护令规定》第 6 条第 2 款的规定,第 1 款所称"相关证据"包括:(1)当事人的陈述;(2)公安机关出具的家庭暴力告诫书、行政处罚决定书;(3)公安机关的出警记录、讯问笔录、询问笔录、接警记录、报警回执等;(4)被申请人曾出具的悔过书或者保证书等;(5)记录家庭暴力发生或者解决过程等的视听资料;(6)被申请人与申请人或者其近亲属之间的电话录音、短信、即时通讯信息、电子邮件等；(7) 医疗机构的诊疗记录；(8) 申请人或者被申请人所在单位、民政部门、居民委员会、村民委员会、妇女联合会、残疾人联合会、未成年人保护组织、依法设立的老年人组织、救助管理机构、反家暴社会公益机构等单位收到投诉、反映或者求助的记录；(9) 未成年子女提供的与其年龄、智力相适应的证言或者亲友、邻居等其他证人证言；(10) 伤情鉴定意见；(11) 其他能够证明申请人遭受家庭暴力或者面临家庭暴力现实危险的证据。

关于人身安全保护令的保护措施及保护期限，根据《反家庭暴力法》第29条的规定，人身安全保护令可以包括下列措施：(1) 禁止被申请人实施家庭暴力；(2) 禁止被申请人骚扰、跟踪、接触申请人及其相关近亲属；(3) 责令被申请人迁出申请人住所；(4) 保护申请人人身安全的其他措施。此外，《办理人身安全保护令规定》第10条规定了还可以采取的措施，包括：(1) 禁止被申请人以电话、短信、即时通讯工具、电子邮件等方式侮辱、诽谤、威胁申请人及其相关近亲属；(2) 禁止被申请人在申请人及其相关近亲属的住所、学校、工作单位等经常出入场所的一定范围内从事可能影响申请人及其相关近亲属正常生活、学习、工作的活动。人身安全保护令的有效期不超过六个月，自作出之日起生效。人身安全保护令失效前，人民法院可以根据申请人的申请撤销、变更或者延长。

关于违反人身安全保护令的法律后果，根据《反家庭暴力法》第34条的规定，被申请人违反人身安全保护令，构成犯罪的，依法追究刑事责任；尚不构成犯罪的，人民法院应当给予训诫，可以根据情节轻重处以一千元以下罚款、十五日以下拘留。《办理人身安全保护令规定》第12条规定，被申请人违反人身安全保护令，符合《刑法》第313条规定的，以拒不执行判决、裁定罪定罪处罚；同时构成其他犯罪的，依照刑法有关规定处理。

在人身安全保护令的执行上，根据《反家庭暴力法》第32条的规定，人民法院作出人身安全保护令后，应当送达申请人、被申请人、公安机关以及居民委员会、村民委员会等有关组织。人身安全保护令由人民法院执行，公安机关以及居民委员会、村民委员会等应当协助执行。

案例 57　周某及其子女申请人身安全保护令案[①]

基本案情

申请人周某（女）与被申请人颜某经调解离婚后，三名未成年子女均跟随周某生活。然而每当颜某心情不好的时候，便不管不顾地到周某家中骚扰、恐吓甚至殴打周某和三个孩子，不仅打扰了母子四人的正常生活，还给她们的身心造成了极大的伤害。周某多次报警，但效果甚微，派出所的民警只能管得了当时，过不了几日，颜某依旧我行我素，甚至变本加厉地侵害母子四人的人身安全，连周某的亲友都不放过。周某无奈之下带着三名子女诉至法院，请求法院责令颜某禁止殴打、威胁、骚扰、跟踪母子四人及其近亲属。

裁判结果

江苏省连云港市海州区人民法院裁定：（1）禁止颜某对周某及三名子女实施家庭暴力；（2）禁止颜某骚扰、跟踪、接触周某母子四人及其近亲属。

典型意义

本案系一起针对"离婚后家暴"发出人身安全保护令的典型案例。《反家庭暴力法》，顾名思义适用于家庭成员之间，现有法律对家庭成员的界定是基于血亲、姻亲和收养关系形成的法律关系。除此之外，《反家庭暴力法》第37条中明确规定"家庭成员以外共同生活的人之间实施的暴力行为，参照本法规定执行"，意味着监护、寄养、同居、离异等关系的人员之间发生的暴力也被纳入家庭暴力中，受到法律约束。

案例 58　李某、唐小某申请人身安全保护令、变更抚养权案[②]

基本案情

申请人李某（女）与被申请人唐某原系夫妻关系，于2008年协议离婚，婚

[①] 摘自《最高人民法院人身安全保护令十大典型案例》之案例三，载最高人民法院网站，https://www.court.gov.cn/zixun/xiangqing/274801.html，2024年4月24日访问。

[②] 摘自《最高人民法院人身安全保护令十大典型案例》之案例四，载最高人民法院网站，https://www.court.gov.cn/zixun/xiangqing/274801.html，2024年4月24日访问。

生子唐小某由唐某抚养。唐某自2012年来多次对唐小某实施家暴，导致唐小某全身多处经常出现瘀伤、瘀血等被打痕迹，甚至一度萌生跳楼自寻短见的想法。李某得知后曾劝告唐某不能再打孩子，唐某不听，反而威胁李某，对唐小某的打骂更甚，且威胁唐小某不得将被打之事告诉外人，否则将遭受更加严厉的惩罚。李某向公安机关报案，经医院检查唐小某不但身上有伤，而且得了中度抑郁症和焦虑症。李某、唐小某共同向法院申请人身安全保护令，诉请法院依法禁止唐某继续施暴，同时李某还向法院提起了变更唐小某抚养权的诉讼。

裁判结果

广西壮族自治区柳州市柳北区人民法院裁定：（1）禁止唐某对李某、唐小某实施谩骂、侮辱、威胁、殴打；（2）中止唐某对唐小某行使监护权和探视权。

典型意义

由于法治意识的淡薄，不少家庭对孩子的教育依旧停留在"三天不打，上房揭瓦"这种落后的粗放式教育方法上，很大程度上会对孩子心智的健康发育造成伤害且留下难以抹去的阴影。本案中，在送达人身安全保护令时，家事法官还建议警方和社区网格员，不定期回访李某、唐小某母子生活状况，及时掌握母子生活的第一手资料，确保母子日常生活不再受唐某干扰。法院对人身安全保护令的快速作出并及时送达，派出所和社区的通力协执，及时帮助申请人恢复安全的生活环境，彰显了法院、公安、社区等多元化联动合力防治家庭暴力的坚定决心。

案例59 蔡某某申请人身安全保护令案[1]

基本案情

2022年3月，蔡某与唐某某（女）离婚纠纷案一审判决婚生子蔡某某由

---

[1] 摘自《切勿以爱之名对未成年人实施家庭暴力 最高法发布人民法院反家庭暴力典型案例（第二批）》之案例一，载最高人民法院网站，https://www.court.gov.cn/zixun/xiangqing/418612.html，2024年4月24日访问。

唐某某抚养，蔡某不服提起上诉，并在上诉期内将蔡某某带走。后，该案二审维持一审判决，但蔡某仍拒不履行，经多次强制执行未果。2023年4月，经法院、心理咨询师等多方共同努力，蔡某将蔡某某交给唐某某。蔡某某因与母亲分开多日而导致极度缺乏安全感，自2023年5月起接受心理治疗。2023年5月，蔡某到唐某某处要求带走蔡某某，唐某某未予准许，为此双方发生争执。蔡某不顾蔡某某的哭喊、劝阻，殴打唐某某并造成蔡某某面部受伤。蔡某某因此次抢夺事件身心受到极大伤害，情绪不稳，害怕上学、出门，害怕被蔡某抢走。为保护蔡某某的人身安全不受威胁，唐某某代蔡某某向人民法院申请人身安全保护令。

裁判结果

人民法院经审查认为，国家禁止任何形式的家庭暴力。家庭暴力，是指家庭成员之间以殴打、捆绑、残害、限制人身自由以及经常性谩骂、恐吓等方式实施的身体、精神等侵害行为。当事人因遭受家庭暴力或者面临家庭暴力的现实危险，向人民法院申请人身安全保护令，人民法院应当受理。蔡某某在父母离婚后，经法院依法判决，由母亲唐某某直接抚养。蔡某在探望时采用暴力方式抢夺蔡某某，并当着蔡某某的面殴打其母亲唐某某，对蔡某某的身体和精神造成了侵害，属于家庭暴力。故，依法裁定：（1）禁止被申请人蔡某以电话、短信、即时通讯工具、电子邮件等方式侮辱、诽谤、威胁申请人蔡某某及其相关近亲属；（2）禁止被申请人蔡某在申请人蔡某某及其相关近亲属的住所、学校、工作单位等经常出入场所的一定范围内从事可能影响申请人蔡某某及其相关近亲属正常生活、学习、工作的活动。

典型意义

抢夺、藏匿未成年子女行为不但侵害了父母另一方对子女依法享有的抚养、教育、保护的权利，而且严重损害了未成年子女身心健康，应当坚决预防和制止。《未成年人保护法》第24条明确规定，不得以抢夺、藏匿未成年子女等方式争夺抚养权。本案中，孩子先是被暴力抢夺、藏匿，长期无法与母亲相见，后又目睹父亲不顾劝阻暴力殴打母亲，自己也因此连带受伤，产生严重的心理创伤。尽管父亲暴力殴打的对象并不是孩子，抢夺行为亦与典型的身体、精神侵害存在差别。但考虑到孩子作为目击者，其所遭受的身体、精神侵害与父亲的家庭暴力行为直接相关，应当认定其为家庭暴力行为的受害人。人民法院在充分听取专业人员分析意见的基础上，认定被申请人的暴力抢夺行为对申请人产生了身体及精神侵害，依法签发人身安全保护令，并安排心理辅导师对申请人进行长期心理疏导，其对审理类似案件具有借鉴意义。

二、特殊裁判规则

1. 申请人身安全保护令以申请人正在遭受或者可能遭受家庭暴力侵害为要件，强调家庭暴力侵害发生的高度风险性。其一，体现为家庭暴力曾经发生且有再发生的高度风险，被申请人曾经实施家庭暴力，核发人身安全保护令旨在防范家庭暴力"从少到多"再次发生，避免损害后果扩大；其二，体现为家庭暴力未曾发生，但有发生的高度风险，核发人身安全保护令旨在防范家庭暴力"从无到有"发生。虽然，从《反家庭暴力法》第23条、第29条的语义解释看，并未明确限定可以申请人身安全保护令的家庭暴力行为方式；但从《反家庭暴力法》第2条、第3条规定的体系解释看，家庭暴力应全面涵盖身体暴力、性暴力和精神暴力等不同行为方式。具体而言，家庭暴力包括但不限于以下形式：（1）以冻饿、禁闭等方式实施的身体上的侵害；（2）实施性暴力及其他违背受害人意愿的性行为；（3）以经常性侮辱、诽谤、宣扬隐私、人格贬损等方式，侵害人格权的行为；（4）实施威胁、跟踪、骚扰等侵害行为；（5）毁损财产以及其他经济控制等侵害财产权利的行为。其中，"性暴力"是加害人残害受害人性器官，或者强迫受害人以其感到屈辱和恐惧的方式接受性行为等性侵犯行为，它之所以被单独列为一种暴力形式，是因为在性暴力中，身体暴力只是一种伴随情况，它通常因受害人抵制性暴力而出现。性暴力对受害人的伤害，比单纯的身体暴力或心理折磨所造成的伤害或心理创伤要严重得多。"经济制约"是加害人通过严格控制家庭收支，使受害人的合理需求得不到满足，被迫处于每花一分钱都得向加害人申请和报账的处境，从而产生屈辱、自卑、无价值感、愤怒、无助等不良情绪。

2. 对申请人身安全保护令案件中家庭暴力事实的证明标准把握不准，是制约签发率的重要原因。从内容上看，人身安全保护令可以包括禁止实施家庭暴力，禁止骚扰、跟踪、接触以及责令迁出居所等措施，主要是对被申请人行为的控制，类似于《民事诉讼法》中规定的行为保全，因此，严格来说，人身安全保护令案件并不是独立的诉讼案件；从程序上看，根据《反家庭暴力法》第 28 条的规定，人民法院受理申请后，应当在七十二小时内作出人身安全保护令或者驳回申请；情况紧急的，应当在二十四小时内作出。可见，人身安全保护令的作用是快捷、高效地制止已经发生或者可能发生的家庭暴力行为，更多的是追求效率，而不是通过判断是非确定民事责任的承担。人身安全保护令不对申请人与被申请人的权利和义务作出终局性的判断，不对当事人的亲属关系、财产分配、子女监护权、探望权等人身财产关系作出终局决定，也不是对被申请人的惩罚措施。人身安全保护令的目的是制止正在发生的家庭暴力，给受害人一道"隔离墙"，与行为保全作用相似，故，应当与民事案件实体事实的证明标准有所区分。根据《民事诉讼证据规定》第 86 条第 2 款的规定，降低证明标准的情形主要针对民事诉讼程序中的程序性事项，从保障当事人诉讼权利、推进诉讼程序出发，对于程序性事项降低证明标准，符合审判实际的需要。参照上述规定，笔者认为，应当明确签发人身安全保护令的证明标准是"较大可能性"，而不需要达到"高度盖然性"。

案例 60　赵某申请人身安全保护令案[1]

基本案情

申请人赵某（女）与被申请人叶某系夫妻关系，因向法院提起离婚诉讼，叶某通过不定时发送大量短信、辱骂、揭露隐私及暴力恐吓等形式对赵某进行语言威胁。自叶某收到离婚诉讼案件副本后，恐吓威胁形式及内容进一步升级，短信发送频率增加，总量已近万条，内容包括"不把你全家杀了我誓不为人""我不把你弄死，我就对不起你这份起诉书""要做就做最惨的杀人

---

[1] 摘自《最高人民法院人身安全保护令十大典型案例》之案例二，载最高人民法院网站，https://www.court.gov.cn/zixun/xiangqing/274801.html，2024 年 4 月 24 日访问。

案"等。赵某向法院申请人身安全保护令。案件受理后，因叶某不配合前往法院，承办人与叶某电话沟通。叶某在电话中承认向赵某发送过大量短信，并提及已购买刀具。

裁判结果

浙江省临安市人民法院裁定：禁止叶某骚扰、跟踪、接触赵某及其父母与弟弟。

典型意义

本案是一起因被申请人实施精神暴力而作出人身安全保护令的案件。《反家庭暴力法》第2条规定，本法所称家庭暴力，是指家庭成员之间以殴打、捆绑、残害、限制人身自由以及经常性谩骂、恐吓等方式实施的身体、精神等侵害行为。因此，被申请人虽然未实施殴打、残害等行为给申请人造成肉体上的损伤，但若以经常性谩骂、恐吓等方式实施侵害申请人精神的行为，法院亦将对其严令禁止，对申请人给予保护。

案例61　李某申请人身安全保护令案[①]

基本案情

申请人李某（女）与龚某系夫妻，双方于2000年4月登记结婚。婚姻关系存续期间，李某多次遭到龚某的暴力殴打，最为严重的一次是被龚某用刀威胁。2023年4月，为保障人身安全，李某向人民法院申请人身安全保护令，但其仅能提交一些身体受伤的照片和拨打报警电话的记录。龚某称，李某提供的受伤照片均为其本人摔跤所致，报警系小题大做，其并未殴打李某。

裁判结果

人民法院经审查认为，虽然李某提供的照片和拨打报警电话的记录并不能充分证明其遭受了龚某的家庭暴力，但从日常生活经验和常理分析，该事

[①] 摘自《最高法发布人民法院反家庭暴力典型案例（第一批）》之案例二，载最高人民法院网站，https://www.court.gov.cn/zixun/xiangqing/418562.html，2024年4月24日访问。

实存在较大可能性,已达到申请人身安全保护令的证明标准。裁定:禁止被申请人龚某对申请人李某实施家庭暴力。

典型意义

当遭受家庭暴力或面临家庭暴力现实危险时,受害人可以向法院申请人身安全保护令。该制度的创设的目的在于对已经发生或者可能发生的家庭暴力行为作出快速反应,及时保护申请人免遭危害。实践中,预防和制止家庭暴力最大的障碍是家暴受害人举证不足。鉴于人身安全保护令作为禁令的预防性保护功能,《办理人身安全保护令规定》第6条规定,签发人身安全保护令的证明标准是"存在较大可能性"。本案中,虽然受害人提供的受伤照片和报警电话记录不能充分证明存在家暴行为,但人民法院综合考量双方当事人的陈述、多次报警情况,结合日常生活经验,认定家庭暴力事实存在较大可能性,符合法律应有之义,特别关注了家庭暴力受害人举证能力较弱、家暴行为私密性等特征,最大限度地发挥人身安全保护令的预防和隔离功能,以充分保护家庭暴力受害人的合法权益。

三、规范指引

1. 法律

《民法典》

第997条 民事主体有证据证明行为人正在实施或者即将实施侵害其人格权的违法行为,不及时制止将使其合法权益受到难以弥补的损害的,有权依法向人民法院申请采取责令行为人停止有关行为的措施。

《未成年人保护法》

第108条 未成年人的父母或者其他监护人不依法履行监护职责或者严重侵犯被监护的未成年人合法权益的,人民法院可以根据有关人员或者单位的申请,依法作出人身安全保护令或者撤销监护人资格。

被撤销监护人资格的父母或者其他监护人应当依法继续负担抚养费用。

《反家庭暴力法》

第2条 本法所称家庭暴力,是指家庭成员之间以殴打、捆绑、残害、限制人身自由以及经常性谩骂、恐吓等方式实施的身体、精神等侵害行为。

第 13 条 家庭暴力受害人及其法定代理人、近亲属可以向加害人或者受害人所在单位、居民委员会、村民委员会、妇女联合会等单位投诉、反映或者求助。有关单位接到家庭暴力投诉、反映或者求助后，应当给予帮助、处理。

家庭暴力受害人及其法定代理人、近亲属也可以向公安机关报案或者依法向人民法院起诉。

单位、个人发现正在发生的家庭暴力行为，有权及时劝阻。

第 19 条 法律援助机构应当依法为家庭暴力受害人提供法律援助。

人民法院应当依法对家庭暴力受害人缓收、减收或者免收诉讼费用。

第 20 条 人民法院审理涉及家庭暴力的案件，可以根据公安机关出警记录、告诫书、伤情鉴定意见等证据，认定家庭暴力事实。

第 21 条 监护人实施家庭暴力严重侵害被监护人合法权益的，人民法院可以根据被监护人的近亲属、居民委员会、村民委员会、县级人民政府民政部门等有关人员或者单位的申请，依法撤销其监护人资格，另行指定监护人。

被撤销监护人资格的加害人，应当继续负担相应的赡养、扶养、抚养费用。

第 23 条 当事人因遭受家庭暴力或者面临家庭暴力的现实危险，向人民法院申请人身安全保护令的，人民法院应当受理。

当事人是无民事行为能力人、限制民事行为能力人，或者因受到强制、威吓等原因无法申请人身安全保护令的，其近亲属、公安机关、妇女联合会、居民委员会、村民委员会、救助管理机构可以代为申请。

第 24 条 申请人身安全保护令应当以书面方式提出；书面申请确有困难的，可以口头申请，由人民法院记入笔录。

第 25 条 人身安全保护令案件由申请人或者被申请人居住地、家庭暴力发生地的基层人民法院管辖。

第 26 条 人身安全保护令由人民法院以裁定形式作出。

第 27 条 作出人身安全保护令，应当具备下列条件：

（一）有明确的被申请人；

（二）有具体的请求；

（三）有遭受家庭暴力或者面临家庭暴力现实危险的情形。

第 28 条 人民法院受理申请后，应当在七十二小时内作出人身安全保护令或者驳回申请；情况紧急的，应当在二十四小时内作出。

第 29 条 人身安全保护令可以包括下列措施：

（一）禁止被申请人实施家庭暴力；

（二）禁止被申请人骚扰、跟踪、接触申请人及其相关近亲属；

（三）责令被申请人迁出申请人住所；

（四）保护申请人人身安全的其他措施。

第 30 条 人身安全保护令的有效期不超过六个月，自作出之日起生效。人身安全保护令失效前，人民法院可以根据申请人的申请撤销、变更或者延长。

第 31 条 申请人对驳回申请不服或者被申请人对人身安全保护令不服的，可以自裁定生效之日起五日内向作出裁定的人民法院申请复议一次。人民法院依法作出人身安全保护令的，复议期间不停止人身安全保护令的执行。

第 32 条 人民法院作出人身安全保护令后，应当送达申请人、被申请人、公安机关以及居民委员会、村民委员会等有关组织。人身安全保护令由人民法院执行，公安机关以及居民委员会、村民委员会等应当协助执行。

第 33 条 加害人实施家庭暴力，构成违反治安管理行为的，依法给予治安管理处罚；构成犯罪的，依法追究刑事责任。

第 34 条 被申请人违反人身安全保护令，构成犯罪的，依法追究刑事责任；尚不构成犯罪的，人民法院应当给予训诫，可以根据情节轻重处以一千元以下罚款、十五日以下拘留。

第 35 条 学校、幼儿园、医疗机构、居民委员会、村民委员会、社会工作服务机构、救助管理机构、福利机构及其工作人员未依照本法第十四条规定向公安机关报案，造成严重后果的，由上级主管部门或者本单位对直接负责的主管人员和其他直接责任人员依法给予处分。

第 36 条 负有反家庭暴力职责的国家工作人员玩忽职守、滥用职权、徇私舞弊的，依法给予处分；构成犯罪的，依法追究刑事责任。

2. 司法解释

《民法典婚姻家庭编司法解释（一）》

第 1 条 持续性、经常性的家庭暴力，可以认定为民法典第一千零四十二条、第一千零七十九条、第一千零九十一条所称的"虐待"。

《办理人身安全保护令规定》

为正确办理人身安全保护令案件，及时保护家庭暴力受害人的合法权益，根据《中华人民共和国民法典》《中华人民共和国反家庭暴力法》《中华人民共和国民事诉讼法》等相关法律规定，结合审判实践，制定本规定。

第 1 条 当事人因遭受家庭暴力或者面临家庭暴力的现实危险，依照反家庭暴力法向人民法院申请人身安全保护令的，人民法院应当受理。

向人民法院申请人身安全保护令，不以提起离婚等民事诉讼为条件。

第 2 条 当事人因年老、残疾、重病等原因无法申请人身安全保护令，其近亲属、公安机关、民政部门、妇女联合会、居民委员会、村民委员会、残疾人联合会、依法设立的老年人组织、救助管理机构等，根据当事人意愿，依照反家庭暴力法第二十三条规定代为申请的，人民法院应当依法受理。

第 3 条 家庭成员之间以冻饿或者经常性侮辱、诽谤、威胁、跟踪、骚扰等方式实施的身体或者精神侵害行为，应当认定为反家庭暴力法第二条规定的"家庭暴力"。

第 4 条 反家庭暴力法第三十七条规定的"家庭成员以外共同生活的人"一般包括共同生活的儿媳、女婿、公婆、岳父母以及其他有监护、扶养、寄养等关系的人。

第 5 条 当事人及其代理人对因客观原因不能自行收集的证据，申请人民法院调查收集，符合《最高人民法院关于适用〈中华人民共和国民事诉讼法〉的解释》第九十四条第一款规定情形的，人民法院应当调查收集。

人民法院经审查，认为办理案件需要的证据符合《最高人民法院关于适用〈中华人民共和国民事诉讼法〉的解释》第九十六条规定的，应当调查收集。

第 6 条 人身安全保护令案件中，人民法院根据相关证据，认为申请人遭受家庭暴力或者面临家庭暴力现实危险的事实存在较大可能性的，可以依法作出人身安全保护令。

前款所称"相关证据"包括：

（一）当事人的陈述；

（二）公安机关出具的家庭暴力告诫书、行政处罚决定书；

（三）公安机关的出警记录、讯问笔录、询问笔录、接警记录、报警回执等；

（四）被申请人曾出具的悔过书或者保证书等；

（五）记录家庭暴力发生或者解决过程等的视听资料；

（六）被申请人与申请人或者其近亲属之间的电话录音、短信、即时通讯信息、电子邮件等；

（七）医疗机构的诊疗记录；

（八）申请人或者被申请人所在单位、民政部门、居民委员会、村民委员会、妇女联合会、残疾人联合会、未成年人保护组织、依法设立的老年人组织、救助管理机构、反家暴社会公益机构等单位收到投诉、反映或者求助的记录；

（九）未成年子女提供的与其年龄、智力相适应的证言或者亲友、邻居等其他证人证言；

（十）伤情鉴定意见；

（十一）其他能够证明申请人遭受家庭暴力或者面临家庭暴力现实危险的证据。

第7条 人民法院可以通过在线诉讼平台、电话、短信、即时通讯工具、电子邮件等简便方式询问被申请人。被申请人未发表意见的，不影响人民法院依法作出人身安全保护令。

第8条 被申请人认可存在家庭暴力行为，但辩称申请人有过错的，不影响人民法院依法作出人身安全保护令。

第9条 离婚等案件中，当事人仅以人民法院曾作出人身安全保护令为由，主张存在家庭暴力事实的，人民法院应当根据《最高人民法院关于适用〈中华人民共和国民事诉讼法〉的解释》第一百零八条的规定，综合认定是否存在该事实。

第10条 反家庭暴力法第二十九条第四项规定的"保护申请人人身安全的其他措施"可以包括下列措施：

（一）禁止被申请人以电话、短信、即时通讯工具、电子邮件等方式侮辱、诽谤、威胁申请人及其相关近亲属；

（二）禁止被申请人在申请人及其相关近亲属的住所、学校、工作单位等经常出入场所的一定范围内从事可能影响申请人及其相关近亲属正常生活、学习、工作的活动。

第 11 条 离婚案件中，判决不准离婚或者调解和好后，被申请人违反人身安全保护令实施家庭暴力的，可以认定为民事诉讼法第一百二十七条第七项规定的"新情况、新理由"。

第 12 条 被申请人违反人身安全保护令，符合《中华人民共和国刑法》第三百一十三条规定的，以拒不执行判决、裁定罪定罪处罚；同时构成其他犯罪的，依照刑法有关规定处理。

第 13 条 本规定自 2022 年 8 月 1 日起施行。

3. 规范性文件

《最高人民法院 最高人民检察院 公安部 民政部关于依法处理监护人侵害未成年人权益行为若干问题的意见》

22. 未成年人救助保护机构或者其他临时照料人可以根据需要，在诉讼前向未成年人住所地、监护人住所地或者侵害行为地人民法院申请人身安全保护裁定。

未成年人救助保护机构或者其他临时照料人也可以在诉讼中向人民法院申请人身安全保护裁定。

23. 人民法院接受人身安全保护裁定申请后，应当按照民事诉讼法第一百条、第一百零一条、第一百零二条的规定作出裁定。经审查认为存在侵害未成年人人身安全危险的，应当作出人身安全保护裁定。

人民法院接受诉讼前人身安全保护裁定申请后，应当在四十八小时内作出裁定。接受诉讼中人身安全保护裁定申请，情况紧急的，也应当在四十八小时内作出裁定。人身安全保护裁定应当立即执行。

24. 人身安全保护裁定可以包括下列内容中的一项或者多项：

（一）禁止被申请人暴力伤害、威胁未成年人及其临时照料人；

（二）禁止被申请人跟踪、骚扰、接触未成年人及其临时照料人；

（三）责令被申请人迁出未成年人住所；

（四）保护未成年人及其临时照料人人身安全的其他措施。

25. 被申请人拒不履行人身安全保护裁定，危及未成年人及其临时照料人人身安全或者扰乱未成年人救助保护机构工作秩序的，未成年人、未成年人救助保护机构或者其他临时照料人有权向公安机关报告，由公安机关依法处理。

被申请人有其他拒不履行人身安全保护裁定行为的，未成年人、未成年人救助保护机构或者其他临时照料人有权向人民法院报告，人民法院根据民事诉讼法第一百一十一条、第一百一十五条、第一百一十六条的规定，视情节轻重处以罚款、拘留；构成犯罪的，依法追究刑事责任。

26. 当事人对人身安全保护裁定不服的，可以申请复议一次。复议期间不停止裁定的执行。

第二节 典型、疑难问题解析

一、人身安全保护令的作出对后续案件中认定家庭暴力的事实是否具有既判力

我国的民事程序法没有对既判力进行规定，但民事程序的理论与实务均绕不开这个话题。根据通说，既判力对后诉的作用包括两个方面：一是积极作用，既判事项对此后发生的诉讼产生约束，后诉法院必须以前诉法院产生既判力之判断来作出判决；二是消极作用，当事人不得在后诉中提出与前诉既判力之判断相反的主张和证据申请，后诉法院不得作出与前诉既判力之判断相反的判决。既判力的消极作用在我国《民事诉讼法》中有具体的条文予以明确，为第127条第5项的"一事不再理"规定。

对于非讼程序是否具有既判力，理论界及实务界没有定论。就人身安全保护令而言，笔者认为，其不具备既判力，理由如下：

首先，从制度的价值追求角度而言，人身安全保护令与既判力理论是不符的。人身安全保护令属于家事非讼程序，而非讼程序实质上是一种国家基于对公益的保护对公民私生活的监护。国家的监护行为是可以随时调整的，这与既判力理论所追求的裁判稳定完全相悖。

其次，人身安全保护令制度的程序机制难以与既判力理论的要求相匹配。既判力理论所要求的裁判稳定，是建立在当事人双方充分法律辩论、经过严格的法律适用程序基础上的，而人身安全保护令的运作主要是进行事实查明。换言之，既判力是以双方当事人对私法上权利的争执为前提，而这一前提是所有非讼裁判都缺少的，人身安全保护令也不例外。

最后，人身安全保护令的程序保障难以符合既判力的理论预设。由于效率性的要求和对权利人的倾斜性保护，人身安全保护令的程序标准明显低于诉讼。这些低标准的程序保障是不足以支持当事人的责任承担的。如果赋予其对后续诉讼的约束力，显然对于被申请人一方是不公平的。

虽然人身安全保护令不具有既判力，但是要遵从"一事不再理"的规定。当然，这里的"一事不再理"与既判力的消极功能的含义并不相同，具体是指：申请人就同一基础事实向人民法院重复申请同一类型人身安全保护令的，法院不予受理。可以称之为"一事不得再申请"。

二、被申请人辩称受害人有过错应如何处理

实践中，被申请人对自己实施的家庭暴力行为往往提出各种辩解，以对方"有错在先"为由为自己的行为寻找借口，借机通过暴力的方式控制对方，是比较常见的情形之一，甚至有些法官在决定是否作出人身安全保护令时也会考虑对方过错情况。为纠正上述对家庭暴力的错误认识，着重体现对家庭暴力"零容忍"的态度和原则，《办理人身安全保护令规定》第8条明确规定，被申请人认可存在家庭暴力行为，但辩称申请人有过错的，不影响人民法院依法作出人身安全保护令。该条规定明确了这样一个观念，即任何理由都不是实施家庭暴力的借口。家庭暴力是违法行为，甚至有可能构成犯罪，要坚决予以制止和打击。那种认为家庭暴力情有可原的想法是完全错误的。实践中，受害人可能存在虐待老人或出轨等过错行为，但《民法典》等法律已对相应情形作出了规定，如根据《民法典》第1087条的规定，离婚时，夫妻共同财产分割在双方协议不成时要按照照顾无过错方权益的原则处理。再比如，根据《民法典》第1091条的规定，如果一方构成虐待、遗弃家庭成员或者存在与他人同居等重大过错的，要承担损害赔偿责任。

第三编

少年家事审判的特色制度

第十四章　社会调查、社会观护

第一节　基本概述

一、基本概念与内容

社会调查、社会观护，是指人民法院在审理涉未成年人案件中，根据案件情况，委托具备相应资质的非营利性社会服务机构在诉讼中围绕涉诉未成年人开展社会调查保护、参与案件调解，裁判文书生效后开展延伸观察保护的工作机制。该工作机制的目的是协助人民法院依法作出裁判，妥善化解矛盾纠纷，切实做好未成年人权益保护和犯罪预防工作。

社会调查、社会观护制度最初主要运用于少年刑事司法领域，属于社区罪错处遇方式，具有非监禁性和开放性，尽管制度内也包括一些民事案件，但是它的适用对象大多还是可能实施犯罪行为以及已实施犯罪行为的未成年人。涉罪未成年人调查、观护制度的实施主体，最初是由基层法院和检察院构成，而后社会力量参与进来，壮大了实施队伍，因此可以说刑事领域的未成年人调查、观护制度最初并不完全具有"社会"属性，司法机关也参与其中。

少年家事案件中的未成年人社会调查、观护制度，主要是由社会调查、观护员对家事案件中的未成年人的成长居住环境、心理状况、监护人情况、家庭纷争原因、未成年人今后最优处置方法等情况独立进行观察、评估、走访，进行审前社会调查，撰写调查、观护报告并呈报法院。主要包括以下五个方面：（1）案件审理过程中，调查、观护员有义务出庭宣读调查、观护报告，接受质询，对其中发现的问题进行讨论；（2）调查、观护员协助调查未成年人的基本情况、做好未成年人的心理辅导工作；（3）案件经过调解或裁判后，社会调查、观护员进行回访，对案件的执行情况和未成年人的状况进行调查、记录，回访结束后将调查的详细情况以书面形式呈报法院，若发现有实施危害未成年人的违法犯罪行为或者侵害未成年人权益的情况，联系有关部门进行干预和援助；（4）调查、观护员进行普法宣传，宣传采取法律与道德相结合的方式，强化当事人、未成年人的监护人、近亲属保护未成年人的观念，从而实现对未成年人家事案件的全程参与；（5）调查、观护员参与诉讼全过程中的调解工作。

二、理论基础及制度功能

（一）理论基础

少年家事案件社会调查、观护制度的理论基础主要是未成年人利益最大化原则、国家亲权理论和社会参与原则。少年家事案件具有其特殊性，相较其他成年人民事案件，其主要基于血缘和婚姻关系，涉及亲情伦理和未成年人家庭成长环境。该类案件中，未成年人的父母作为当事人处于对立面，未成年人往往成为父母利益争夺的筹码和工具，缺乏自身利益的维护意识和能力，往往需要人民法院在遵循未成年人利益最大化原则的基础上进行必要的司法干预，加强调查取证等工作的主动性，从而积极有效地维护未成年人合法权益。

国家亲权理论认为国家是监督和保护未成年人权益的最后一道屏障。国家亲权会超越自然亲权，这表明未成年人的监护将不再只是父母的个人问题，也不仅是一个家庭或者家族的问题，而是将对未成年人的监护及其权利的保障上升到了国家战略高度。《未成年人保护法》于2020年修订时，在总则部分将"国家亲权"的概念予以明晰。总则第3条开门见山，列出国家保障未成年人的各项基本权利，凸显了国家对未成年人亲权责任的主体地位，以法律形式保护儿童的"特殊性"和"优先性"，表明国家的亲权不但超越了父母亲权，而且在处理未成年人的问题上更具有权威性和科学性，在未成年人保护方面国家起着"托底"的作用，具体表现在两个方面：一是国家作为"一家之主"为未成年人提供无条件的保护；二是国家通过调查了解提供科学的依据，精心推敲解决未成年人问题。

社会调查、观护制度作为社会参与的一种形式，由国家司法部门以外的社会力量介入诉讼，使司法活动体现出社会关于秩序、自由、公正等价值标准，避免国家权力专断，其实质体现了司法权属于人民。在个案中，调查、观护员可以协助法院开展庭前调查、庭中作证和调解，判后观护等工作，提高司法透明度和公正度，达到两个部门彼此借力和相互多赢的效果。

(二) 制度功能

一是有利于提高审判的公正与效率。涉未成年人的案件，往往需要法官依职权调查相关证据，法官面临着审理期限的束缚以及案件堆积带来的压力，因此迫切需要审判辅助事务社会化改革，减少审判辅助工作过多地占用专业审判人员的时间、精力。未成年人社工组织作为一种社会力量，可以帮助法院进行庭前调查、判后回访反馈、全过程调解等工作，使法官可以兼顾实体正义和审判效率。社会调查、观护制度的开展，可以强化对家事案件事实真实性的探求，聚焦家庭矛盾调查，减少因法官对家庭矛盾隐蔽之处了解不够而将矛盾化解工作停留于表面，是法院开展溯源治理的应有之义，将各种负面影响最大限度地转变成有利于社会和谐的正面影响。

二是有利于未成年人权益的保护。适用调查、观护制度的家事案件的审理，对未成年人日后成长和发展来说是至关重要的，大部分涉少年家事纠纷会对未成年人的权益产生不利影响，有些家事案件中的纠纷矛盾对未成年人的侵害是比较显著、持续和直接的。因此，必须要有专门的人员来做好未成年人的心理辅导工作，将对他们的心理伤害降到最低。法官虽专业基础扎实，法律素养高，但由于其没有专门从事青少年工作的职业经历，也没有心理学、教育学领域系统全面的知识技能，因此对于一些非专业问题也就难以更深入地开展工作。此外，对判决后的回访观护和对判决的实施监督，也是司法实务中的难点问题，调查、观护员不但能够解决前述问题，还能参与案件的调查、调解和判决后的回访。

三是有利于促进审判专业化。庭审辅助工作的社会化使审判人员能够更好地关注自己的判案能力和专业水平。在过去的家事案件审理过程中，法官经常不仅是"裁判者"，还是"调解人"，在部分案件中还需要收集证据、调查情况，不仅增加了法官工作量，且与法官审理的"中立性"原则相悖，使审理的公正性存疑，因此将家事案件中的调查、调解工作交给专业的人员处理可减轻审判人员的负累与压力。如此，便能为法官的审理、案件的解决提供便利，使法官可以将精力投入更为专业的法律适用中，优化职责分配，最大限度地发挥调查、观护员与法官的专业优势，也即"专业的人干专业的事"。实现审判专业化，必须通过审判机构、审判人员、审判程序三个维度同时发力，调查、观护工作的开展，可以契合这三个方面，是实现审判专业化的重要保障。

三、制度发展情况

自 2006 年起，全国各地陆续成立了涵盖刑事、民事、行政综合审判模式的未成年人案件综合审判部门，其中涉未成年人民事案件的受理范围主要包括抚养费、变更抚养关系、探望、同居关系子女抚养及未成年人侵权纠纷。2007 年，广州市黄埔区法院在审理一起抚养费纠纷案件时首次引入了社会观护制度，拉开了全国法院探索实践少年家事案件社会调查、观护制度的序幕。除此以外，广州市中级人民法院于 2007 年制定了《广州市法院少年审判庭审理未成年人民事案件社会观护（员）制度实施规程（试行）》，确立了社会观护制度的基本内容和程序规范。[1] 2010 年，《最高人民法院关于进一步加强少年法庭工作的意见》第 21 条提出："各级法院应当坚持'特殊、优先'保护原则，大胆探索实践社会观护、圆桌审判、诉讼教育引导等未成年人民事和行政案件特色审判制度，不断开拓未成年人民事和行政案件审判的新思路、新方法。"此后，各地法院依据当地实际，围绕未成年人民事社会调查、社会观护制度大胆探索，积累了丰富的经验，并逐渐确立了相对成熟的机制。

2011 年，上海在地方高院层面率先出台实施意见，同年 9 月，上海市长宁区法院少年法庭启动未成年人民事案件社会观护工作，后上海市长宁区、闵行区两家法院共同出台涉少民事案件观护制度实施细则。2011 年 12 月，上海市高级人民法院发布文件，在全市范围内开展少年家事案件的观护工作。之后全国各地法院积极开展了少年家事案件社会调查、观护的探索与试点。北京市门头

---

[1] 参见《广州法院未成年人综合审判工作报告》，载广州审判网，https://www.gzcourt.gov.cn/xwzx/bps/2015/01/12153801357.html，2024 年 5 月 15 日访问。

沟法院于 2013 年年初将社会观护理论成果投入实践，运用到一则涉未成年人诉讼中。2015 年，在浙江宁波和温岭的两个地方法院，对适用于家事案件的未成年人观护制度进行了试点。2016 年 4 月，最高人民法院在全国范围内选择了 100 多家中、基层法院进行了为期两年的家事审判改革试点工作，在此过程中，一些基层法院探索在离婚案件审理中运用社会调查、观护制度。2016 年 5 月，北京市高级人民法院在全市少年法庭开展社会观护百例试点工作，在未成年人民事权益保护领域引入社会观护制度。北京市石景山区法院引入社会观护员，通过观护员的实际走访、调查了解孩子的真实意愿以及抚养人的抚养能力，协助法官深入了解案情，在一起离婚案件中，针对未成年人子女抚养权归属问题作出了最有利于未成年人的判决，并发放首份"社会观护告知书"。2017 年，上海市普陀区法院举办了社会工作者参加家事案件审理的主题活动，与相关单位联合签署了邀请社会工作者参加家事案件审理的协议，并向参与活动人员发放聘书。2018 年，福建省石狮法院与妇联联合建立家事案件社会观护制度，其目的在于借助社会力量介入涉少年家事案件，协助法官调查案情，并在必要时及时化解纠纷。2019 年，北京市高级人民法院专门针对北京市内涉未成年人家事案件的社会观护工作，召开了新闻发布会，并在发布会中公布了北京市社会观护八大典型案例。2023 年 3 月，北京市高级人民法院制定出台了《关于全市法院少年法庭开展涉未成年人民事社会调查、社会观护工作的指引（试行）》，为全市法院开展少年家事案件中的社会调查、社会观护工作提供了基本遵循。

第二节　典型案例

案例 62　宋某诉高某变更抚养关系纠纷案[①]

基本案情

宋某与高某原系夫妻，于 2007 年协议离婚，约定双方所生之子小兵（化

---

① 摘自《权威发布‖未成年人权益保护与少年司法制度创新典型案例》之案例一，载微信公众号"最高人民法院司法案例研究院"2019 年 7 月 26 日，https://mp.weixin.qq.com/s/QXwCvNhgsePsDev5c5w58A，2024 年 4 月 24 日访问。

名）由母亲宋某抚养。离婚后，宋某与高某均另组建家庭并生育子女。小兵在随宋某生活期间，与其他家庭成员的矛盾逐渐升级，一度达到用刀致家人受伤、家人多次报警的程度，尤其在小兵出现偷窃等行为后，家庭矛盾更是不可调和。宋某多次与高某沟通变更小兵的抚养权，均协商无果，遂起诉至法院。

  受理此案后，法官询问高某意见，高某表示其主要精力都放在照顾现在的家庭上，压力较大，无暇顾及小兵，小兵则表示愿意跟随父亲高某生活。法院了解到，小兵曾面临被退学的风险，也曾出现因手机被没收而去偷手机的情形。鉴于小兵的越轨行为与家庭抚养现状的密切关系，法官积极开展调解工作，数次与当事人谈话，动之以情、晓之以理，最终促成双方达成调解协议，约定小兵由高某抚养。由于小兵已出现学业不良、人际关系紧张等问题，抚养人是否尽到抚养义务将直接影响对小兵行为方式的矫治，案件审结后，经双方当事人同意，法院委托观护员开展判后社会观护工作，由观护员对小兵开展指导、帮扶，并督促小兵父母尽职履行抚养义务。

  观护员接受委托后，对小兵进行跟踪追访，全面了解他的成长经历、性格特征，以及父母工作、家庭状况对小兵的影响。由于父母对小兵教育方式未有改观，小兵状况堪忧，他被学校勒令退学，数次被送至行为矫治学校，从矫治学校脱逃后四处流浪，其间有偷窃行为。在小兵被接回家后，观护员及时介入，在此后长达一年的时间里，持续与小兵及其父母电话、微信联系，并面对面沟通12次。观护员着力开展亲职教育，为宋某提供心理支持，引导宋某和高某树立正确的亲子观念，改变不当的教养方式，促进与小兵的正向沟通，强化良好的亲子关系在家庭教育中的积极影响；一方面运用心理访谈技巧帮助小兵敞开心扉，让小兵感受到父母的爱；另一方面引导他正视自身问题，树立规则意识，使其对未来生活有了期待。最终在观护员的不懈努力下，小兵与父母的关系得到改善，对生活更加自信，并重归校园，步入正常的学习、生活轨道。

典型意义

  变更抚养关系纠纷属于家庭纠纷，其矛盾的复杂性决定了"案结未必事了"，未成年子女利益保护更多依靠的是父母自觉。社会观护为未成年子女利益保护打开了"一扇窗"。本案审结后,法院委托观护员开展判后社会观护工作,由观护员深入家庭中考察生效裁判文书的履行情况,督促父母尽职履行抚养义务,使涉诉未成年人的利益得到切实有效的保护,偏差行为得到及时纠正。其未成年人保护的判后延伸工作经验值得推广。

案例 63　刘某诉张某抚养纠纷案[①]

基本案情

张某与刘某原系夫妻关系,二人婚后育有一女小佳(化名),后因感情不和经法院调解离婚。离婚后,小佳一直随父亲张某生活。2015 年 12 月,张某因寻衅滋事罪被判处有期徒刑六个月。2016 年 1 月,刘某将小佳接到身边共同生活,刘某认为张某因打架被判刑,不具备良好的教养条件,遂诉至法院请求判定小佳由其抚养。

审理经过

法院受理此案后,法官询问当事人的意见,双方均强烈要求获得小佳的抚养权,争执过程中甚至出现情绪过激、互相诋毁等情况,张某还表示其在监狱服刑,无法见到小佳,担心刘某教唆小佳,不利于本案的公正审理。法官了解双方诉求后,建议引入社会观护制度,通过了解双方的抚养条件及小佳意愿,以作出最有利于小佳的裁判。张某、刘某均表示同意,并主动配合工作。

观护员接受委托后,多次与小佳及父母面谈交流。为全面呈现双方当事人的情况,观护员还远赴小佳和母亲刘某的居住地实地走访,与小佳和母亲及共同生活的舅舅、舅妈谈心,了解其对案件的态度与想法。因案件审理前期,张某在监狱服刑,观护员与法官沟通,提议将张某提押至法院进行面谈,待张某出狱后,再到张某租住地实地走访,并与张某及其父母进一步沟通。最终,经过大量走访调查,观护员向法院提交了包括观护对象基本状况、家

[①] 摘自郭海丽:《北京法院引入社会观护工作机制助力家事审判未成年人司法保护》之案例一,载微信公众号"京法网事"2019 年 5 月 28 日,https://mp.weixin.qq.com/s/aEyhapVhsV5j-LVoX2hKWg,2024 年 4 月 24 日访问。

庭情况、监护人教养条件、当事人及相关群体对案件态度等内容的调查报告。报告显示，从 2016 年 1 月开始，小佳一直和母亲刘某居住生活，由刘某对小佳进行照料和教育；观护员观察发现，小佳与母亲有着良好的互动，可以听从母亲的教育和管理，并在心理上对其有依赖感和归属感；当观护员就抚养权问题与小佳交流时，小佳表示，"如果让我选择，我更愿意和妈妈一起生活，因为妈妈比较细心，会辅导我功课，而爸爸脾气不好，有时会骂我"。庭审中，观护员当庭宣读调查报告，张某一改往日的激动情绪，一直认真听着，并不时低头思考，反思与女儿生活期间，其只重视为女儿提供必要的物质条件，而忽略了女儿内心的感受。最终，法院遵循最有利于小佳健康成长的原则，判令小佳由刘某抚养。

宣判后，张某表示尊重女儿意愿，服判息诉，并主动交出小佳的身份证件，刘某则表示愿意配合张某行使探望权。判决生效后，观护员再次对案件跟踪回访，张某、刘某表示双方沟通顺畅，小佳与妈妈、舅舅一家生活和谐，刘某每月会带小佳回北京，小佳与父亲、祖父母相处良好，小佳身心状况也发生了积极改变。

典型意义

本案中，双方当事人从情绪激动、互相指责、质疑审判到情绪平稳、冷静思考、矛盾消弭，社会观护工作在其中起到了重要作用。观护员作为客观、中立的第三方，依靠专业优势，通过实地走访调查等方式，全面了解未成年人的成长环境、个人意愿以及监护人监护条件等情况，并出具内容翔实的调查报告，为法院裁判提供了重要参考。调查结论也促使当事人冷静思考，重新审视双方矛盾纠纷，从未成年人权益保护角度，寻求纠纷化解方案。本案中，张某在听取调查报告后，进行了深刻反思，了解到女儿的内心感受和情感需求，并最终接受法院判决，自觉履行法律义务，减少了诉讼周期过长对未成年人的不良影响；刘某放下成见，积极配合张某行使探望权，促进父女之间的情感交流，也为小佳的身心健康成长创造了良好的条件。此外，观护员运用专业访谈技巧与未成年人沟通交流，帮助他们抛开顾虑、敞开心扉，表达自己的真实意愿和感受，也有效保障了他们参与诉讼与表达意愿的权利。

案例64　谭某与艾某离婚纠纷案①

基本案情

谭某与艾某经自由恋爱于2009年登记结婚并育有两名孩子,长子豪豪(化名)12岁,次子南南(化名)9岁。因夫妻感情破裂,谭某起诉至法院,要求与艾某离婚。双方均同意离婚,且同意子女由艾某抚养。但谭某因涉嫌犯罪被刑事拘留,艾某也在某女子监狱服刑。诉讼期间,艾某向法院提交书面委托书,委托其父母帮助照顾孩子。为切实保护未成年人的合法权益,法院运用"社会观护机制",向妇联发送《委托调查函》,妇联委派两名观护员联系小区物业、原、被告父母、未成年子女,就小孩的既往被抚养情况、健康状况、学习情况、性格行动倾向、获得亲属援助的可能性、原、被告的抚养条件、未成年子女本人意愿做了详细的调查,形成《社会观护调查报告》并递交法院。经观护员调查,豪豪在读小学六年级,南南在读三年级,目前由奶奶及外公、外婆共同抚养,爷爷在老家生活且身体状况不佳,外公、外婆身体状况尚可,经济条件较好,且表示愿意代女儿照顾豪豪和南南,豪豪和南南也表示愿意随外公、外婆共同生活。

裁判结果

庭审中,法官将《社会观护调查报告》调查的内容向谭某和艾某进行了宣读,双方均同意小孩由艾某抚养。法院判决,由母亲艾某抚养两名小孩,因艾某正在服刑,在她不能履行监护职责期间,由小孩的外公、外婆代为照顾。经过协商,小孩的父亲谭某每月支付相应的抚养费,直至两名小孩年满18周岁。

典型意义

社会观护制度是人民法院在长期的未成年人审判中探索建立起来的一项制度。在涉未成年人的民事权益案件中,主要是指由社会观护组织推荐的合

---

① 摘自《湖南法院未成年人权益司法保护新闻发布词》之案例一,载湖南省高级人民法院网站,https://hngy.hunancourt.gov.cn/article/detail/2023/05/id/7317283.shtml,2024年4月24日访问。

适观护人员，接受人民法院的委托，在部分案件中开展社会调查、协助调解、判后回访等工作。社会观护工作机制在提升法院裁判质效、化解社会矛盾、修复家庭关系、预防未成年人违法犯罪等方面具有十分重要的意义，既是创新司法的具体体现，又是少年司法的重要内容。在涉未成年人案件中开展社会观护工作，有利于充分尊重未成年人的意愿，体现对未成年人权益的特殊优先保护，有利于引入社会力量，确保法庭查明事实，推动加强调解，有利于开展庭后观护，最大限度地保护未成年人的合法权益，形成司法和社会联动的工作合力。

第三节 规范指引

一、法律

《未成年人保护法》

第 109 条　人民法院审理离婚、抚养、收养、监护、探望等案件涉及未成年人的，可以自行或者委托社会组织对未成年人的相关情况进行社会调查。

第 116 条　国家鼓励和支持社会组织、社会工作者参与涉及未成年人案件中未成年人的心理干预、法律援助、社会调查、社会观护、教育矫治、社区矫正等工作。

《预防未成年人犯罪法》

第 41 条　对有严重不良行为的未成年人，公安机关可以根据具体情况，采取以下矫治教育措施：

（一）予以训诫；

（二）责令赔礼道歉、赔偿损失；

（三）责令具结悔过；

（四）责令定期报告活动情况；

（五）责令遵守特定的行为规范，不得实施特定行为、接触特定人员或者进入特定场所；

（六）责令接受心理辅导、行为矫治；

（七）责令参加社会服务活动；

（八）责令接受社会观护，由社会组织、有关机构在适当场所对未成年人进行教育、监督和管束；

（九）其他适当的矫治教育措施。

第 52 条 公安机关、人民检察院、人民法院对于无固定住所、无法提供保证人的未成年人适用取保候审的，应当指定合适成年人作为保证人，必要时可以安排取保候审的未成年人接受社会观护。

第 64 条 有关社会组织、机构及其工作人员虐待、歧视接受社会观护的未成年人，或者出具虚假社会调查、心理测评报告的，由民政、司法行政等部门对直接负责的主管人员或者其他直接责任人员依法给予处分，构成违反治安管理行为的，由公安机关予以治安管理处罚。

二、规范性文件

《北京市高级人民法院关于全市法院少年法庭开展涉未成年人民事社会调查、社会观护工作的指引（试行）》

为贯彻落实未成年人利益最大化原则，充分发挥社会力量在未成年人权益保护和犯罪预防工作中的积极作用，根据《中华人民共和国未成年人保护法》《中华人民共和国民事诉讼法》《最高人民法院关于进一步深化家事审判方式和工作机制改革的意见（试行）》和《最高人民法院关于加强新时代未成年人审判工作的意见》等相关规定，结合工作实际，制定本指引。

一、一般规定

1. 本指引中的社会调查、社会观护是指我市法院少年法庭在涉未成年人民事案件中，根据案件情况，可以委托具备相应资质的非营利性社会工作服务机构在诉讼中围绕涉诉未成年人开展社会调查保护、参与案件调解，裁判文书生效后开展延伸观察保护的工作机制；目的是协助人民法院依法作出裁判，妥善化解矛盾纠纷，切实做好未成年人权益保护和犯罪预防工作。

2. 社会调查、社会观护应当坚持最有利于未成年人原则，充分尊重未成年人的人格尊严，保护未成年人及案件其他相关人员的隐私权和个人信息，采取符合未成年人身心健康发展规律和特点的工作方法，给予未成年人特殊、优先保护。

3. 下列涉未成年人民事案件，可以开展社会调查、社会观护工作：

（1）同居关系子女抚养纠纷案件；

（2）抚养纠纷案件；

（3）收养关系纠纷案件；

（4）监护权纠纷案件；

（5）探望权纠纷案件；

（6）其他涉及未成年人权益保护，需要开展社会调查、社会观护工作的民事案件。

4. 开展社会调查、社会观护工作的案件，社会工作服务机构应当至少指派两名具有社会工作专业资质，身心健康，品行良好，且无违法犯罪记录的社会调查、观护员协同开展工作；涉诉未成年人为女性的，应当有女性社会调查、观护员参加。

5. 社会工作服务机构应当在社会调查、观护员确定后三日内，将有关情况通知人民法院。

人民法院应当在收到社会工作服务机构通知后三日内，告知社会调查、观护员案件基本情况及注意事项，并通知各方当事人。

6. 社会调查、观护员开展工作时，应当主动出示委托函、工作证及资质证书等能够证明身份的材料。

未经人民法院准许，社会工作服务机构及社会调查、观护员不得以任何形式泄露因开展社会调查、社会观护工作获悉的案件情况及其他信息。

7. 社会调查、观护员在工作中发现未成年人身心健康受到侵害、疑似受到侵害或者面临其他危险情形的，应当立即向公安、民政、教育、法院等有关部门报告。

8. 社会调查、观护员有下列情形之一的，应当自行回避，当事人也有权申请其回避：

（1）是一方当事人或者诉讼代理人近亲属的；

（2）与案件有利害关系的；

（3）接受当事人、诉讼代理人请客送礼的；

（4）与当事人、诉讼代理人有其他关系或者有其他不正当行为，可能影响公正履行社会调查、社会观护职责的。

当事人提出回避申请，应当说明理由。人民法院对当事人提出的回避申请，应当在申请提出的三日内作出决定。申请人对决定不服的，可以在接到决定时申请复议一次。复议期间，被申请回避的人员，不停止参与本案的工作。人民法院对复议申请，应当在三日内作出复议决定，并通知复议申请人。

9. 在征得各方当事人同意后，人民法院可以通知社会调查、观护员参与案件调解。

二、诉中社会调查、社会观护

10. 根据案件情况，人民法院认为在诉讼中需要开展社会调查、社会观护的，应当向当事人充分释明，说明工作目的、方法及内容等，并委托具备相应资质的非营利性社会工作服务机构开展工作，明确委托事项，送达委托函、起诉书等材料。

当事人申请社会调查、社会观护，人民法院经审查认为确有必要的，可以委托有资质的非营利性社会工作服务机构开展工作。

11. 根据案件情况，人民法院可以委托社会工作服务机构开展以下诉中社会调查、社会观护工作：

（1）对涉诉未成年人的成长经历、身心状况、学习状况、家庭环境及个人意愿等进行社会调查；

（2）对涉诉未成年人监护人的监护能力、性格品质、履行监护职责情况及对案件的意见等进行社会调查；

（3）帮助涉诉未成年人及其监护人、其他家庭成员等缓解对立情绪，协助家庭成员提升沟通协作能力，促进家庭关系修复；

（4）对涉诉未成年人及其监护人、其他家庭成员等进行有针对性的法治教育及家庭教育指导，为涉诉未成年人构建积极的家庭支持环境；

（5）评估涉诉未成年人在心理疏导、物质帮扶、就学就业等方面的需求，协助人民法院统筹相关资源，切实保护未成年人身心健康成长；

（6）其他有利于涉诉未成年人权益保护及犯罪预防的社会调查、社会观护工作。

12. 社会工作服务机构应当自人民法院委托之日起十五日内完成工作并提交报告。

如上述期限内完成确有困难，可以向人民法院申请延长，但最长不得超过三十日。

13. 诉中社会调查、社会观护报告应当包括人民法院委托的全部事项。

14. 人民法院收到诉中社会调查、社会观护报告后，应当向当事人宣读出示，并充分听取当事人意见；确有必要的，可以通知社会调查、观护员出庭，接受当事人及法庭的询问。

人民法院一般不得宣读出示社会调查、观护员的分析、建议及报告中其他不适宜公开的内容。

15. 社会调查、社会观护报告可以作为人民法院审理案件及开展司法延伸工作的参考。

对于报告中需要作为证据使用的内容，人民法院应当严格按照法律规定的程序，组织当事人质证，并依法进行审核认定。

三、诉后延伸观护

16. 裁判文书生效后，根据案件情况，人民法院认为需要对涉诉未成年人开展延伸观护，了解生效裁判文书履行及未成年人权益保护情况的，应当向当事人充分释明，说明延伸观护工作目的、方法及内容等，并委托具备相应资质的非营利性社会工作服务机构开展工作，明确委托事项，送达委托函、生效裁判文书等材料。

17. 根据案件情况，人民法院可以委托社会工作服务机构开展以下诉后延伸观护工作：

（1）了解生效裁判文书履行情况；

（2）了解涉诉未成年人合法权益保护情况；

（3）诉中社会调查、社会观护委托事项中第（3）、（4）、（5）项工作内容；

（4）其他有利于涉诉未成年人权益保护及犯罪预防的延伸观护工作。

18. 延伸观护期限一般为三个月，情况特殊的，可以由人民法院适当延长。

19. 社会工作服务机构应当在延伸观护期满后十五日内，向人民法院提交延伸观护报告。

如上述期限内完成确有困难，可以向人民法院申请延长，但最长不超过三十日。

20. 诉后延伸观护报告应当包括人民法院委托的全部事项。

21. 诉后延伸观护报告可以作为人民法院依法开展涉诉未成年人司法延伸工作的参考。

四、归档管理及经费保障

22. 人民法院应当将在开展社会调查、社会观护工作中形成的报告、笔录等材料订卷归档。

如社会调查、社会观护报告，延伸观护报告中有涉及个人隐私及其他不适宜公开的内容，应当归入案件卷宗副卷。

23. 人民法院用于委托社会工作服务机构开展诉中社会调查、社会观护，诉后延伸观护的费用，纳入本单位年度预算经费管理，严格按照人民法院财务管理办法及财务部门有关要求执行。

24. 市高级法院对全市各中、基层法院社会调查、社会观护工作费用支出情况适时开展跟踪、检查和监督。

五、附则

25. 本指引自印发之日起试行。

附件1：诉中社会调查、社会观护委托函（参考样式）

附件2：诉后延伸观护委托函（参考样式）

附件1

诉中社会调查、社会观护委托函

（参考样式）

（案号）

：

本院受理的原告××诉被告××××纠纷一案，现委托你单位开展诉中社会调查、社会观护工作，具体事项如下：

（例如：1. 对涉诉未成年人的成长经历、身心状况、学习状况、家庭环境及个人意愿等进行社会调查；2. 对涉诉未成年人监护人的监护能力、性格品质、履行监护职责情况及对案件的意见等进行社会调查；3. 帮助涉诉未成年人及其监护人、其他家庭成员等缓解对立情绪，协助家庭成员提升沟通协作能力，促进家庭关系修复；4. 对涉诉未成年人及其监护人、其他家庭成员等进行有针对性的法治教育及家庭教育指导，为涉诉未成年人构建积极的家庭支持环境；5. 评估涉诉未成年人在心理疏导、物质帮扶、就学就业等方面的需求，协助人民法院统筹相关资源，切实保护未成年人身心健康成长；6. 其他有利于涉诉未成年人权益保护及犯罪预防的社会调查、社会观护工作。）

你单位接受委托后，请指派至少两名具有社会工作专业资质，身心健康，品行良好，且无违法犯罪记录的社会调查、观护员协同开展工作；涉诉未成年人为女性的，应当有女性社会调查、观护员参加；并于社会调查、观护员确定后三日内将相关情况函告我院。

注意事项：

1. 请你单位自本院委托之日起十五日内完成工作，并提交社会调查、社会观护报告，如在上述期限内完成确有困难，可以向本院申请延长，但最长不超过三十日。

2. 社会调查、观护员开展工作时，应当携带并出示能够证明身份的材料，并坚持最有利于未成年人的原则，充分保护未成年人及案件其他相关人员的隐私权和个人信息。

3. 未经人民法院准许，你单位及社会调查、观护员不得以任何形式泄露因开展社会调查、社会观护工作获悉的案件情况及其他信息。

4. 如社会调查、观护员走访涉诉未成年人所在学校、幼儿园，涉诉未成年人及其监护人、其他家庭成员住所地或者经常居住地的居民委员会、村民委员会，监护人、其他家庭成员所在单位等，社会调查、观护员应当告知被调查单位及组织等未经人民法院允许，不得以任何形式泄露调查内容。

(院印)

年　月　日

联 系 人：

联系电话：

联系地址：

附　　件：（起诉书等材料及当事人联系方式）

附件 2

诉后延伸观护委托函

(参考样式)

(案号)

：

本院受理的原告××诉被告××××纠纷一案，现委托你单位开展延伸观护工作，观护期限为××月，具体事项如下：

(例如：1. 了解生效裁判文书履行情况；2. 了解涉诉未成年人合法权益保护情况；3. 帮助涉诉未成年人及其监护人、其他家庭成员等缓解对立情绪，协助家庭成员提升沟通协作能力，促进家庭关系修复；4. 对涉诉未成年人及其监护人、其他家庭成员等进行有针对性的法治教育及家庭教育指导，为涉诉未成年人构建积极的家庭支持环境；5. 评估涉诉未成年人在心理疏导、物质帮扶、就学就业等方面的需求，协助人民法院统筹相关资源，切实保护未成年人身心健康成长；6. 其他有利于涉诉未成年人权益保护及犯罪预防的延伸观护工作。)

你单位接受委托后，请指派至少两名具有社会工作专业资质，身心健康，品行良好，且无违法犯罪记录的社会调查、观护员协同开展工作；涉诉未成年人为女性的，应当有女性社会调查、观护员参加；并于社会调查、观护员确定后三日内将相关情况函告我院。

注意事项：

1. 请你单位在延伸观护期满后十五日内，向人民法院提交延伸观护报告。如上述期限内完成确有困难，可以向人民法院申请延长，但最长不超过三十日。

2. 社会调查、观护员开展延伸观护时，应当携带并出示能够证明身份的材料，并坚持最有利于未成年人的原则，充分保护未成年人及案件其他相关人员的隐私权和个人信息。

3. 未经人民法院准许，你单位及社会调查、观护员不得以任何形式泄露因开展诉后延伸观护获悉的案件情况及其他信息。

4. 如社会调查、观护员走访涉诉未成年人所在学校、幼儿园，涉诉未成年人及其监护人、其他家庭成员住所地或者经常居住地的居民委员会、村民委员会，监护人、其他家庭成员所在单位等，社会调查、观护员应当告知被调查单位及组织等未经人民法院允许，不得以任何形式泄露调查内容。

(院印)

年　月　日

联　系　人：
联系电话：
联系地址：
附　　　件：(生效裁判文书等材料及当事人联系方式)

第十五章 心理干预

第一节 基本概述

一、基本概念与内容

心理干预（psychological intervention）是指在心理学理论指导下有计划、按步骤地对一定对象的心理活动、个性特征或心理问题施加影响，使之发生朝向预期目标变化的过程。心理干预的手段包括心理治疗、心理咨询、心理康复、心理危机干预等。

心理干预的内容及方式主要有：（1）健康促进，是指在普通人群中建立良好的行为、思想和生活方式；（2）预防性干预，是指有针对性地采取降低危险因素和增强保护因素的措施；（3）心理咨询，是指受过专业训练的咨询者依据心理学理论和技术，通过与来访者建立良好的咨询关系，帮助其正确认识自己、克服心理困扰，充分发挥个人的潜能，促进其成长的过程；（4）心理治疗，是由受过专业训练的治疗者，在一定的程序中通过与患者的不断交流，在密切的治疗关系的基础上，运用心理治疗的有关理论和技术，使其产生心理、行为甚至生理的变化，促进人格的发展和成熟，消除或缓解其身心症状的心理干预过程。

少年家事审判中的心理干预，是指在涉未成年人家事案件审理中，法官一旦发现涉诉未成年人存在需要心理干预的必要情形，即会向当事人提出建议或者依职权主动邀请心理咨询师介入，由心理咨询师综合运用心理学理论知识，通过谈话、观察、测试等方法对涉诉未成年人的心理进行全面、系统、深入的分析及干预，从而有效解决未成年人的心理问题，促进家庭矛盾的实质性解决。

将心理干预引入少年家事审判，不仅有利于以柔性手段深层次解决家事纠纷，修复家庭关系，为案件问题处理提供参考，而且也有利于预防未成年人因心理问题诱发的犯罪行为。同时，如果在案件进入审理程序之前，通过心理干预稀释、化解案件的矛盾，引导当事人理性诉讼，让一部分案件消化在诉前调解阶段，则有利于节约审判资源。

二、性质界定

对于在心理干预过程中形成的心理评估结论的性质问题，理论界及司法实务上存在争议，有观点认为心理评估结论具备证据的客观、关联和合法的三大属性，应作为证据使用；还有观点认为心理评估结论不应作为证据使用，理由是现在的心理评估技术尚不成熟，评估结论的准确性还没有达到作为证据的标准，评估作为对人心理变化的一种测试，结论并不能十分准确地体现出被测试人的心理状态。

对此，笔者认为，心理评估结论虽同鉴定结论的基本元素存在部分相似，但要将其列入证据的鉴定结论这一概念，则需要达到鉴定结论的法律依据充分、准确度高、诉讼价值取向、普遍认同等实质要求。所以心理评估结论若要作为法定证据种类之一的鉴定结论，仍有待商榷。在诉讼实务中，法院应严格按照法律的规定审查判断证据，不能随意扩大证据适格性的范围。因此，心理评估结论不属于法律规定的可接纳的证据范畴，不具有合法性。

三、制度发展情况

我国在少年司法领域内的心理干预制度源于2012年修订的《刑事诉讼法》，其中将未成年人刑事案件诉讼程序作为特别程序之一，单独作出规定。2012年12月20日，《最高人民法院关于适用〈中华人民共和国刑事诉讼法〉的解释》第477条规定："对未成年人刑事案件，人民法院根据情况，可以对未成年被告人进行心理疏导；经未成年被告人及其法定代理人同意，也可以对未成年被告人进行心理测评。"2016 年《最高人民法院关于开展家事审判方式和工作机制改革试点工作的意见》中提到："探索引入家事调查员、社工陪护及儿童心理专家等多种方式，不断提高家事审判的司法服务和保障水平。"2018 年《最高人民法院关于进一步深化家事审判方式和工作机制改革的意见（试行）》对心理疏导作了比 2016 年意见更为详细的规定。2020 年 12 月 24 日，《最高人民法院关于加强新时代未成年人审判工作的意见》第 10 条指出："人民法院审理涉及未成年人案件，应当根据案件情况开展好社会调查、社会观护、心理疏导、法庭教育、家庭教育、司法救助、回访帮教等延伸工作，提升案件办理的法律效果和社会效果。"

在实践层面，各地法院都进行了有益的探索与尝试。例如，2013 年年初，上海市浦东新区法院建成上海法院首个专业心理疏导室"私语轩"，确立了"尊重、关怀、启迪"的工作理念，形成以院外专业机构心理咨询师为主导、院内心理辅导员为辅助、少年家事庭法官为储备的"内外结合"的工作模式，明确"当事人申请、少年庭审核、委托、专家心理访谈、测评、评估、跟踪辅导"的七步法工作流程。2016 年 6 月，黑龙江北安法院成立了全市法院系统内首家心灵驿站，聘请了四名专业心理咨询师，依托心灵驿站，创新未成年人"心理疏导"干预机制，将心理疏导、心理干预、心理矫治引入审判、帮教和救助的各个环节，并以线上开设《北法桔光·心灵之窗》微栏目、线下开展"一对一"心理疏导活动相结合的方式全方位开展未成年人心理疏导工作。2017 年 1 月，天津市红桥区法院与天津商业大学法学院签署共建合作协议，在家事审判中引入心理干预机制。2017 年 9 月，眉山市中级人民法院利用心理干预机制解决了拖了两年的抚养权纠纷案。2017 年 11 月，淮南市大通区人民法院与淮南师范学院教育学院合作共建"家事审判心理学重点研究基地"。2021 年 9 月，北京市密云区法院"密之语"心理工作室正式成立，建立起"调解+心理辅导"的工作模式，在处理相关案件时，承办法官会及时联系"密之语"心理工作室，有针对性地为当事人提供心理疏导，在审理涉未成年人犯罪、抚养关系等案件时，同步开展家庭情况调查，对遭受内心创伤的未成年人进行情感修复和家庭教育指导。

第二节 典型案例

案例 65　欧阳某某诉赵某离婚后财产纠纷案[①]

基本案情

原告欧阳某某与被告赵某于 2017 年 6 月 16 日协议离婚并签订《离婚协议书》，根据该协议，赵某应从 2018 年 1 月起于每月 10 日前向欧阳某某支付欠款 5 万元，直至还清 90 万元止。因赵某在偿还 40 万元后逾期还款，欧阳某某诉请判令赵某承担违约责任，并提前清偿未到期债务。赵某认为欧阳某某未履行对女儿赵某某的监管义务，主张上述款项应与代行监护权产生的费用冲抵，且认为赵某某受到精神刺激，患有强迫症，要求变更抚养权等。

裁判结果

广东省深圳市福田区人民法院在审理案件过程中，创新家事审判未成年人权益保护方式，探索"司法引领+社会参与"的新型家事纠纷综合协调解决机制，对赵某某的心理问题及时进行了介入疏导。通过引入心理咨询师对赵某某进行心理干预和跟踪帮扶 9 个月。经过一段时期的干预、引导，赵某某的强迫症状况有了明显好转。在此基础上，法院判令赵某偿还到期债务 5 万元及相应违约金，并须提前清偿未到期债务 45 万元。法院判决后，双方均未上诉。

典型意义

本案表面看是离婚后的财产纠纷，但未成年人赵某某的身心健康问题才是双方矛盾的根源。人民法院注重与专业机构合作，建立家事纠纷综合协调

[①] 摘自《以法护"苗"！广东高院发布未成年人司法保护典型案例》之案例七，载广东政法网站，https://www.gdzf.org.cn/index/zfyw/content/post_110764.html，2024 年 4 月 24 日访问。

解决机制，对离异家庭未成年子女开展情绪疏导、心理干预、行为矫正、跟踪回访、诉后帮扶等工作，抚平父母离异对未成年人造成的心灵创伤，以司法关怀护航少年成长，对未成年人权益进行全方位的保护。

案例 66　高某申请人身安全保护令案[1]

基本案情

高某（女）与李某（男）系再婚夫妻，婚后共同居住在高某婚前个人所有的房屋中，双方在各自的第一段婚姻中均育有子女且已成年。二人在婚姻关系存续期间，因子女、经济等问题发生矛盾，频繁争吵，李某多次动手殴打高某，高某无奈搬至女儿家中居住并决定离婚，但担心李某再次对其施暴，迟迟不敢回到自己的房屋中居住。高某遂在提起离婚诉讼的同时向法院申请人身安全保护令。

裁判结果

江苏省常州市天宁区人民法院经审理认为，鉴于既往家暴史以及在离婚诉讼及要求李某搬离高某房屋的过程中，高某面临的遭受李某家庭暴力的现实危险，符合发出人身安全保护令的条件，裁定：（1）禁止李某殴打、威胁高某及其近亲属；（2）禁止李某骚扰、跟踪高某及其近亲属；（3）李某迁出高某位于某小区的居所，并禁止进入该居所；（4）责令李某在裁定有效期内定期接受心理辅导。裁定作出后，法院为李某安排心理辅导矫治，同时对高某进行心理疏导。

心理咨询师耐心分析李某实施家庭暴力的原因，并就控制行为和情绪的方式、方法对李某进行针对性辅导。经过法治教育和心理辅导，李某表达了与高某妥善协商离婚事宜的意愿并积极履行人身安全保护令，即三日内迁出高某的居所，双方的离婚纠纷也经调解达成协议。

典型意义

发生在家庭成员之间的家庭暴力行为，不仅直接危及受害人的身心健康

---

[1] 摘自《江苏法院家事纠纷典型案例（2021—2022 年度）》之案例四，载微信公众号"江苏高院"2023 年 3 月 7 日，https：//mp.weixin.qq.com/s/PIL-Gxsc2XienLRmwHI45Q，2024 年 4 月 25 日访问。

和生命安全，还会导致家庭破裂，甚至引发刑事案件，严重危害社会的和谐稳定。惩治施暴者、保护受害人是国家、社会和每个家庭义不容辞的责任。

2022年3月，最高人民法院、全国妇联、教育部、公安部、民政部、司法部、卫生健康委联合发布的《关于加强人身安全保护令制度贯彻实施的意见》明确要求各部门在接受涉家庭暴力的投诉、反映、求助或者处理婚姻家庭纠纷过程中，可以探索引入社会工作和心理疏导机制，抚平受害人以及未成年子女的心理创伤，矫治施暴者的认识行为偏差，避免暴力升级，从根本上减少恶性事件的发生。

《江苏省反家庭暴力条例》第40条第2款规定："长期、多次实施家庭暴力或者因实施家庭暴力受到治安管理处罚、刑事处罚的加害人，应当接受心理辅导与行为矫治。"本案中，法院签发了全国首份强制心理干预人身安全保护令，责令施暴人接受心理辅导矫治，探究其心理症结，帮助当事人走出心理误区，正视家庭关系，在妥善化解矛盾纠纷的同时，有效预防和制止了家庭暴力。

案例67　罗某某诉何某离婚纠纷案[1]

基本案情

何某和罗某某系夫妻关系，先后生育女儿何某1（12岁）、儿子何某2（8岁）。因双方感情不和，罗某某向法院申请与何某离婚。双方情绪暴躁，经常吵架。且双方及其他家庭成员都将负面情绪传递给刚进入青春期的何某1，何某1成为双方负面情绪的"回收站"，产生自杀倾向，曾去购买安眠药（未买到）欲实施自杀。

裁判结果

法院认为：罗某某提交的证据不足以证明夫妻感情破裂，双方有未成年子女，为了子女的健康成长，双方应相互体谅。故，对罗某某的诉讼请求不予支持。案件审结后，法院对何某和罗某某开展家庭教育指导，邀请心理咨

---

[1] 摘自《未成年人心理健康司法保护白皮书（2018—2023）》发布的近五年来崇州市人民法院审理的八件涉未成年人心理健康保护典型案（事）例之案例六，载微信公众号"崇州市人民法院"2023年10月9日，https://mp.weixin.qq.com/s/yXyGtPalDo-EnqEAAK76bw，2024年4月25日访问。

询师连续四个周末对何某1进行心理干预。一年半后，法官电话回访何某，问其子女的近期表现，何某告知其女儿何某1在简阳市一所中学读书，学习和生活已经回归正常。

典型意义

紧张、破碎的家庭关系易导致未成年人产生心理健康问题。本案中，夫妻双方及其他家庭成员将负面情绪发泄到未成年孩子身上，导致其内心崩溃，无法承受和消化父母带来的不良情绪，产生轻生的想法。通过心理干预，受父母情绪影响的未成年孩子的心理问题得到修复，摆脱了心理困境。

第三节 规范指引

法律

《未成年人保护法》

第110条 公安机关、人民检察院、人民法院讯问未成年犯罪嫌疑人、被告人，询问未成年被害人、证人，应当依法通知其法定代理人或者其成年亲属、所在学校的代表等合适成年人到场，并采取适当方式，在适当场所进行，保障未成年人的名誉权、隐私权和其他合法权益。

人民法院开庭审理涉及未成年人案件，未成年被害人、证人一般不出庭作证；必须出庭的，应当采取保护其隐私的技术手段和心理干预等保护措施。

第111条 公安机关、人民检察院、人民法院应当与其他有关政府部门、人民团体、社会组织互相配合，对遭受性侵害或者暴力伤害的未成年被害人及其家庭实施必要的心理干预、经济救助、法律援助、转学安置等保护措施。

第116条 国家鼓励和支持社会组织、社会工作者参与涉及未成年人案件中未成年人的心理干预、法律援助、社会调查、社会观护、教育矫治、社区矫正等工作。

《预防未成年人犯罪法》

第12条 预防未成年人犯罪，应当结合未成年人不同年龄的生理、心理特点，加强青春期教育、心理关爱、心理矫治和预防犯罪对策的研究。

第十六章　司法救助

第一节　基本概述

一、基本概念与内容

司法保护是未成年人权益保护的最后一道屏障。对于权益受到侵害的未成年人，司法救助是司法保护的重要形式。司法救助是对遭受犯罪侵害或民事侵权，无法通过诉讼获得有效赔偿，生活面临急迫困难的当事人，由国家给予适当经济资助，帮助他们摆脱生活困境的一种辅助性救助制度。符合救助条件的当事人，不论其户籍在本地或外地，都可以向原案件管辖地法院申请救助。司法救助的申请人主要为被害人以及依靠被害人收入为主要生活来源的近亲属，其中，父母受到犯罪侵害而死亡，因加害人没有赔偿能力而无法通过诉讼获得赔偿，生活陷入困难的未成年人更是人民法院司法救助的主要对象。

我国目前实施的未成年人司法救助制度，充分体现了人民司法工作维护最广大人民根本利益的本质要求，既有利于各类案件的及时解决，提高了工作效率，又保障了程序公正，为维护实体公正创造了条件。开展司法救助，是保护弱势群体基本权利的重要措施，对于保障未成年人权益、维护社会正义发挥了重要作用，司法救助制度的完备与否，在一定意义上体现着一个国家文明程度的高低。

对于成人申请司法救助的案件，人民法院经过走访、调查和审查以后，对符合司法救助条件的，及时向财政部门申请拨付并向救助申请人发放司法救助金，此时司法救助工作基本就已结束。

然而，对于未成年人申请司法救助的案件，因未成年人的生理、心理发育还不成熟，属于需要家庭关怀、父母监管以及社会给予特别保护的群体，也就要求人民法院在涉未成年人的司法救助之路上走得更远。为进一步提升未成年人的司法救助工作水平，人民法院应当从司法救助金的托管、使用以及抽查等方面构建安全、可靠、有效的涉未成年人司法救助监管机制。

二、制度发展情况

司法救助在我国正逐步发展。1984年最高人民法院颁布的《民事诉讼收费办法（试行）》（已失效）中关于案件免交、缓交和减交诉讼费的规定实际上就是我国最早的司法救助。1999年最高人民法院出台的《〈人民法院诉讼收费办法〉补充规定》（已失效）第4条第2款正式提出了"司法救助"的概念。2000年7月28日，最高人民法院公布了《关于对经济确有困难的当事人予以司法救助的规定》，对司法救助的概念作了明确的解释，对司法救助的范围和条件作了详细的规定，同时还对司法救助的申请、缓交诉讼费用的期限、减交诉讼费的比例以及司法救助申请的审批等问题，都作了明确的规定。2005年4月5日，最高人民法院对《关于对经济确有困难的当事人予以司法救助的规定》进行了修订，进一步完善了司法救助的相关规定。2016年7月1日，最高人民法院发布《关于加强和规范人民法院国家司法救助工作的意见》，极大地丰富和完善了司法救助的范围、程序。2019年1月4日，最高人民法院发布《人民法院国家司法救助案件办理程序规定（试行）》《人民法院国家司法救助文书样式（试行）》《最高人民法院司法救助委员会工作规则（试行）》，推动了人民法院国家司法救助工作规范化。

近年来，人民法院在司法救助工作中，针对未成年人权益保护所采取的具体举措，主要有四个方面：一是不断加大救助力度，救助资金向未成年人倾斜。2020年至2022年，人民法院救助未成年人1万余人，发放救助金4.26亿元，人均救助4万余元，远高于对成年人人均救助金额。[①] 二是充分及时救助。人民法院在审判执行工作中，主动发现未成年人司法救助

[①] 《最高人民法院、中华全国妇女联合会发布保护未成年人权益司法救助典型案例　让司法救助之光，照亮困境未成年人成长之路》，载最高人民法院网，https://www.court.gov.cn/zixun/xiangqing/401502.html，2022年5月5日访问。

线索，通过"绿色通道"优先办理、发放救助金，及时解决其实际困难。三是积极开展联动救助。针对一些基层人民法院救助能力不足，未成年人生活特别困难的，通过上下级法院联动救助、统筹资金使用，最大限度地发挥救助资金的使用效能，共同帮助未成年人走出困境。四是建立"资金救助+立体帮扶"的多元救助机制。人民法院与妇联组织密切协作，对未成年人开展多元化综合帮扶，通过向有关部门发送司法建议、商请函等方式，解决未成年人入学、生活保障、心理疏导等实际困难，进一步提升司法救助效能，有力地促进司法救助与社会治理的融合互动。通过多措并举、携手帮扶，既抚慰未成年人的心灵，更给予其生活的希望和保障，帮助他们健康成长。

三、未成年人申请司法救助的条件及材料

根据相关规定，具备以下条件的未成年人，可以向人民法院申请司法救助：(1) 刑事案件被害人受到犯罪侵害，造成重伤或者严重残疾，因加害人死亡或者没有赔偿能力，无法通过诉讼获得赔偿，陷入生活困难的；(2) 刑事案件被害人受到犯罪侵害危及生命，亟须救治，无力承担医疗救治费用的；(3) 刑事案件被害人受到犯罪侵害而死亡，因加害人死亡或者没有赔偿能力，依靠被害人收入为主要生活来源的近亲属无法通过诉讼获得赔偿，陷入生活困难的；(4) 刑事案件被害人受到犯罪侵害，致使其财产遭受重大损失，因加害人死亡或者没有赔偿能力，无法通过诉讼获得赔偿，陷入生活困难的；(5) 举报人、证人、鉴定人因举报、作证、鉴定受到打击报复，致使其人身受到伤害或财产受到重大损失，无法通过诉讼获得赔偿，陷入生活困难的；(6) 追索赡养费、扶养费、抚育费等，因被执行人没有履行能力，申请执行人陷入生活困难的；(7) 因道路交通事故等民事侵权行为造成人身伤害，无法通过诉讼获得赔偿，受害人陷入生活困难的；(8) 人民法院根据实际情况，认为需要救助的其他人员。

需要注意的是，救助申请人具有以下情形之一的，一般不予救助：(1) 对案件发生有重大过错的；(2) 无正当理由，拒绝配合查明案件事实的；(3) 故意作虚伪陈述或者伪造证据，妨害诉讼的；(4) 在审判、执行中主

动放弃民事赔偿请求或者拒绝侵权责任人及其近亲属赔偿的；（5）生活困难非案件原因所导致的；（6）已经通过社会救助措施，得到合理补偿、救助的；（7）法人、其他组织提出的救助申请；（8）不应给予救助的其他情形。

救助申请人自行提出申请，或经审判、执行、信访、国赔案件经办部门释明后提出申请；当事人直接提出申请有困难的，可以委托其近亲属提出申请；刑事案件被害人死亡的，由符合条件的近亲属提出。

申请司法救助，需要注意提交材料：（1）救助申请书，其应当载明申请救助的数额及理由。如书写不便或确有困难的，可由承办法官制作问话笔录，说明申请理由。（2）救助申请人的身份和户籍证明材料，与原件核对无误的身份证、户口簿复印件。近亲属提出的，应提供证明近亲属与被害人亲属关系的材料；委托他人提出的，应提供授权委托书。（3）实际损失的证明。（4）救助申请人及其家庭成员的收入和资产状况、生活困难的证明。（5）是否获得其他赔偿、救助等相关证明。（6）其他能够证明救助申请人需要救助的材料。（7）涉案的司法裁判文书。（8）符合条件的涉诉信访当事人申请国家司法救助的，应提供《自愿息诉罢访承诺书》。

四、人民法院进行未成年人司法救助的对策建议

（一）确定可靠的司法救助金托管主体

因未成年人属限制或无民事行为能力人，无法自行有效管理和使用司法救助金，人民法院发放的司法救助金需交由未成年人的监护人或者其他近亲属、组织代为管理。人民法院应当根据未成年人监护人的年龄、收入、监护能力等情况，评估该监护人是否为可靠的司法救助金管理者。对于监护人可能挪用司法救助金等不适宜管理司法救助金的情况，人民法院可在征得未成年人本人及其监护人同意后，走访、调研当地政府、教委、学校等相关部门和单位，结合当地财政体制等实际情况，根据相关单位是否具有设立司法救助金专用账户、保障专款专用的条件，委托未成年人就读的学校或者当地基层人民政府、教育基金会作为司法救助金的具体托管者。

(二) 制订详尽的司法救助金使用方案

对于需要未成年人所在地的基层人民政府、学校、教育基金会等单位托管司法救助金的情况，人民法院可根据各救助申请人的年龄、所在地区以及求学阶段等实际情况，调查确定救助申请人平时生活费用和学习开支等情况，在此基础上制订详尽的司法救助金使用方案，确定司法救助金的使用范围、支付条件、支付方式、支付金额、支付程序等内容，并将方案交由未成年人的监护人以及当地政府、教委、学校共同商定。司法救助金托管者应严格依照方案管理和发放司法救助金。

(三) 持续跟踪和抽查司法救助金的发放、使用情况

人民法院可以会同未成年人所在地的基层人民政府、教委、学校签署司法救助资金使用、管理、监督备忘录，明确各单位具体的监管职责，确保当地政府、教委、学校能够共同肩负起司法救助金的监管职能。人民法院可指派专职法官与法官助理不定期抽查司法救助金的发放和使用情况，并定期对未成年人及其监护人进行回访，确保司法救助金用在实处，以给予未成年人最佳的关怀和保护。

第二节 典型案例

案例 68 小安申请民事侵权纠纷司法救助案[①]

基本案情

小安（化名）的父亲与母亲离婚，约定小安由父亲抚养，小安母亲每月支付抚养费 1000 元，至其 18 周岁止。父母离婚后，小安与父亲和爷爷奶奶一起生活，后父亲因患尿毒症丧失劳动能力，每月还需支付医药费、透

[①] 摘自《最高人民法院、中华全国妇女联合会保护未成年人权益司法救助典型案例》之案例二，载最高人民法院网站，https://www.court.gov.cn/zixun/xiangqing/401482.html，2024 年 4 月 25 日访问。

析费等治疗费用，平时主要依靠爷爷奶奶微薄的退休金维持生活。小安的母亲在离婚后未支付过抚养费，小安诉至法院，要求其母亲支付抚养费。山西省太原市迎泽区人民法院作出民事判决，判决小安的母亲支付抚养费7万余元。后经调查核实，小安母亲离婚后无工作亦无其他收入来源，无履行能力。

救助过程

为妥善解决小安的实际困难，迎泽区人民法院庙前法庭依托迎泽区矛盾纠纷多元调解中心，协调各进驻单位妇联、检察院、社区等部门，统筹各方力量开展跨区域联合救助，共同实地走访小安的家庭、居住的社区、就读的学校，了解小安的学习生活情况，并协商制订联合救助方案。在迎泽区人民法院的协调下，该院与迎泽区人民检察院分别向小安发放司法救助金；迎泽区妇联联系小安居住地妇联将其纳入未成年人保护委员会办公室的重点关注对象，随时关注小安的生活情况，并与山西省妇联一同向小安发放生活救助金；小安居住的社区给小安和父亲办理了低保，在日常生活上给予关心和帮助。

典型意义

本案是一起基层人民法院统筹各方力量跨区域联合救助未成年人的典型案例。本案中，人民法院派出法庭作为基层社会治理单位，充分发挥司法能动作用，依托矛盾纠纷多元调解中心，在审理未成年人案件中，统筹协调检察院、妇联、社区、教育等各部门，形成帮扶救助未成年人的合力，发动社会各方力量共同解决未成年人的实际困难，呵护其健康成长。人民法院通过司法救助带动多部门共同发力，不仅缓解了小安的燃眉之急，更为其提供了常态化的有效帮助，这既是人民法院加强新时代未成年人司法工作的缩影，也是以实际行动贯彻落实党的二十大关于建设共建共治共享社会治理体系精神的司法举措，更是依靠党的领导，发动群众，就地化解矛盾纠纷的"枫桥经验"的具体实践。

案例 69　小思、小乐申请民事侵权纠纷司法救助案[①]

基本案情

小思、小乐（化名）父亲去世后，母亲再婚，二人由爷爷、奶奶抚养。随着年龄的增长，爷爷、奶奶除了务农之外，无其他劳动收入，抚养两名未成年人生活艰难。小思、小乐遂起诉至法院，请求判决二人的母亲履行抚养义务。江苏省射阳县人民法院作出民事判决，判令二人的母亲承担月生活费500元/人，教育费、医疗费凭票据承担。判决生效后，小思、小乐的母亲未主动履行义务。后经调查发现，其母亲患有疾病，没有劳动收入，无力承担抚养费。

救助过程

江苏省射阳县人民法院经审查认定小思、小乐符合司法救助的条件后，迅速启动司法救助程序，及时向两名未成年人发放了司法救助金。同时，法院还积极延伸司法救助功能，协调当地民政部门为两名未成年人办理了每月400元/人的最低生活保障、每月600元/人的困境儿童保障，并号召社会各界爱心力量伸出援助之手，该案的主审法官向两名未成年人捐助2000元，社会爱心人士捐助3000元，两名未成年人居住地乡政府、居委会工作人员多次通过捐款捐物、上门走访等方式提供帮扶，一些社会组织还送去了慰问品。司法救助后，射阳县人民法院始终牵挂着两名未成年人的教育和生活状况，定期对案件进行回访，邀请心理咨询师进行心理辅导，呵护两名未成年人健康成长。同时，针对两名未成年人的母亲与爷爷奶奶的心理隔阂，通过道德教育与法治教育并行的方式，让双方体会到各自生活的不易，最终握手言和。

典型意义

本案是人民法院主动作为，将司法救助与社会资源有效衔接，对农村地

[①]《最高人民法院、中华全国妇女联合会保护未成年人权益司法救助典型案例》之案例六，载最高人民法院网站，https://www.court.gov.cn/zixun/xiangqing/401482.html，2024年4月25日访问。

区生活困难的未成年人进行救助的典型案例。父母子女之间具有抚养赡养义务，一方通过诉讼获得抚养费，本来就是充满辛酸的不得已之举，若因被执行人没有履行能力而陷入生活困难，申请执行人必将遭受感情上和经济上的双重打击。对此类情形予以适当救助，不仅能缓解涉案未成年人的急迫生活困难，而且能预防某些人伦悲剧的发生，从而维护社会和谐稳定。本案中，人民法院在对未成年人进行司法救助的同时，积极协调当地民政部门为两名未成年人办理专项补助、号召社会力量进行帮扶，并定期开展回访工作，将法治温暖和社会大家庭的关怀送到两名未成年人心间，充分体现了司法救助救急解难、传递温暖、关心关爱困难人群的功能属性，实现了"当下救"和"长久助"的统一。

案例70　某区人民法院多维救助被遗弃未成年人案[①]

基本案情

出生仅6个月的小美（化名）因脑部发育不良经医治未好转，其母亲和祖父母商量将小美偷偷丢弃。之后，小美被祖父带至某市遗弃。群众发现后报警，公安机关将小美送至某市社会儿童福利院。案发后，小美母亲称家庭困难，大儿子也患有疾病，虽然知道遗弃孩子违法，但系出于无奈，并强调将孩子接回也无法抚养，拒绝将小美领回，致小美滞留在某市社会儿童福利院一年多。

救助过程

人民法院审理案件过程中经多方联系，从某公益服务支持中心为小美募集5万元医疗费，并在小美老家为其接洽一家康复医院，帮助做康复治疗。小美母亲及祖母经承办法官教育感化，同意将小美接回抚养，并承诺悉心照料小美。小美被接回后，人民法院多次回访，了解其治疗和恢复情况并对其司法救助2万元。为确保专款专用，人民法院对该救助金办理了专项公证提存，由当地民政所按月向小美母亲发放。

[①] 《省法院发布｜江苏法院未成年人司法救助典型案例》之案例一，载微信公众号"江苏高院"2023年5月26日，https://mp.weixin.qq.com/s/X58smkCxnnhWuP15ks-ChA，2024年4月25日访问。

典型意义

残疾儿童、患有特殊疾病儿童及其家庭应当得到全社会的关心和帮助。人民法院坚持未成年人利益最大化原则，主动作为，筹措医疗资金，联系康复医院，对困境儿童司法救助金专项公证提存，引入第三方代管救助金监管模式，确保救助金专款专用。本案是人民法院对未成年人进行多维度救助，最大限度地保护重病儿童各项权益的典型案例，获评南京法院"正苗工程"二十周年典型案例，并在国务院妇儿工委办儿童工作智库年会暨儿童发展政策高峰论坛分享交流。

第三节 规范指引

一、法律

《未成年人保护法》

第104条 对需要法律援助或者司法救助的未成年人，法律援助机构或者公安机关、人民检察院、人民法院和司法行政部门应当给予帮助，依法为其提供法律援助或者司法救助。

法律援助机构应当指派熟悉未成年人身心特点的律师为未成年人提供法律援助服务。

法律援助机构和律师协会应当对办理未成年人法律援助案件的律师进行指导和培训。

二、规范性文件

《人民法院国家司法救助案件办理程序规定（试行）》

为进一步规范人民法院国家司法救助案件办理程序，根据中共中央政法委员会、财政部、最高人民法院、最高人民检察院、公安部、司法部《关于建立完善国家司法救助制度的意见（试行）》和最高人民法院《关于加强和规范人民法院国家司法救助工作的意见》，结合工作实际，制定本规定。

第1条 人民法院的国家司法救助案件，由正在处理原审判、执行案件或者涉诉信访问题（以下简称原案件）的法院负责立案办理，必要时也可以由上下级法院联动救助。

联动救助的案件，由上级法院根据救助资金保障情况决定统一立案办理或者交由联动法院分别立案办理。

第2条 人民法院通过立案窗口（诉讼服务中心）和网络等渠道公开提供国家司法救助申请须知、申请登记表等文书样式。

第3条 人民法院在处理原案件过程中经审查认为相关人员基本符合救助条件的，告知其提出救助申请，并按照申请须知和申请登记表的指引进行立案准备工作。

原案件相关人员不经告知直接提出救助申请的，立案部门应当征求原案件承办部门及司法救助委员会办公室的意见。

第4条 因同一原案件而符合救助条件的多个直接受害人申请救助的，应当分别提出申请，人民法院分别立案救助。有特殊情况的，也可以作一案救助。

因直接受害人死亡而符合救助条件的多个近亲属申请救助的，应当共同提出申请，人民法院应当作一案救助。有特殊情况的，也可以分别立案救助。对于无正当理由未共同提出申请的近亲属，人民法院一般不再立案救助，可以告知其向其他近亲属申请合理分配救助金。

第5条 无诉讼行为能力人由其监护人作为法定代理人代为申请救助。

救助申请人、法定代理人可以委托一名救助申请人的近亲属、法律援助人员或者经人民法院许可的其他无偿代理的公民作为委托代理人。

第6条 救助申请人在进行立案准备工作期间，可以请求人民法院协助提供相关法律文书。

救助申请人申请执行救助的，应当提交有关被执行人财产查控和案件执行进展情况的说明；申请涉诉信访救助的，应当提交息诉息访承诺书。

第7条 救助申请人按照指引完成立案准备工作后，应当将所有材料提交给原案件承办部门。

原案件承办部门认为材料齐全的，应当在申请登记表上签注意见，加盖部门印章，并在五个工作日以内将救助申请人签字确认的申请须知、申请登记表、相关证明材料以及初审报告等内部材料一并移送立案部门办理立案手续。

第 8 条 立案部门收到原案件承办部门移送的材料后，认为齐备、无误的，应当在五个工作日以内编立案号，将相关信息录入办案系统，以书面或者信息化方式通知救助申请人，并及时将案件移送司法救助委员会办公室。

原案件承办部门或者立案部门认为申请材料不全或有误的，应当一次性告知需要补正的全部内容，并指定合理补正期限。救助申请人拒绝补正或者无正当理由逾期未予补正的，视为放弃救助申请，人民法院不予立案。

第 9 条 人民法院办理国家司法救助案件，由司法救助委员会办公室的法官组成合议庭进行审查和评议，必要时也可以由司法救助委员会办公室的法官与原案件承办部门的法官共同组成合议庭进行审查和评议。

合议庭应当确定一名法官负责具体审查，撰写审查报告。

第 10 条 合议庭审查国家司法救助案件，可以通过当面询问、组织听证、入户调查、邻里访问、群众评议、信函索证、信息核查等方式查明救助申请人的生活困难情况。

第 11 条 经审查和评议，合议庭可以就司法救助委员会授权范围内的案件直接作出决定。对于评议意见不一致或者重大疑难的案件，以及授权范围外的案件，合议庭应当提请司法救助委员会讨论决定。司法救助委员会讨论意见分歧较大的案件，可以提请审判委员会讨论决定。

第 12 条 人民法院办理国家司法救助案件，应当在立案之日起十个工作日，至迟两个月以内办结。有特殊情况的，经司法救助委员会主任委员批准，可以再延长一个月。

有下列情形之一的，相应时间不计入办理期限：

（一）需要由救助申请人补正材料的；

（二）需要向外单位调取证明材料的；

（三）需要国家司法救助领导小组或者上级法院就专门事项作出答复、解释的。

第 13 条 有下列情况之一的，中止办理：

（一）救助申请人因不可抗拒的事由，无法配合审查的；

（二）救助申请人丧失诉讼行为能力，尚未确定法定代理人的；

（三）人民法院认为应当中止办理的其他情形。

中止办理的原因消除后，恢复办理。

第 14 条　有下列情况之一的，终结办理：
（一）救助申请人的生活困难在办案期间已经消除的；
（二）救助申请人拒不认可人民法院决定的救助金额的；
（三）人民法院认为应当终结办理的其他情形。

第 15 条　人民法院办理国家司法救助案件作出决定，应当制作国家司法救助决定书，并加盖人民法院印章。

国家司法救助决定书应当载明以下事项：
（一）救助申请人的基本情况；
（二）救助申请人提出的申请、事实和理由；
（三）决定认定的事实和证据、适用的规范和理由；
（四）决定结果。

第 16 条　人民法院应当将国家司法救助决定书等法律文书送达救助申请人。

第 17 条　最高人民法院决定救助的案件，救助金以原案件管辖法院所在省、自治区、直辖市上一年度职工月平均工资为基准确定。其他各级人民法院决定救助的案件，救助金以本省、自治区、直辖市上一年度职工月平均工资为基准确定。

人民法院作出救助决定时，上一年度职工月平均工资尚未公布的，以已经公布的最近年度职工月平均工资为准。

第 18 条　救助申请人有初步证据证明其生活困难特别急迫的，原案件承办部门可以提出先行救助的建议，并直接送司法救助委员会办公室做快捷审批。

先行救助的金额，一般不超过省、自治区、直辖市上一年度职工月平均工资的三倍，必要时可放宽至六倍。

先行救助后，人民法院应当补充立案和审查。经审查认为符合救助条件的，应当决定补足救助金；经审查认为不符合救助条件的，应当决定不予救助，追回已发放的救助金。

第 19 条　决定救助的，司法救助委员会办公室应当在七个工作日以内按照相关财务规定办理请款手续，并在救助金到位后两个工作日以内通知救助申请人办理领款手续。

第20条 救助金一般应当及时、一次性发放。有特殊情况的，应当提出延期或者分批发放计划，经司法救助委员会主任委员批准，可以延期或者分批发放。

第21条 发放救助金时，人民法院应当指派两名以上经办人，其中至少包括一名司法救助委员会办公室人员。经办人应当向救助申请人释明救助金的性质、准予救助的理由、骗取救助金的法律后果，指引其填写国家司法救助金发放表并签字确认。

人民法院认为有必要时，可以邀请救助申请人户籍所在地或经常居住地的村（居）民委员会或者所在单位的工作人员到场见证救助金发放过程。

第22条 救助金一般应当以银行转账方式发放。有特殊情况的，经司法救助委员会主任委员批准，也可以采取现金方式发放，但应当保留必要的音视频资料。

第23条 根据救助申请人的具体情况，人民法院可以委托民政部门、乡镇人民政府或者街道办事处、村（居）民委员会、救助申请人所在单位等组织发放救助金。

第24条 救助申请人获得救助后，案件尚未执结的应当继续执行；后续执行到款项且救助申请人的生活困难已经大幅缓解或者消除的，应当从中扣除已发放的救助金，并回笼到救助金账户滚动使用。

救助申请人获得救助后，经其同意执行结案的，对于尚未到位的执行款应当作为特别债权集中造册管理，另行执行。执行到位的款项，应当回笼到救助金账户滚动使用。

对于骗取的救助金、违背息诉息访承诺的信访救助金，应当追回到救助金账户滚动使用。

第25条 人民法院办理国家司法救助案件，接受国家司法救助领导小组和上级人民法院司法救助委员会的监督指导。

第26条 本规定由最高人民法院负责解释。经最高人民法院同意，各省、自治区、直辖市高级人民法院，解放军军事法院，新疆维吾尔自治区高级人民法院生产建设兵团分院可以在本规定基础上结合辖区实际制定实施细则。

第27条 本规定自2019年2月1日起施行。

第十七章 家庭教育指导

第一节 基本概述

一、基本概念与内容

家庭教育指导是指人民法院在案件审理过程中发现家庭教育缺失、不当或侵害未成年人合法权益时所作出的旨在纠正不当家庭教育行为的措施,其核心在于对家庭教育行为作出科学的规范和指引,其内容多为对行为的指导。为从名称的使用上凸显指导性,人民法院依据《家庭教育促进法》发出的法律文书称之为家庭教育指导令。

在功能上,家庭教育指导令是人民法院参与家庭教育治理、提升家庭教育能力、改善未成年人家庭生活环境的重要方式。《家庭教育促进法》实施以来,人民法院在办理家事案件过程中坚持最大限度地保障未成年人合法权益,发现存在家庭教育缺失或不当行为时,通过积极发出家庭教育指导令,规范家庭教育行为,在改善未成年人家庭生活环境、提升家庭教育能力方面作出了很多有益探索,凸显了人民法院的司法担当和社会责任意识。

在适用对象上,家庭教育指导令的适用对象主要为未成年人的监护责任主体,即未成年人的父母或其他监护人,也可以是委托监护中的被委托人。

在启动方式上,既可由人民法院依职权启动,也可依当事人申请启动。

在形式上,人民法院可以在诉前调解、案件审理、判后回访等各个环节,通过法庭教育、释法说理、现场辅导、网络辅导、心理干预、制发家庭教育责任告知书等多种形式开展家庭教育指导。根据实际情况和需要,人民法院可以自行开展家庭教育指导,也可以委托专业机构、专业人员开展家庭教育指导。

值得说明的是，家庭教育指导令是司法强力介入家庭事务、纠正家庭教育违法行为的一种体现，因而该类家庭教育指导是"责令"，应当具有法律强制力。强调家庭教育指导令的司法强制力，能够加大该令状的警示性和教育性，提高对不当家庭教育行为的打击规范力度，有效增强适用家庭教育指导令的针对性和实际效果。

二、制度发展情况

家庭是孩子第一所学校，父母是孩子第一任老师。随着我国传统家庭结构和功能发生深刻变化，因家庭教育缺失引发的问题日益凸显，一些家长暴露出"教而无方、教而不当"或是"养而不教、监而不管"等问题，严重影响了未成年人的健康成长。家庭教育不力或者疏于管教，是未成年人出现严重不良行为或者犯罪的重要原因。

2022年1月1日实施的《家庭教育促进法》，将立德树人作为根本任务，明确了家庭教育的责任主体、原则、内容和方式方法，规定了未成年人的父母或者其他监护人的家庭教育职责。同时，明确了人民法院开展家庭教育指导工作的职责。家庭教育指导令是建立在家庭教育指导、家庭教育令等家庭教育干预措施基础上的独立于家庭教育主体责任的督促制度。家庭教育指导令，即强制亲职教育制度，直接源自《未成年人保护法》第118条第2款、《预防未成年人犯罪法》第61条，以及《家庭教育促进法》第49条等法条中的"责令接受家庭教育指导"规定。《家庭教育促进法》实施后，全国各级法院迅速行动，采取一系列举措，开展家庭教育指导工作，积极探索专业化、规范化的工作机制，取得明显成效。经统计，到2022年年底，全国各级法院发出家庭教育指导令10308份，单独或联合有关部门建立家庭教育指导工作机构837个，开展家庭教育指导38080次，为推动未成年人权益保护和犯罪预防工作发挥了重要作用。[1]

---

[1] 《最高人民法院、全国妇联发布〈关于开展家庭教育指导工作的意见〉》，载中国法院网，https://www.chinacourt.org/article/detail/2023/05/id/7317617.shtml，2022年5月5日访问。

2023年5月30日，最高人民法院、全国妇联联合制定了《关于开展家庭教育指导工作的意见》，旨在规范人民法院开展家庭教育指导工作，解决司法实践中遇到的，各地法院发出的家庭教育指导令在名称、形式、内容和适用情形等方面不统一，对执行方式缺乏明确规范等问题。

第二节 典型案例

案例71 赖某诉李某婚姻家庭纠纷案[①]

基本案情

李某因赖某婚内出轨而患上抑郁症，遂起诉离婚，经法院调解双方协商一致，两个儿子由赖某直接抚养。但赖某在调解书生效后反悔，表示不愿抚养小儿子。李某向法院申请强制执行，要求赖某履行直接抚养小儿子的义务。赖某则起诉要求李某直接抚养小儿子。李某因自行出售共有车辆和拿走家中金器，导致双方矛盾越来越大。法院审判庭和执行局法官多次联合对双方当事人开展家庭教育，最终双方就抚养权、探视权、财产分割等达成一致意见，关联案件均被妥善解决，真正做到案结事了。

指导方式

佛山市南海区人民法院审判法官和执行法官经审理均认为，一方要求变更抚养权，另一方申请强制执行抚养权，两个案件实际解决的是同一个问题，于是决定联合开展家庭教育。法官给双方安排多次家庭教育指导，明确为人父母所要承担的家庭责任、社会责任及法律责任，严肃批评双方推卸抚养责任的行为。同时，考虑到夫妻离婚后，夫妻一方无法独立照顾孩子，孩子需要其他近亲属帮忙照顾，法院还邀请孩子的祖父母、外祖父母等近亲属参与家庭教育指导。

[①] 摘自《广东法院家庭教育指导典型案例》案例一，载广东法院网站，https://www.gd-courts.gov.cn/gsxx/quanweifabu/anlihuicui/content/mpost_1685739.html，2024年4月25日访问。

典型意义

为解决家事纠纷审判难、执行难、衍生案件多的问题，南海法院设立家事案件诉前调解组、引入执前督促程序，此次通过审执联动开展家庭教育指导，给家事案件的化解创设一个"缓冲带"，让当事人从司法程序中尽快"解放"，效果显著。另外，法院扩大接受家庭教育指导的人员范围，让其他近亲属也参与进来，真正为未成年人再造和谐家庭的氛围，帮助孩子走出父母离婚后的生活、情感困境。

案例 72　谭某诉潘某同居关系子女抚养纠纷案[①]

基本案情

谭某与潘某同居生育儿子潘小某。谭某起诉要求由其直接抚养潘小某。一审法院判决潘小某由谭某抚养，潘某享有探望权。二审期间，法院发现潘某藏匿潘小某并拒绝谭某探望。法院向潘某发出家庭教育令，经过家庭教育指导和调解，双方最终就潘小某的直接抚养权、探望权、抚养费等事项达成调解协议。

审理经过

中山市中级人民法院发出家庭教育令，责令禁止潘某转移藏匿其儿子；潘某协助谭某共同履行家庭教育责任；潘某于本令发出之日起三日内到法院接受一次家庭教育指导。家庭教育指导令发出当日，潘某即接受法院的"父母课堂"教育指导。法官对潘某进行家庭教育指导和释法说理，并将亲子关系评估、子女抚养规划、具体探望方案三大内容与心理干预机制融合，由心理咨询师、人民调解员对双方当事人进行心理疏导和调解促和。

典型意义

家庭是社会和谐稳定的细胞，法院运用由法官和心理咨询师联合开设的

[①] 摘自《广东法院家庭教育指导典型案例》之案例九，载广东法院网站，https://www.gd-courts.gov.cn/gsxx/quanweifabu/anlihuicui/content/mpost_ 1685739.html，2024 年 4 月 25 日访问。

集家庭教育指导和调解功能的"父母课堂",让受教育者自愿自觉履行,达到以"令"施教、以"令"促调效果,真正实现家庭教育促进法"指导促进"作用。

案例 73　李某诉张某变更抚养关系纠纷案[①]

基本案情

李某与张某因感情破裂协议离婚,约定婚生子由张某抚养。离婚后,李某发现婚生子身上有外伤并向公安机关报警。经查明,张某在日常教育孩子过程中存在过度责罚行为,李某认为张某未尽到父亲的应尽义务,损害了孩子身心健康,遂将张某诉至法院,请求变更婚生子的抚养权。庭审中,张某承认在对孩子教育中存在不当之处,但表示均是由于孩子犯错不知改正,其心急之下才动手的,并表示已认识到自身行为欠妥,愿意积极改正。考虑到孩子已年满十周岁,法院询问了孩子本人的意见,其表示张某能够做一个好父亲,照顾好其生活、管理其学习,仍然愿意继续随张某共同生活。

裁判结果

法院经审理认为,张某作为直接抚养子女的一方依法应当在共同生活中妥善履行抚养、教育、保护未成年子女的义务。根据查明的事实,张某在日常管理、教育子女过程中存在过度责罚行为,虽然张某抗辩系出于管教子女的初衷且并非经常性发生,但其过度责罚子女的教育方式属于不正确实施家庭教育、侵害未成年人合法权益的情形,依照《家庭教育促进法》第 49 条的规定,依法对张某的错误行为予以训诫,并责令其接受家庭教育指导。随后,法院依托与当地社区党委共建机制,邀请社区工作人员及国家级心理咨询师共同对张某进行家庭教育指导,李某为更好地关爱孩子并提高自身家庭教育水平,自愿与张某一同接受指导。本次指导主要从青少年心理角度出发对于张某管理教育子女的方式方法进行改进,并详细讲解了离异家庭子女家庭教

[①] 摘自《北京高院发布涉未成年人家庭教育指导工作情况及典型案例》之案例三,载北京市人民政府网站,https://www.beijing.gov.cn/fuwu/bmfw/bmzt/2023gjjtr/dwyyf/202304/t20230423_3063906.html,2024 年 4 月 25 日访问。

育的注意事项及问题解决方案。对于李某主张变更抚养关系的诉求,虽然张某对于子女的教育管理方式存在不当之处,但法院考虑到张某已积极接受家庭教育指导,且婚生子亦表示愿意继续与张某共同生活,现有证据也未发现张某存在患严重疾病或不尽抚养义务等变更抚养关系之法定事由,故驳回了李某的诉讼请求。判决生效后,法院再次联系张某、李某,双方均表示通过家庭教育指导获益良多,张某认识到了自己错误的教育方式,更懂得从孩子的角度出发考虑问题、处理问题。

典型意义

2022年1月1日起施行的《家庭教育促进法》是一部发扬中华民族重视家庭教育的优良传统,引导全社会注重家庭、家教、家风建设,增进家庭幸福与社会和谐的重要法律。本案中,鉴于张某存在过度责罚未成年子女,侵害未成年人合法权益的行为,法院及时适用《家庭教育促进法》第49条之规定对其进行训诫,责令其接受家庭教育指导,并取得了良好效果。长期以来,"棍棒出孝子""不打不成器"等错误家庭教育理念,导致未成年子女在家庭教育中被过度责罚的情况时有发生,本案通过司法裁判对此类简单粗暴的错误教育方式予以纠正,旨在提醒广大家长,家庭教育行为受到法律约束,过度责罚子女的家庭教育行为侵害了未成年人的合法权益,将依法受到惩戒。同时,鼓励社会公众以立德树人的方式传承良好家风,在家庭教育中,充分尊重未成年人身心发展规律和个体差异,严慈相济,言传身教,保护未成年人身心健康成长。此外,法院还依托与社区党委的合作共建,凝聚多方力量,形成了针对家庭教育指导的长效工作机制,有力推动《家庭教育促进法》在辖区落地落实落细。

第三节 规范指引

一、法律

《未成年人保护法》

第15条 未成年人的父母或者其他监护人应当学习家庭教育知识,接受家庭教育指导，创造良好、和睦、文明的家庭环境。

共同生活的其他成年家庭成员应当协助未成年人的父母或者其他监护人抚养、教育和保护未成年人。

第 118 条 未成年人的父母或者其他监护人不依法履行监护职责或者侵犯未成年人合法权益的，由其居住地的居民委员会、村民委员会予以劝诫、制止；情节严重的，居民委员会、村民委员会应当及时向公安机关报告。

公安机关接到报告或者公安机关、人民检察院、人民法院在办理案件过程中发现未成年人的父母或者其他监护人存在上述情形的，应当予以训诫，并可以责令其接受家庭教育指导。

《预防未成年人犯罪法》

第 61 条 公安机关、人民检察院、人民法院在办理案件过程中发现实施严重不良行为的未成年人的父母或者其他监护人不依法履行监护职责的，应当予以训诫，并可以责令其接受家庭教育指导。

《家庭教育促进法》

第一章 总 则

第 1 条 为了发扬中华民族重视家庭教育的优良传统，引导全社会注重家庭、家教、家风，增进家庭幸福与社会和谐，培养德智体美劳全面发展的社会主义建设者和接班人，制定本法。

第 2 条 本法所称家庭教育，是指父母或者其他监护人为促进未成年人全面健康成长，对其实施的道德品质、身体素质、生活技能、文化修养、行为习惯等方面的培育、引导和影响。

第 3 条 家庭教育以立德树人为根本任务，培育和践行社会主义核心价值观，弘扬中华民族优秀传统文化、革命文化、社会主义先进文化，促进未成年人健康成长。

第 4 条 未成年人的父母或者其他监护人负责实施家庭教育。

国家和社会为家庭教育提供指导、支持和服务。

国家工作人员应当带头树立良好家风，履行家庭教育责任。

第 5 条 家庭教育应当符合以下要求：

（一）尊重未成年人身心发展规律和个体差异；

（二）尊重未成年人人格尊严，保护未成年人隐私权和个人信息，保障未成年人合法权益；

（三）遵循家庭教育特点，贯彻科学的家庭教育理念和方法；

（四）家庭教育、学校教育、社会教育紧密结合、协调一致；

（五）结合实际情况采取灵活多样的措施。

第6条 各级人民政府指导家庭教育工作，建立健全家庭学校社会协同育人机制。县级以上人民政府负责妇女儿童工作的机构，组织、协调、指导、督促有关部门做好家庭教育工作。

教育行政部门、妇女联合会统筹协调社会资源，协同推进覆盖城乡的家庭教育指导服务体系建设，并按照职责分工承担家庭教育工作的日常事务。

县级以上精神文明建设部门和县级以上人民政府公安、民政、司法行政、人力资源和社会保障、文化和旅游、卫生健康、市场监督管理、广播电视、体育、新闻出版、网信等有关部门在各自的职责范围内做好家庭教育工作。

第7条 县级以上人民政府应当制定家庭教育工作专项规划，将家庭教育指导服务纳入城乡公共服务体系和政府购买服务目录，将相关经费列入财政预算，鼓励和支持以政府购买服务的方式提供家庭教育指导。

第8条 人民法院、人民检察院发挥职能作用，配合同级人民政府及其有关部门建立家庭教育工作联动机制，共同做好家庭教育工作。

第9条 工会、共产主义青年团、残疾人联合会、科学技术协会、关心下一代工作委员会以及居民委员会、村民委员会等应当结合自身工作，积极开展家庭教育工作，为家庭教育提供社会支持。

第10条 国家鼓励和支持企业事业单位、社会组织及个人依法开展公益性家庭教育服务活动。

第11条 国家鼓励开展家庭教育研究，鼓励高等学校开设家庭教育专业课程，支持师范院校和有条件的高等学校加强家庭教育学科建设，培养家庭教育服务专业人才，开展家庭教育服务人员培训。

第12条 国家鼓励和支持自然人、法人和非法人组织为家庭教育事业进行捐赠或者提供志愿服务，对符合条件的，依法给予税收优惠。

国家对在家庭教育工作中做出突出贡献的组织和个人，按照有关规定给予表彰、奖励。

第13条 每年5月15日国际家庭日所在周为全国家庭教育宣传周。

第二章 家庭责任

第 14 条 父母或者其他监护人应当树立家庭是第一个课堂、家长是第一任老师的责任意识，承担对未成年人实施家庭教育的主体责任，用正确思想、方法和行为教育未成年人养成良好思想、品行和习惯。

共同生活的具有完全民事行为能力的其他家庭成员应当协助和配合未成年人的父母或者其他监护人实施家庭教育。

第 15 条 未成年人的父母或者其他监护人及其他家庭成员应当注重家庭建设，培育积极健康的家庭文化，树立和传承优良家风，弘扬中华民族家庭美德，共同构建文明、和睦的家庭关系，为未成年人健康成长营造良好的家庭环境。

第 16 条 未成年人的父母或者其他监护人应当针对不同年龄段未成年人的身心发展特点，以下列内容为指引，开展家庭教育：

（一）教育未成年人爱党、爱国、爱人民、爱集体、爱社会主义，树立维护国家统一的观念，铸牢中华民族共同体意识，培养家国情怀；

（二）教育未成年人崇德向善、尊老爱幼、热爱家庭、勤俭节约、团结互助、诚信友爱、遵纪守法，培养其良好社会公德、家庭美德、个人品德意识和法治意识；

（三）帮助未成年人树立正确的成才观，引导其培养广泛兴趣爱好、健康审美追求和良好学习习惯，增强科学探索精神、创新意识和能力；

（四）保证未成年人营养均衡、科学运动、睡眠充足、身心愉悦，引导其养成良好生活习惯和行为习惯，促进其身心健康发展；

（五）关注未成年人心理健康，教导其珍爱生命，对其进行交通出行、健康上网和防欺凌、防溺水、防诈骗、防拐卖、防性侵等方面的安全知识教育，帮助其掌握安全知识和技能，增强其自我保护的意识和能力；

（六）帮助未成年人树立正确的劳动观念，参加力所能及的劳动，提高生活自理能力和独立生活能力，养成吃苦耐劳的优秀品格和热爱劳动的良好习惯。

第 17 条 未成年人的父母或者其他监护人实施家庭教育，应当关注未成年人的生理、心理、智力发展状况，尊重其参与相关家庭事务和发表意见的权利，合理运用以下方式方法：

（一）亲自养育，加强亲子陪伴；

（二）共同参与，发挥父母双方的作用；

（三）相机而教，寓教于日常生活之中；

（四）潜移默化，言传与身教相结合；

（五）严慈相济，关心爱护与严格要求并重；

（六）尊重差异，根据年龄和个性特点进行科学引导；

（七）平等交流，予以尊重、理解和鼓励；

（八）相互促进，父母与子女共同成长；

（九）其他有益于未成年人全面发展、健康成长的方式方法。

第 18 条 未成年人的父母或者其他监护人应当树立正确的家庭教育理念，自觉学习家庭教育知识，在孕期和未成年人进入婴幼儿照护服务机构、幼儿园、中小学校等重要时段进行有针对性的学习，掌握科学的家庭教育方法，提高家庭教育的能力。

第 19 条 未成年人的父母或者其他监护人应当与中小学校、幼儿园、婴幼儿照护服务机构、社区密切配合，积极参加其提供的公益性家庭教育指导和实践活动，共同促进未成年人健康成长。

第 20 条 未成年人的父母分居或者离异的，应当相互配合履行家庭教育责任，任何一方不得拒绝或者怠于履行；除法律另有规定外，不得阻碍另一方实施家庭教育。

第 21 条 未成年人的父母或者其他监护人依法委托他人代为照护未成年人的，应当与被委托人、未成年人保持联系，定期了解未成年人学习、生活情况和心理状况，与被委托人共同履行家庭教育责任。

第 22 条 未成年人的父母或者其他监护人应当合理安排未成年人学习、休息、娱乐和体育锻炼的时间，避免加重未成年人学习负担，预防未成年人沉迷网络。

第 23 条 未成年人的父母或者其他监护人不得因性别、身体状况、智力等歧视未成年人，不得实施家庭暴力，不得胁迫、引诱、教唆、纵容、利用未成年人从事违反法律法规和社会公德的活动。

第三章 国家支持

第 24 条 国务院应当组织有关部门制定、修订并及时颁布全国家庭教育指导大纲。

省级人民政府或者有条件的设区的市级人民政府应当组织有关部门编写或者采用适合当地实际的家庭教育指导读本，制定相应的家庭教育指导服务工作规范和评估规范。

第 25 条 省级以上人民政府应当组织有关部门统筹建设家庭教育信息化共享服务平台，开设公益性网上家长学校和网络课程，开通服务热线，提供线上家庭教育指导服务。

第 26 条 县级以上地方人民政府应当加强监督管理，减轻义务教育阶段学生作业负担和校外培训负担，畅通学校家庭沟通渠道，推进学校教育和家庭教育相互配合。

第 27 条 县级以上地方人民政府及有关部门组织建立家庭教育指导服务专业队伍，加强对专业人员的培养，鼓励社会工作者、志愿者参与家庭教育指导服务工作。

第 28 条 县级以上地方人民政府可以结合当地实际情况和需要，通过多种途径和方式确定家庭教育指导机构。

家庭教育指导机构对辖区内社区家长学校、学校家长学校及其他家庭教育指导服务站点进行指导，同时开展家庭教育研究、服务人员队伍建设和培训、公共服务产品研发。

第 29 条 家庭教育指导机构应当及时向有需求的家庭提供服务。

对于父母或者其他监护人履行家庭教育责任存在一定困难的家庭，家庭教育指导机构应当根据具体情况，与相关部门协作配合，提供有针对性的服务。

第 30 条 设区的市、县、乡级人民政府应当结合当地实际采取措施，对留守未成年人和困境未成年人家庭建档立卡，提供生活帮扶、创业就业支持等关爱服务，为留守未成年人和困境未成年人的父母或者其他监护人实施家庭教育创造条件。

教育行政部门、妇女联合会应当采取有针对性的措施，为留守未成年人和困境未成年人的父母或者其他监护人实施家庭教育提供服务，引导其积极关注未成年人身心健康状况、加强亲情关爱。

第 31 条 家庭教育指导机构开展家庭教育指导服务活动，不得组织或者变相组织营利性教育培训。

第 32 条 婚姻登记机构和收养登记机构应当通过现场咨询辅导、播放宣传教育片等形式，向办理婚姻登记、收养登记的当事人宣传家庭教育知识，提供家庭教育指导。

第 33 条 儿童福利机构、未成年人救助保护机构应当对本机构安排的寄养家庭、接受救助保护的未成年人的父母或者其他监护人提供家庭教育指导。

第 34 条 人民法院在审理离婚案件时，应当对有未成年子女的夫妻双方提供家庭教育指导。

第 35 条 妇女联合会发挥妇女在弘扬中华民族家庭美德、树立良好家风等方面的独特作用，宣传普及家庭教育知识，通过家庭教育指导机构、社区家长学校、文明家庭建设等多种渠道组织开展家庭教育实践活动，提供家庭教育指导服务。

第 36 条 自然人、法人和非法人组织可以依法设立非营利性家庭教育服务机构。

县级以上地方人民政府及有关部门可以采取政府补贴、奖励激励、购买服务等扶持措施，培育家庭教育服务机构。

教育、民政、卫生健康、市场监督管理等有关部门应当在各自职责范围内，依法对家庭教育服务机构及从业人员进行指导和监督。

第 37 条 国家机关、企业事业单位、群团组织、社会组织应当将家风建设纳入单位文化建设，支持职工参加相关的家庭教育服务活动。

文明城市、文明村镇、文明单位、文明社区、文明校园和文明家庭等创建活动，应当将家庭教育情况作为重要内容。

第四章 社会协同

第 38 条 居民委员会、村民委员会可以依托城乡社区公共服务设施，设立社区家长学校等家庭教育指导服务站点，配合家庭教育指导机构组织面向居民、村民的家庭教育知识宣传，为未成年人的父母或者其他监护人提供家庭教育指导服务。

第 39 条 中小学校、幼儿园应当将家庭教育指导服务纳入工作计划，作为教师业务培训的内容。

第 40 条 中小学校、幼儿园可以采取建立家长学校等方式，针对不同年龄段未成年人的特点，定期组织公益性家庭教育指导服务和实践活动，并及时联系、督促未成年人的父母或者其他监护人参加。

第 41 条 中小学校、幼儿园应当根据家长的需求，邀请有关人员传授家庭教育理念、知识和方法，组织开展家庭教育指导服务和实践活动，促进家庭与学校共同教育。

第 42 条 具备条件的中小学校、幼儿园应当在教育行政部门的指导下，为家庭教育指导服务站点开展公益性家庭教育指导服务活动提供支持。

第 43 条 中小学校发现未成年学生严重违反校规校纪的，应当及时制止、管教，告知其父母或者其他监护人，并为其父母或者其他监护人提供有针对性的家庭教育指导服务；发现未成年学生有不良行为或者严重不良行为的，按照有关法律规定处理。

第 44 条 婴幼儿照护服务机构、早期教育服务机构应当为未成年人的父母或者其他监护人提供科学养育指导等家庭教育指导服务。

第 45 条 医疗保健机构在开展婚前保健、孕产期保健、儿童保健、预防接种等服务时，应当对有关成年人、未成年人的父母或者其他监护人开展科学养育知识和婴幼儿早期发展的宣传和指导。

第 46 条 图书馆、博物馆、文化馆、纪念馆、美术馆、科技馆、体育场馆、青少年宫、儿童活动中心等公共文化服务机构和爱国主义教育基地每年应当定期开展公益性家庭教育宣传、家庭教育指导服务和实践活动，开发家庭教育类公共文化服务产品。

广播、电视、报刊、互联网等新闻媒体应当宣传正确的家庭教育知识，传播科学的家庭教育理念和方法，营造重视家庭教育的良好社会氛围。

第 47 条 家庭教育服务机构应当加强自律管理，制定家庭教育服务规范，组织从业人员培训，提高从业人员的业务素质和能力。

第五章 法 律 责 任

第 48 条 未成年人住所地的居民委员会、村民委员会、妇女联合会，未成年人的父母或者其他监护人所在单位，以及中小学校、幼儿园等有关密切接触未成年人的单位，发现父母或者其他监护人拒绝、怠于履行家庭教育责任，或者非法阻碍其他监护人实施家庭教育的，应当予以批评教育、劝诫制止，必要时督促其接受家庭教育指导。

未成年人的父母或者其他监护人依法委托他人代为照护未成年人，有关单位发现被委托人不依法履行家庭教育责任的，适用前款规定。

第49条 公安机关、人民检察院、人民法院在办理案件过程中，发现未成年人存在严重不良行为或者实施犯罪行为，或者未成年人的父母或者其他监护人不正确实施家庭教育侵害未成年人合法权益的，根据情况对父母或者其他监护人予以训诫，并可以责令其接受家庭教育指导。

第50条 负有家庭教育工作职责的政府部门、机构有下列情形之一的，由其上级机关或者主管单位责令限期改正；情节严重的，对直接负责的主管人员和其他直接责任人员依法予以处分：

（一）不履行家庭教育工作职责；

（二）截留、挤占、挪用或者虚报、冒领家庭教育工作经费；

（三）其他滥用职权、玩忽职守或者徇私舞弊的情形。

第51条 家庭教育指导机构、中小学校、幼儿园、婴幼儿照护服务机构、早期教育服务机构违反本法规定，不履行或者不正确履行家庭教育指导服务职责的，由主管部门责令限期改正；情节严重的，对直接负责的主管人员和其他直接责任人员依法予以处分。

第52条 家庭教育服务机构有下列情形之一的，由主管部门责令限期改正；拒不改正或者情节严重的，由主管部门责令停业整顿、吊销营业执照或者撤销登记：

（一）未依法办理设立手续；

（二）从事超出许可业务范围的行为或作虚假、引人误解宣传，产生不良后果；

（三）侵犯未成年人及其父母或者其他监护人合法权益。

第53条 未成年人的父母或者其他监护人在家庭教育过程中对未成年人实施家庭暴力的，依照《中华人民共和国未成年人保护法》、《中华人民共和国反家庭暴力法》等法律的规定追究法律责任。

第54条 违反本法规定，构成违反治安管理行为的，由公安机关依法予以治安管理处罚；构成犯罪的，依法追究刑事责任。

第六章　附　　则

第55条 本法自2022年1月1日起施行。

二、规范性文件

《最高人民法院、全国妇联关于开展家庭教育指导工作的意见》

为促进未成年人的父母或者其他监护人依法履行家庭教育职责,维护未成年人合法权益,预防未成年人违法犯罪,保障未成年人健康成长,根据《中华人民共和国未成年人保护法》、《中华人民共和国预防未成年人犯罪法》、《中华人民共和国家庭教育促进法》等法律规定,结合工作实际,制定本意见。

一、总体要求

1. 人民法院开展家庭教育指导工作,应当坚持以下原则:

(1) 最有利于未成年人。尊重未成年人人格尊严,适应未成年人身心发展规律,给予未成年人特殊、优先保护,以保护未成年人健康成长为根本目标;

(2) 坚持立德树人。指导未成年人的父母或者其他监护人依法履行家庭教育主体责任,传播正确家庭教育理念,培育和践行社会主义核心价值观,促进未成年人全面发展、健康成长;

(3) 支持为主、干预为辅。尊重未成年人的父母或者其他监护人的人格尊严,注重引导、帮助、耐心细致、循循善诱开展工作,促进家庭和谐、避免激化矛盾;

(4) 双向指导、教帮结合。既注重对未成年人的父母或者其他监护人的教育指导,也注重对未成年人的教育引导,根据情况和需要,帮助解决未成年人家庭的实际困难;

(5) 专业指导、注重实效。结合具体案件情况,有针对性地确定家庭教育指导方案,及时评估教育指导效果,并视情调整教育指导方式和内容,确保取得良好效果。

2. 人民法院在法定职责范围内参与、配合、支持家庭教育指导服务体系建设。在办理涉未成年人刑事、民事、行政、执行等各类案件过程中,根据情况和需要,依法开展家庭教育指导工作。

妇联协调社会资源,通过家庭教育指导机构、社区家长学校、文明家庭建设等多种渠道,宣传普及家庭教育知识,组织开展家庭教育实践活动,推进覆盖城乡的家庭教育指导服务体系建设。

各级人民法院、妇联应当加强协作配合，建立联动机制，共同做好家庭教育指导工作。

二、指导情形

3. 人民法院在审理离婚案件过程中，对有未成年子女的夫妻双方，应当提供家庭教育指导。

对于抚养、收养、监护权、探望权纠纷等案件，以及涉留守未成年人、困境未成年人等特殊群体的案件，人民法院可以就监护和家庭教育情况主动开展调查、评估，必要时，依法提供家庭教育指导。

4. 人民法院在办理案件过程中，发现存在下列情形的，根据情况对未成年人的父母或者其他监护人予以训诫，并可以要求其接受家庭教育指导：

（1）未成年人的父母或者其他监护人违反《中华人民共和国未成年人保护法》第十六条及《中华人民共和国家庭教育促进法》第二十一条等规定，不依法履行监护职责的；

（2）未成年人的父母或者其他监护人违反《中华人民共和国未成年人保护法》第十七条、第二十四条及《中华人民共和国家庭教育促进法》第二十条、第二十三条的规定，侵犯未成年人合法权益的；

（3）未成年人存在严重不良行为或者实施犯罪行为的；

（4）未成年人的父母或者其他监护人不依法履行监护职责或者侵犯未成年人合法权益的其他情形。

符合前款第二、第三、第四项情形，未成年人的父母或者其他监护人拒不接受家庭教育指导，或者接受家庭教育指导后仍不依法履行监护职责的，人民法院可以以决定书的形式制发家庭教育指导令，依法责令其接受家庭教育指导。

5. 在办理涉及未成年人的案件时，未成年人的父母或者其他监护人主动请求对自己进行家庭教育指导的，人民法院应当提供。

6. 居民委员会、村民委员会、中小学校、幼儿园等开展家庭教育指导服务活动过程中，申请人民法院协助开展法治宣传教育的，人民法院应当支持。

三、指导要求

7. 人民法院应当根据《中华人民共和国家庭教育促进法》第十六条、第十七条的规定，结合案件具体情况，有针对性地确定家庭教育的内容，指导未成年人的父母或者其他监护人合理运用家庭教育方式方法。

8. 人民法院在开展家庭教育指导过程中，应当结合案件具体情况，对未成年人的父母或者其他监护人开展监护职责教育：

（1）教育未成年人的父母或者其他监护人依法履行监护责任，加强亲子陪伴，不得实施遗弃、虐待、伤害、歧视等侵害未成年人的行为；

（2）委托他人代为照护未成年人的，应当与被委托人、未成年人以及未成年人所在的学校、婴幼儿照顾服务机构保持联系，定期了解未成年人学习、生活情况和心理状况，履行好家庭教育责任；

（3）未成年人的父母分居或者离异的，明确告知其在诉讼期间、分居期间或者离婚后，应当相互配合共同履行家庭教育责任，任何一方不得拒绝或者怠于履行家庭教育责任，不得以抢夺、藏匿未成年子女等方式争夺抚养权或者阻碍另一方行使监护权、探望权。

9. 人民法院在开展家庭教育指导过程中，应当结合案件具体情况，对未成年人及其父母或者其他监护人开展法治教育：

（1）教育未成年人的父母或者其他监护人树立法治意识，增强法治观念；

（2）保障适龄未成年人依法接受并完成义务教育；

（3）教育未成年人遵纪守法，增强自我保护的意识和能力；

（4）发现未成年人存在不良行为、严重不良行为或者实施犯罪行为的，责令其父母或者其他监护人履行职责、加强管教，同时注重亲情感化，并教育未成年人认识错误，积极改过自新。

10. 人民法院决定委托专业机构开展家庭教育指导的，也应当依照前两条规定，自行做好监护职责教育和法治教育工作。

四、指导方式

11. 人民法院可以在诉前调解、案件审理、判后回访等各个环节，通过法庭教育、释法说理、现场辅导、网络辅导、心理干预、制发家庭教育责任告知书等多种形式开展家庭教育指导。

根据情况和需要，人民法院可以自行开展家庭教育指导，也可以委托专业机构、专业人员开展家庭教育指导，或者与专业机构、专业人员联合开展家庭教育指导。

委托专业机构、专业人员开展家庭教育指导的，人民法院应当跟踪评估家庭教育指导效果。

12. 对于需要开展专业化、个性化家庭教育指导的，人民法院可以根据未成年人的监护状况和实际需求，书面通知妇联开展或者协助开展家庭教育指导工作。

妇联应当加强与人民法院配合，协调发挥家庭教育指导机构、家长学校、妇女儿童活动中心、妇女儿童之家等阵地作用，支持、配合人民法院做好家庭教育指导工作。

13. 责令未成年人的父母或者其他监护人接受家庭教育指导的，家庭教育指导令应当载明责令理由和接受家庭教育指导的时间、场所和频次。

开展家庭教育指导的频次，应当与未成年人的父母或者其他监护人不正确履行家庭教育责任以及未成年人不良行为或者犯罪行为的程度相适应。

14. 人民法院向未成年人的父母或者其他监护人送达家庭教育指导令时，应当耐心、细致地做好法律释明工作，告知家庭教育指导对保护未成年人健康成长的重要意义，督促其自觉接受、主动配合家庭教育指导。

15. 未成年人的父母或者其他监护人对家庭教育指导令不服的，可以自收到决定书之日起五日内向作出决定书的人民法院申请复议一次。复议期间，不停止家庭教育指导令的执行。

16. 人民法院、妇联开展家庭教育指导工作，应当依法保护未成年人及其父母或者其他监护人的隐私和个人信息。通过购买社会服务形式开展家庭教育指导的，应当要求相关机构组织及工作人员签订保密承诺书。

人民法院制发的家庭教育指导令，不在互联网公布。

17. 未成年人遭受性侵害、虐待、拐卖、暴力伤害的，人民法院、妇联在开展家庭教育指导过程中应当与有关部门、人民团体、社会组织互相配合，视情采取心理干预、法律援助、司法救助、社会救助、转学安置等保护措施。

对于未成年人存在严重不良行为或者实施犯罪行为的，在开展家庭教育指导过程中，应当对未成年人进行跟踪帮教。

五、保障措施

18. 鼓励各地人民法院、妇联结合本地实际，单独或会同有关部门建立家庭教育指导工作站，设置专门场所，配备专门人员，开展家庭教育指导工作。

鼓励各地人民法院、妇联探索组建专业化家庭教育指导队伍，加强业务指导及专业培训，聘请熟悉家庭教育规律、热爱未成年人保护事业和善于做思想教育工作的人员参与家庭教育指导。

19. 人民法院在办理涉未成年人案件过程中，发现有关单位未尽到未成年人教育、管理、救助、看护等保护职责的，应当及时向有关单位发出司法建议。

20. 人民法院应当结合涉未成年人案件的特点和规律，有针对性地开展家庭教育宣传和法治宣传教育。

全国家庭教育宣传周期间，各地人民法院应当结合本地实际，组织开展家庭教育宣传和法治宣传教育活动。

21. 人民法院、妇联应当与有关部门、人民团体、社会组织加强协作配合，推动建立家庭教育指导工作联动机制，及时研究解决家庭教育指导领域困难问题，不断提升家庭教育指导工作实效。

22. 开展家庭教育指导的工作情况，纳入人民法院绩效考核范围。

23. 人民法院开展家庭教育指导工作，不收取任何费用，所需费用纳入本单位年度经费预算。

六、附则

24. 本意见自 2023 年 6 月 1 日起施行。

附件：××××人民法院决定书（家庭教育指导令）

附件

××××人民法院决定书
（家庭教育指导令）

（办理案件的案号）

……（接受责令人员信息）。

……（接受责令人员信息）。

本院在审理……（写明当事人及案由）一案中，发现×××作为未成年子女的监护人，未能依法正确履行家庭教育责任。

依照《中华人民共和国家庭教育促进法》第四十九条，决定如下：

责令×××于××年×月×日×时到×××接受家庭教育指导（责令多次接受家庭教育指导、接受网络指导等的，可对表述作出调整）。

如不服本决定，可以在收到决定书之日起五日内向本院申请复议一次，复议期间，不停止家庭教育指导令的执行。

××年××月××日

（院印）

第十八章 回访帮教

第一节 基本概述

一、基本概念与内容

回访帮教,是指人民法院在案件审理结束后,根据案件需要,由审判人员或委托社会工作人员定期或不定期地对涉诉未成年人及家属进行联系,了解涉诉未成年人在判后的生活学习情况、思想状况、家庭情况、现实表现等,必要情况下,对涉诉未成年人进行帮助或教育的工作举措。

回访帮教工作是少年家事案件审判的重要延伸,是人民法院参与社会治理的重要举措,不仅有利于案件矛盾的实质性化解,也有利于切实维护未成年人的合法利益。

回访帮教的主要内容有:(1)了解当事人对裁判结果的满意度,对有疑惑的当事人进行释法答疑,对于判决不满的当事人告知其上诉的权利;(2)督促当事人自觉履行生效裁判文书确定的义务,对于拒不履行义务的当事人告知法律风险,告知权利人有申请强制执行的权利;(3)为家事案件审结后如何进一步修复婚姻家庭关系、弥合亲情、恢复情感提供后续解决方案;(4)了解涉诉未成年人在判后的生活学习情况、思想状况、家庭情况、现实表现等,对出现新情况、新问题的案件及时掌握情况,为需要法律保护的涉诉未成年人提供司法救助。

回访帮教的主要方式有:(1)面谈回访,由审判人员约见当事人,进行面对面的调查与询问;(2)线上回访,通过电话、网络视频等方式,与当事人进行在线交流和调查;(3)委托回访,通过委托当地社区、派出所或社机构工作人员，对当事人的基本情况进行调查。

二、当前回访帮教工作存在困难及问题

1. 回访帮教配合度不高。在回访过程中发现，涉诉未成年人及其家属对法院回访帮教人员的配合度不高，甚至出现拒绝回访帮教的情况；也有部分当事人因不愿接受法院回访帮教而离开原居住地，更换了联系方式，回访帮教工作无法开展。通过统计发现，不少未成年人及其家属对法院的回访帮教或多或少都存在抗拒的心理。

2. 回访帮教工作量大。近年来少年家事案件有大幅增长的趋势，法院工作人员回访帮教的工作量非常繁重，加之当事人的不配合，本该一次成功的回访往往需要往返数次，使得回访帮教工作的落实存在困难。

3. 回访帮教方式有待改进。目前法院主要采用走访及电话回访两种回访帮教方式，帮教方式的种类有待进一步丰富。

三、完善回访帮教工作的对策

1. 保护未成年人隐私。当事人拒绝回访的最大原因是担心家事及未成年人的个人情况被广而周知。由此，在回访帮教的过程中，要最大限度地保护未成年人的隐私，尽量通过一对一方式进行回访帮教，尽可能避免在学校、单位等会令未成年人感觉自尊心受挫的正式场合开展回访帮教工作。

2. 建立回访帮教档案。建立回访帮教档案能减少工作量，提高工作效率。可以根据回访帮教的情况，详细记录回访信息以便定期对未成年犯的改造情况进行帮教。此外，也要根据回访情况、之前的庭审情况及案卷资料，有针对性地制定未成年犯的个别化矫正措施，才能将回访帮教的效果发挥到最大。

3. 耐心教育与说服。回访工作人员应当耐心沟通，全面了解其心理状态、生活及教育情况，并加强与家长的沟通，耐心告知其回访帮教的重要意义，说服其配合工作，将法院教育与家庭教育并重，将教育与温情关怀相结合。

4. 设置专门的回访帮教人员。一方面，法院应指定或委托专门人员负责未成年人的回访帮教，既能有效减少审判人员的工作压力，也能保证回访帮教的质量和效果；另一方面，有专门人员负责回访帮教工作也能增强回访帮教的专业性能，以科学的方式指导未成年人的改造，避免空洞的说教，防止未成年人及其家人对回访产生厌恶情绪。

5. 推行多样化帮教方式。除走访、电话回访帮教外，还应当利用现代多元化的交流沟通渠道改进回访帮教方式，如利用书信、短信、微信、QQ、视频聊天等方式对未成年人进行回访帮教，这样一方面可以让回访工作更加顺利，另一方面也可以让未成年犯感受到亲切和放松，以便进行长期的联系和帮教。

第二节　典型案例

案例 74　杨某诉王某变更抚养权纠纷案[1]

基本案情

杨某与王某经调解离婚，双方约定女儿由王某抚养，但未约定探望权的具体行使方式、时间。其后，杨某在探望时两次将女儿接走拒不送回，经派出所协调方送回。2022 年 1 月，杨某诉至法院请求变更抚养关系。经法院调解，双方细化了探望的时间和方式，均同意女儿继续由王某抚养，在不影响女儿学习、生活的情况下，杨某每月可探望两次，每次可接回家共同生活两天一晚，寒假可接回家共同生活一周，暑假可接回家共同生活两周，王某应当配合。同年 3 月，承办法官在案件回访时了解到，杨某在行使探望权时未完全遵守调解协议约定，以补偿心理溺爱女儿，满足女儿不到校上学等非常规要求，曾将女儿接回家两天后拒不送回。

---

[1] 摘自《四川法院未成年人司法保护典型案例》之案例三，载四川省高级人民法院网站，http://scfy.scssfw.gov.cn/article/detail/2022/05/id/6712160.shtml，2024 年 4 月 25 日访问。

裁判结果及回访帮教情况

人民法院认为，不直接抚养子女的父或母一方，虽然有探望子女的权利，但不应当滥用探望权损害子女合法权益。针对杨某在行使探望权时行为失当，严重影响未成年子女的正常学习和生活的情形，根据《民法典》《家庭教育促进法》的相关规定，对杨某的不当行为予以训诫，并针对双方离婚后探望、照顾、教育女儿过程中出现的问题，进行了家庭教育指导，告知无抚养权一方在探望子女时不可滥用权利，不得侵害子女受教育权，可以在非探望时间定期通过电话等方式加强联系，不得因探视方式不当而危及子女身心健康。杨某接受家庭教育指导后，在后续的探望过程中依法注重了对王某的理解与配合，共同履行好对子女的家庭教育责任，探望方式趋于正常。

典型意义

探望权是离婚后不直接抚养子女的一方依法享有的、与未成年子女探望、联系、会面、交往、短期共同生活的基本权利，也是为保护未成年子女健康成长而设定的权利。《民法典》第1086条对探望权的主体资格、行使方式、协助义务、中止情形、争议解决等作出了明确规定，对于弥合父母离婚后给未成年人造成的感情伤害有重大意义。与未成年人共同生活的父母一方不得拒绝、阻挠另一方行使探望权，享有探望权的一方亦不得滥用探望权。行使探望权时父母双方应友好协商，尽量减少对彼此工作、生活带来的不便，更应当充分考虑到子女的需求与最佳利益。本案中，人民法院在案后回访时了解到母亲一方存在探望权行使不当的行为，以促进未成年人身心健康成长为根本出发点，劝导离婚夫妻双方摒弃恩怨，对滥用探望权一方予以训诫并开展家庭教育指导，责令其正确行使探望权并积极履行家庭教育责任，促使在行使探望权时把握必要的限度，以有利于未成年子女的身心健康。

案例 75　何某某诉李某某抚养费纠纷案[①]

基本案情

何某与李某某原系夫妻关系，婚后育有一子何某某（6周岁）。后二人协议离婚，并约定何某某由何某抚养，何某某相关费用由何某自行承担。后因何某某生活、教育费用显著上升，何某收入缩减，其与李某某协商共同支付抚养费未果，何某某向法院提起诉讼，请求判令被告李某某每月支付抚养费。

裁判结果及回访帮教情况

该案庭审前，针对李某某态度消极，仅从自我立场陈述生活困难，怠于履行抚养、教育义务等情况，人民法院及时向李某某送达了《未成年人抚养义务告知书》《家庭教育指导告知书》，耐心释明为人父母的法定责任和义务。

诉讼过程中，经人民法院主持调解，双方当事人自愿达成调解协议，约定由被告李某某每月支付原告何某某抚养费，至原告年满十八周岁时止。随后，人民法院向李某某发出《家庭教育指导令》，督促李某某加强与何某某的沟通、联系，在不影响何某某正常学习、生活的情况下，积极行使对何某某的探视权，履行家庭教育责任。

案件审结后，通过对当事人进行回访，了解到李某某态度已发生转变，主动关心、陪伴何某某，履行家庭教育责任，并按调解协议内容支付抚养费。

典型意义

少年审判始于办案，又不止于办案。依法保障未成年人合法权益，让未成年人在阳光下健康茁壮成长是少年审判工作的应有之义。人民法院在审理该案过程中，围绕未成年原告诉讼请求进行审理的同时，落实未成年人利益最大化原则，通过庭前调解、开庭审理、询问调查、跟踪回访，发放《未成年人抚养义务告知书》《家庭教育指导告知书》《家庭教育指导令》等方式，充分保障未成年人的生存权、发展权、受教育权，督促父母充分履行抚养、

[①] 摘自《30名被告人适用从业禁止！云南高院发布一批未成年人权益司法保护典型案例》之案例三，载微信公众号"云南高院"2023年6月1日，https://mp.weixin.qq.com/s/6ybpXar4qKRDGngBRVQC6w? poc_ token=HKHRG2ajfGrOFBBtAlOIji_ 6HRqMP285n7iN9CWW，2024年4月25日访问。

教育的权利和义务，将法理与情理相融合，使本案实质问题得到化解，定分止争，让未成年人成长过程中来自父母的关爱不缺失。

案例 76　小依等 5 人申请民事侵权纠纷司法救助案[①]

基本案情

逊某（化名）、杜某（化名）驾驶摩托车与小依（化名，维吾尔族）母亲驾驶的摩托车相撞，小依母亲当场死亡。新疆维吾尔自治区墨玉县人民法院判令逊某赔偿原告 18 万余元、杜某赔偿原告 17 万余元。判决生效后，仅杜某给付了 1 万余元。后经调查发现两被执行人无财产可供执行。

回访帮教情况

新疆维吾尔自治区墨玉县人民法院在执行过程中发现小依的家庭困难，经调查核实，小依等 5 人均为在校学生，随外祖母生活。小依的外祖母患有精神疾病，家庭系低保户，生活特别困难。因新疆维吾尔自治区墨玉县人民法院无独立司法救助资金，故向新疆维吾尔自治区和田地区中级人民法院申请对救助申请人进行救助。新疆维吾尔自治区和田地区中级人民法院在对救助申请人予以司法救助的同时，报请新疆维吾尔自治区高级人民法院进行联动救助。新疆维吾尔自治区高级人民法院经审查认为符合联动救助条件，决定向小依等 5 人发放司法救助金。司法救助后，人民法院还对救助申请人进行了电话回访，为他们提供心理疏导和精神抚慰。

典型意义

本案系民族地区三级人民法院联动合力救助少数民族未成年人的典型案例。人民法院在规定的范围与标准内，为少数民族未成年救助申请人开辟绿色救助通道，加快办案节奏、加大救助力度、倾斜救助资金，充分体现了"把好事办好"的救助精神。本案中，三级人民法院通过联动救助，有效缓解

[①] 摘自《最高人民法院、中华全国妇女联合会保护未成年人权益司法救助典型案例》之案例八，载最高人民法院网站，https://www.court.gov.cn/zixun/xiangqing/401482.html，2024 年 4 月 25 日访问。

了基层法院救助资金不足的困难，通过及时联动救助，在一定程度上解决了案涉少数民族未成年人的生活困难，体现了国家司法救助"救急难、扶危困"的重要功能，既彰显了党和政府对于少数民族地区未成年人的民生关怀，又有利于促进社会和谐。

第三节 规范指引

规范性文件

《最高人民法院关于加强新时代未成年人审判工作的意见》

10. 人民法院审理涉及未成年人案件，应当根据案件情况开展好社会调查、社会观护、心理疏导、法庭教育、家庭教育、司法救助、回访帮教等延伸工作，提升案件办理的法律效果和社会效果。

图书在版编目（CIP）数据

少年家事案件审判实务：裁判规则与规范指引／黄河编著．--北京：中国法制出版社，2024.6
ISBN 978-7-5216-4501-9

Ⅰ．①少… Ⅱ．①黄… Ⅲ．①青少年犯罪-审判-研究-中国 Ⅳ．①D922.183.4

中国国家版本馆 CIP 数据核字（2024）第 092734 号

责任编辑：韩璐玮（hanluwei666@163.com）　　　　　　　　封面设计：杨泽江

少年家事案件审判实务：裁判规则与规范指引
SHAONIAN JIASHI ANJIAN SHENPAN SHIWU：CAIPAN GUIZE YU GUIFAN ZHIYIN

编著／黄河
经销／新华书店
印刷／三河市国英印务有限公司
开本／710 毫米×1000 毫米　16 开　　　　印张／21.75　字数／261 千
版次／2024 年 6 月第 1 版　　　　　　　　2024 年 6 月第 1 次印刷

中国法制出版社出版
书号 ISBN 978-7-5216-4501-9　　　　　　　　　　　　定价：79.00 元

北京市西城区西便门西里甲 16 号西便门办公区
邮政编码：100053　　　　　　　　　　　　　　　传真：010-63141600
网址：http：//www.zgfzs.com　　　　　　　编辑部电话：010-63141791
市场营销部电话：010-63141612　　　　　　印务部电话：010-63141606

（如有印装质量问题，请与本社印务部联系。）